普通高等职业教育新形态教材

21世纪高职高专规划教材

市场营销系列

商务谈判实务

主　编／李　静

副主编／武　莹　张艳清

中国人民大学出版社

·北京·

图书在版编目（CIP）数据

商务谈判实务 / 李静主编 . -- 北京：中国人民大学出版社，2020.12

21 世纪高职高专规划教材 . 市场营销系列

ISBN 978-7-300-28633-4

Ⅰ.①商… Ⅱ.①李… Ⅲ.①商务谈判一高等职业教育一教材 Ⅳ.①F715.4

中国版本图书馆 CIP 数据核字（2020）第 188144 号

普通高等职业教育新形态教材

21 世纪高职高专规划教材·市场营销系列

商务谈判实务

主　编　李　静

副主编　武　莹　张艳清

Shangwu Tanpan Shiwu

出版发行	中国人民大学出版社		
社　　址	北京中关村大街 31 号	**邮政编码**	100080
电　　话	010－62511242（总编室）		010－62511770（质管部）
	010－82501766（邮购部）		010－62514148（门市部）
	010－62515195（发行公司）		010－62515275（盗版举报）
网　　址	http://www.crup.com.cn		
经　　销	新华书店		
印　　刷	北京昌联印刷有限公司		
规　　格	185 mm×260 mm　16 开本	**版　　次**	2020 年 12 月第 1 版
印　　张	15.75	**印　　次**	2020 年 12 月第 1 次印刷
字　　数	382 000	**定　　价**	39.00 元

前言

现代商业活动中，谈判是交易的前奏曲，谈判是销售的主旋律。中国自古就有“财富来回滚，全凭舌上功”的说法。无论是传统贸易还是电子商务，商务谈判都是经营者、管理者、创业者必须具备的一项技能。商务谈判既是一门科学，又是一门艺术，在经济生活中几乎无处不在。由此可见，掌握商务谈判技能和具备谈判能力，是一个现代商务人士最为重要的业务素质之一。

作为财经商贸类专业的核心课程，商务谈判兼有理论性和实践性的双重特色。基于这一特征，本书在框架结构设计上做了精心构思和安排，既考虑到该学科的整体性和系统性，又突出了实战技能和策略技巧。全书以商务谈判的流程为主线，全面而系统地阐述了商务谈判的基础认知、商务谈判的方法与策略、商务谈判的技巧与风格，主要包括商务谈判认知，商务谈判原则、评价标准和成功模式，商务谈判的心理与行为分析，商务谈判礼仪，商务谈判的准备，商务谈判的开局，商务谈判的磋商，商务谈判的终结，商务谈判的沟通技巧，国际商务谈判，商务谈判综合实训十一个项目。

本书各项目任务中穿插的实例分析、课堂讨论和实战训练，丰富而精练，这些案例有的来自对谈判实践的总结提炼，有的是从上百部教材、专著中精选出来的。大多数案例具有较强的思辨性和启发性。书中增加了资源链接模块，以二维码链接的方式，把商务谈判的相关知识点，运用微课视频、动画视频和实操演示视频的形式，呈现给读者，有利于读者在轻松自由的氛围中学习商务谈判知识、提高商务谈判技能。通过扫描二维码获取的资料既可用于课前预习，又可用于课后复习巩固，极大地方便了本课程的教学。

本书由黄河水利职业技术学院李静担任主编，并负责框架设计、统稿和定稿工作；开封大学武莹、济源职业技术学院张艳清担任副主编，黄河水利职业技术学院尹友、张歌凌、安予苏、聂帅参与编写。具体分工为：武莹编写项目一，张艳清编写项目二，李静编写项目三、项目四、项目五、项目七、项目十，尹友编写项目六，张歌凌编写项目八，安予苏编写项目九，聂帅编写项目十一。

本书的出版得到了中国人民大学出版社的大力支持和帮助。在编写过程中借鉴和参考了国内外的大量专著、教材和论文，因数量较多，难以一一列举，在此一并表示感谢。由于编者的学识、水平及经验有限，本书不妥之处在所难免，恳请广大读者及同仁批评指正、不吝赐教。

编者

目 录

项目一

商务谈判认知

学习目标

知识目标：掌握谈判的基本内涵、商务谈判的概念与特征，了解不同类型商务谈判的划分标准，领会商务谈判的构成要素、内容及作用。

能力目标：能正确辨别不同类型的商务谈判，学会在实际谈判中灵活运用谈判的概念和知识。

案例导入

NBA劳资谈判继续“奔向灾难”

北京时间2011年11月7日，NBA劳资双方在纽约展开新一轮谈判，这次谈判从纽约当地时间下午4时开始延续到次日凌晨，长达8个多小时，不过双方仍未能达成一份新的劳资协议。NBA总裁大卫·斯特恩在谈判会议后的新闻发布会上宣布了一个带有浓烈消极信号的信息：如果球员工会在当地时间下周三之前仍不同意老板们给出的协议提案，那么联盟方面将会制定新的建议书，而新建议书将比目前的建议书更为苛刻，双方正迈向更大分歧。

美国联邦调停局主席乔治·科恩参加了当日的会议，他提出了6条建议，而老板们采用了其中5条，并将其写入了他们的协议提案。在这次的建议书中，调停员提出将NBA收益分成给予球员的部分设定在49%～51%之间，也就是说，双方将是五五分成，在联盟整体效益良好的情况下，球员们将得到51%的收益分成，如果出现亏损，那么球员们也可以得到49%的收益分成。

乔丹成了“球员公敌”。在本轮谈判中，山猫老板迈克尔·乔丹成了球员们的众矢之的，因为他正是鹰派老板的代表，而且乔丹甚至只想给球员们37%的收益分成。讽刺的是，在NBA上一次出现劳资纠纷时，乔丹还是球员这一边对抗联盟的领袖。有不少球员公开表示对乔丹的“失望”，步行者前锋保罗·乔治在个人推特上写道：“他本来应该第一个站到我们身后。”保罗·乔治甚至还在与人谈话时称乔丹为“伪君子”。尼克·

杨也在个人推特上写道："我再也不穿乔丹的鞋了，今天我看到和听到的乔丹，让我无法置信。"

案例来源：许蓓 . NBA 劳资谈判继续奔向灾难 乔丹成了"球员公敌". (2011-11-07) [2019-02-10]. http: //sports. people. com. cn/GB/22149/16153678. html.

➡案例分析：乔丹为什么成了"球员公敌"?

NBA 劳资谈判备受关注，然而这场谈判却进行得非常不顺利，关键在于劳资双方就收益分成即谈判中的价格未能达成一致意见，这也正是商务谈判的核心问题。争议最大的人物就是前球员代表乔丹，他的身份从球员变为老板后，表现得反差极大。可见在商务谈判中人们的行为会随着立场的改变而改变，但永远不变的是人们对利益的追求。

在现代商业活动中，谈判已是交易的前奏曲，谈判是销售的主旋律。可以毫不夸张地说，人生在世，你无法逃避谈判；从事商业经营活动，谈判必不可缺。然而尽管谈判天天都在发生，时时都在进行，但要使谈判的结果尽如人意，却不是一件容易的事。中国自古就有"财富来回滚，全凭舌上功"的说法。怎样才能做到在谈判中挥洒自如、游刃有余，既实现己方目标，又能与对方携手共赢呢？从现在开始，我们可以走进谈判的圣殿，领略其博大精深的内涵，解读其运筹帷幄的奥妙。

思维导读

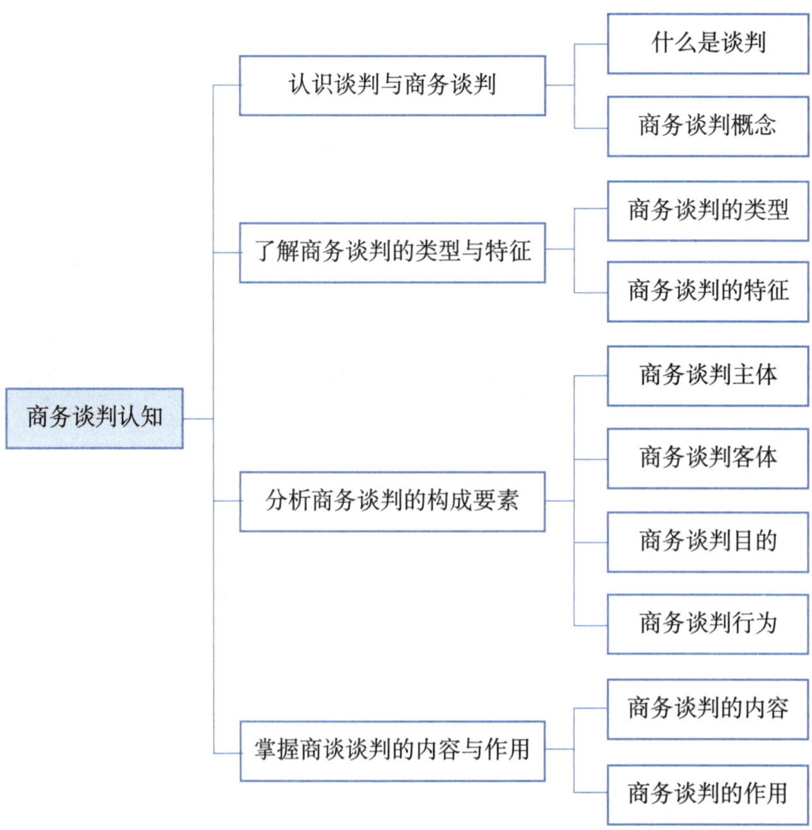

任务一　认识谈判与商务谈判

任务分析

本任务的学习目标是熟练掌握谈判与商务谈判的概念，把握谈判的精髓，学会在实际谈判中灵活运用上述概念和知识。培养商务谈判的职业兴趣，具备善于与陌生人打交道的能力，具有良好的敬业精神。

知识准备

一、什么是谈判

所谓谈判是指人们为了协调彼此之间的关系，满足各自的需要，通过协商而争取达成意见一致的行为和过程。在现代社会生活中，矛盾和争议无时不在，无处不有。随着交往的发展与文明的进步，两个或更多的当事人认识到彼此在利益目标和价值观上的分歧，应当越来越多地运用谈判手段来进行沟通，解决争议和达成交易。谈判包括广义的谈判和狭义的谈判两种。广义的谈判是泛指一切为寻求意见协调而进行的思想、意愿交流磋商的全过程。狭义的谈判仅指在正式场合下安排和进行的谈判。谈判具有协商性、相互性和目的性等特征。

谈判的共同特征如图 1-1 所示，谈判的类别如图 1-2 所示。

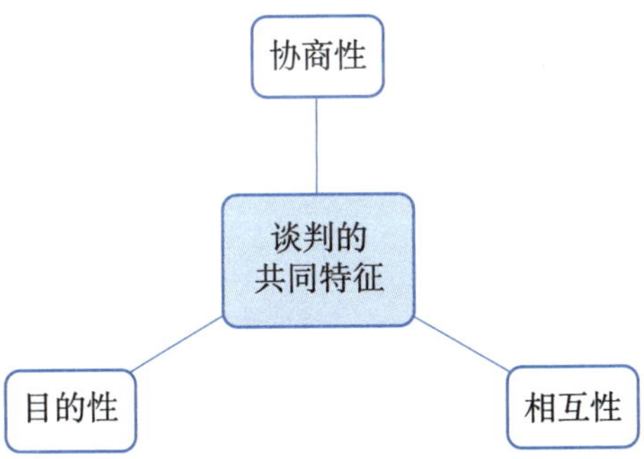

图 1-1　谈判的共同特征

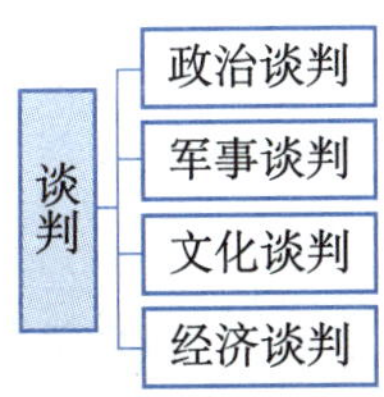

图 1-2　谈判的类别

☞ **课堂讨论**

你认为什么是谈判？

1. 杰勒德·尼尔伦伯格的观点

杰勒德·尼尔伦伯格，美国谈判学会创办人、会长，1968 年出版《谈判的艺术》一书。他提出谈判是“人们为了改变相互关系而交换意见，为了取得一致而相互磋商的一种行为”，是“直接影响各种人际关系，对参与各方产生持久利益的一种过程”。他把谈判称为“合作的利己主义”。

2. 荷伯·科恩的观点

他著有《人生与谈判》《你能谈成任何事》等书。他认为谈判就是在紧张的生活之网中，运用信息和权力去影响别人的行为。

3. 比尔·斯科特的观点

他著有《贸易谈判技巧》一书。他将谈判解释为“双方面对面地会谈的一种形式，旨在通过双方共同努力，寻求互惠互利的最佳结果”。

问题：请说出你对谈判的理解。

二、商务谈判概念

实操演示：生活中的谈判

“商”字有多重字义，其一为交易。商务，亦即交易之事务，就是指在各种市场主体之间发生的一切有形与无形的产品、服务或资产的交换活动，以及合作活动。因此，所谓商务谈判，就是人们为了实现交易目标而相互协商的活动。从专业角度探析，商务谈判是指在商务活动中，具有利害冲突的双方或诸方，为了各自的利益谋求消除分歧、达成协议而进行洽商、沟通、协调的经济交往活动。这里的商务谈判有两层含义：一是“商务”，二是“谈判”，前者表明行为目标和内容性质，后者表明运作过程和活动方式。在商务谈判中，没有“商务”，就不能说明谈判的特定目标和内容性质；没有“谈判”，也就不能说明商务的运作过程和活动方式。可见，商务谈判，正是这样一种为实现商品交易目标，而就交易条件进行相互协商的活动。

❖ 实战训练

生活中的谈判

顾客：“这件上衣卖多少钱？”

售货员：“这件上衣很漂亮，只卖 98 元。”

顾客：“喂，你看上面有一点线头，我看只值 28 元。”

售货员：“假如你真的想买，请你认真出个价钱好不好？28 元太少了。”

顾客：“好吧！38 元，怎么样？我可是诚心想买。”

售货员：“小姐，你杀价也太狠了。78 元算啦！”

顾客：“48 元！”

售货员：“我的成本还不止 48 元哩！请你再认真出个价钱。”

顾客：“58 元！这是我愿意付出的最高价。”

售货员：“你看到衣服上的人工绣花了吧！这件衣服到了明年，价钱将是 58 元的两倍，我看你是诚心想买，你再加 10 元，这件衣服就是你的了。”

顾客：“你退一步，我退一步，63 元成交！”

售货员："好吧，穿得好下次再来哟。"

要求：学生分别扮演顾客和售货员，完成服装销售的谈判过程，并分析其中所使用的谈判技巧。

任务二　了解商务谈判的类型与特征

任务分析

本任务的学习目标是熟练掌握商务谈判类型的相关知识，理解不同类型商务谈判的优缺点，学会在实际谈判中灵活运用上述概念和知识，能用所学实务知识规范商务谈判认知业务的相关技能活动，具有团队精神和协调工作能力、管理能力。

知识准备

在历史的舞台上，众多的谈判专家曾经导演了一出出精彩的谈判剧目。对此，很多有识之士也作了多方面的总结、概括。不难想象，在一次次具体的谈判过程中，每一次都需要运用多种谈判类型和方式。因此，想对谈判作一个严格的逻辑划分是困难的。任务内容将依据不同的标准，对众多的谈判活动作一个简要的分类。

一、商务谈判的类型

（一）按谈判的内容分类

1. 货物买卖谈判

货物买卖（亦称商品买卖）谈判涉及两种形式，即货物贸易谈判和易货贸易谈判。货物买卖谈判主要是买卖双方就买卖货物本身的有关内容（如货物的数量、质量，货物的转移方式和时间，货物买卖的价格条件和支付方式，货物交易中双方的权利、义务和责任等问题）进行的谈判。货物买卖谈判是商务谈判中应用最多的一种谈判，在企业的经济活动中占有很重要的地位。

2. 投资项目谈判

投资项目谈判，是指谈判的双方就双方共同参与或涉及双方关系的某项投资活动，对该投资活动所涉及的有关投资目的、投资方向、投资形式、投资内容与条件、投资项目的经营与管理，以及投资者在投资活动中的权利、义务、责任及相互之间的关系所进行的谈判。

3. 技术贸易谈判

技术贸易谈判是指技术的接受方（即买方）与技术的转让方（即卖方）就技术转让的形式、内容、质量规范、使用范围、价格条件、支付方式等问题对双方应有的权利、义务等所进行的谈判。

4. 合同违约纠纷谈判

合同违约纠纷谈判主要是指损害和违约赔偿谈判。在损害和违约赔偿谈判中，首先要根据事实和合同分清责任的归属，在此基础上，才能根据损害的程度和违约给对方造成经济损失的大小，协商经济赔偿的范围和金额，以及某些善后工作的处理事宜。

5. 劳务贸易谈判

劳务贸易谈判是劳务贸易双方就劳务提供的形式、内容、时间、价格、计算方法、支付方式等有关买卖双方的权利、责任和义务关系所进行的谈判。由于劳务本身不是某种物质商品，而是通过人的特殊劳动将某种物资或物体改变性质或形状，从而满足人们一定需要的劳动过程。因此，劳务贸易谈判与一般商品买卖谈判是有本质区别的。

（二）按谈判参与利益主体的多少分类

1. 双边谈判

双边谈判是指两个不同利益主体参加的商务谈判。双边谈判一般来说涉及的责、权、利划分较为简单明确，因而谈判也比较易于把握。

2. 多边谈判

多边谈判是指三个或三个以上不同利益主体之间展开的商务谈判。参与方越多，其谈判条件越错综复杂，需要顾及的方面就越多，也难以在多方的利益关系中加以协调，从而增加谈判的难度。

例如，在建立中外合资企业的谈判中，若是中方 A 公司和外方 B 公司之间进行谈判，可称为双边谈判，只需协调两个公司的关系即可。若是中方 A、E 两家公司和外方 B、C 两家公司进行谈判，显然关系就复杂多了。这种多边谈判，不仅要协调 A 与 E、B 与 C 之间的利益关系，而且还要协调 A 与 B+C、E 与 B+C、A+E 与 C、A+E 与 B+C 等之间的利益关系。这样矛盾的点和面大大增加了，关系也就自然变得复杂了。

（三）按谈判双方接触的方式分类

1. 面对面谈判

面对面谈判就是谈判双方直接地、面对面地就谈判的内容通过语言进行沟通和交流的谈判方式，是最经常使用的谈判方式。

2. 电话谈判

随着电话这一通信工具的广泛使用和日益普及，运用电话沟通信息、洽谈商务的谈判方式便产生了，并且被越来越多的人所认识和采用。

3. 函电谈判

在国际商务中，外贸业务函电是在日常业务中使用的一种具有特定格式和内容的公务文件，包括电传、信函等。随时电子商务的不断发展，网上的洽谈、下单、签约，也是函电谈判的一种。

面对面谈判、电话谈判、函电谈判的主要区别见表 1-1。

表 1-1　面对面谈判、电话谈判、函电谈判的主要区别

	面对面谈判	电话谈判	函电谈判
谈判交流	便于双方交流思想感情，更易达成协议	快速、方便、联系广泛	阐述己方主观立场时更为坚定有力，函电谈判往往具有法律效力

续前表

	面对面谈判	电话谈判	函电谈判
谈判行为	观察对方面部表情和姿态动作，审查对方为人及交易的可靠性	只能听到对方的声音，不能看见对方的表情、手势	函电谈判方便、及时、快速，在表示拒绝时比前者方便得多，费用上较节省
缺点	己方当面提出条件后，难以反悔	容易出现电话中的错听、误解等现象，有时谈判者精力难以集中	不便于双方相互了解，且通信媒介承载的信息量有限

（四）按谈判的所在地分类

微课：不同地点谈判的优缺点

1. 主场谈判

主场谈判是指在自己所在地进行的谈判。主场包括在自己所居住的国家、城市或办公所在地。总之，主场谈判不远离自己熟悉的工作生活环境，不远离谈判人为之工作的机构或单位，是在自己做主人的情况下进行谈判。

2. 客场谈判

客场谈判是指在谈判对手所在地进行谈判。“客场”从某种意义讲，也可以说是“海外或国外”。从广义的角度讲，在同一国家的不同城市，在同一个城市不同的办公所在地，只要不在本方企业所在地或办公楼内谈判均可以视为客场谈判。

3. 主、客场轮流谈判

动画：谋求替代性立场的“戴维营”谈判

主、客场轮流谈判，是指在某一项商务谈判中，谈判地点互易的谈判。可能开始在卖方，结束在买方，或者相反。主客场轮流情况的出现，说明交易是不寻常的，它可能是大宗商品买卖，也可能是成套项目的交易。

4. 中立地谈判

中立地谈判是指谈判地点设在第三地的商务谈判。第三地作为谈判地点表现为其不存在倾向性，双方均无东道主地域优势，策略运用的条件相当，双方谈判地域环境较为公平。但是，在第三地谈判会造成谈判成本的增加，而且双方首先要为谈判地点的选择和确定而谈判，地点确定本身比较复杂。显然，中立地谈判通常为相互关系不融洽、信任程度不高的谈判双方所选用。

※ 实例分析

美国红杉投资公司想要和中国粤达公司合作生产该公司研制的一种新型生物肥料，中方向对方进行了公司介绍并说公司技术先进、市场前景广阔。

两个公司前期谈判进行得非常顺利，美方提议去中方的生产基地签署协议，双方兴高采烈地来到生产工厂。由于粤达公司只重视研发不重视生产、包装，公司生产的肥料零乱地堆在厂区外，布满了灰尘，工人在向美方代表介绍产品时，用脚踢了一下袋子说：“这就是我们生产的肥料。”美方代表大失所望，取消了与粤达公司的合作。

问题：为什么美国红杉公司取消了与粤达公司的合作？

（五）按谈判议题展开的方向分类

1. 纵向谈判

纵向谈判是指在确定谈判的主要问题后，对主要问题和条款逐一进行讨论和解决的谈判，某个问题或某项条款不彻底解决，就不谈下一个。如在一项产品交易谈判中，双方确定出价格、质量、运输、保险、索赔等几项主要内容后，首先就价格条款进行磋商。如果价格确定不下来，就不谈其他条款。只有价格谈妥之后，才依次讨论其他问题。

2. 横向谈判

横向谈判是指在确定谈判所涉及的主要问题后，同时讨论预先确定的几个问题，当某一问题出现矛盾或分歧时，就把这一问题暂时放到后面，先讨论其他问题，如此循序渐进地讨论下去，直到把所有问题都谈妥为止。

纵向谈判、横向谈判的优缺点见表 1－2。

表 1－2　纵向谈判、横向谈判的优缺点

	纵向谈判	横向谈判
优点	程度明确，有利于将复杂的问题简单化；避免多头牵制、议而不决的弊病；每次只谈一个问题，讨论周详，解决彻底	灵活、机动，只要有利于问题解决，经过双方协商同意，讨论的条款可以随时调整
缺点	议程的确定过于刻板，不利于双方的沟通交流；当某一问题面临僵局时，不利于其他问题的解决	在磋商过程中会加剧双方的讨价还价，容易促使双方进行对等让步的谈判；容易使谈判人员纠缠细枝末节，而忽略了主要问题

（六）按谈判的地位分类

1. 主动地位的谈判

当谈判对手实力弱小，己方实力强大时，谈判者一般处于主动谈判地位。

2. 被动地位的谈判

当谈判对手实力强大，己方实力弱小时，谈判者一般处于被动谈判地位。

3. 平等地位的谈判

当谈判双方实力相当，任何一方都不占据谈判优势时，谈判者一般处于平等的谈判地位。

（七）按谈判的人数规模分类

1. 一对一谈判

一对一谈判是指一个卖主与一个买主之间的商务谈判。交易额小的商务谈判，往往是一对一的。一对一谈判的主要特点，在于它往往是一种最困难的谈判类型。因为双方谈判者各自为战，得不到助手的及时帮助。因此，这类谈判一定要选择有主见，决断力、判断力较强，善于单兵作战的人员参加，并要做好充分的准备；性格脆弱、优柔寡断的人是不能胜任的。规模大、人员多的谈判，有时根据需要，也可在首席代表之间一对一地进行，以便认真地磋商某些关键问题或微妙敏感的问题。

2. 小组谈判

小组谈判是指买卖双方各有几人参加的商务谈判。这是最常见的一种商务谈判类型，一般适用于项目较大或内容比较复杂的谈判。小组谈判的重要前提是正确选配小组成员，并有一位主要发言人或主谈者，除特殊情况外，他是最终决策者。小组谈判的主要特点在于各方有几个人同时参加谈判，分工合作，取长补短，各尽所能，这样可以缩短谈判时间，取得较好的谈判效果。

3. 大型谈判

大型谈判是指项目重大、各方谈判人员多、级别高的商务谈判。国家级、省（市）级或重大项目的谈判，都必须采用这种类型。大型谈判的主要特点：一是谈判班子阵容强大，拥有由各种高级专家组成的顾问团；二是这种谈判的程序严密，时间较长，有时还要把整个谈判分成若干个层次和阶段。

（八）按谈判双方的态度倾向分类

1. 让步型谈判（软式谈判）

让步型谈判，也称软式谈判。让步型谈判者希望避免冲突，随时准备为达成协议而让步，希望通过谈判签订一个皆大欢喜的协议。

2. 立场型谈判（硬式谈判）

立场型谈判者将谈判看成是一场意志力的竞争和搏斗，认为立场越强硬者，最后的收获也越多。

3. 原则型谈判（价值谈判）

价值谈判要求谈判双方首先注意与对方的人际关系，但与让步型又有所不同。它建议和要求双方注重对方的基本需要，寻求双方利益上的共同点，设想各种使双方各有所获的方案。当双方利益冲突时，则坚持根据公平的标准来作决定。

三种谈判方式的比较见表 1-3。

表 1-3　让步型谈判、立场型谈判和原则型谈判的比较

	让步型谈判	立场型谈判	原则型谈判
目标	达成协议	取得胜利	圆满有效地解决问题
出发点	为了增进关系而作出让步	要求对方让步作为建立关系的条件	把人与问题分开
手段	对人和事都采取软的态度	对人和事都采取硬的态度	对人采取软的态度，对事采取硬的态度
态度	信任对方	不信任对方	信任与否与谈判无关
立场	轻易改变自己的立场	坚持自己的立场	着眼于利益而不是立场
做法	提出建议	威胁对方	共同探索共同利益
方案	找出对方能接受的方案	找出自己愿意接受的方案	达成对双方都有利的协议
表现	尽量避免意气用事	双方意志的竞赛	根据客观标准达成协议
结果	屈服于对方压力之下	施加压力使对方屈服	屈服于原则，而不屈服于压力

上述三种方法比较理论化，现实中往往与之有别，或三者综合。它们适用于不同的情况和条件，影响和制约它们运用的因素见表 1-4。

表 1-4　影响和制约三种方法运用的因素

影响和制约因素	让步型谈判法	立场型谈判	原则型谈判
业务关系可持续性	保持长期业务关系	一次性的、偶然的	保持长期业务关系
谈判实力	本方较弱	本方强很多	双方谈判实力比较接近
交易的重要性	关系重于交易	交易很重要	交易很重要
谈判人员的个性与谈判风格	性格随和	好勇斗狠	好勇斗狠
谈判艺术与技巧	影响大	会受谈判方法的影响	会受谈判方法的影响

☞ 课堂讨论

原则型谈判，吸取了让步型谈判和立场型谈判之所长而避其极端，强调公正原则和公平价值，主要有以下特征：

(1) 谈判中对人温和、对事强硬，把人与事分开。

(2) 主张按照共同接受的具有客观公正性的原则和公平价值来取得协议，而不简单地依靠具体问题的讨价还价。

(3) 谈判中开诚布公而不施诡计，追求利益而不失风度。

(4) 努力寻找共同点、消除分歧，争取共同满意的谈判结果。

原则型谈判是一种既理性又富有人情味的谈判态度与方法。

问题：请举例说明什么是原则型谈判。

以上具体介绍了商务谈判的几种主要类型，还可以按其他不同的标准对商务谈判进行分类。

二、商务谈判的特征

商务谈判是一门科学，又是综合运用多学科知识于商务活动的一门艺术。除具有经济活动的特点和包含一般谈判的特征外，其特征集中表现在以下几点。

(一) 以经济利益为目的

在商务谈判中，谈判当事人的所有谈判计划、谈判技巧和谈判策略，都是以追求和实现交易的经济利益为出发点和归宿的，离开了这种经济利益，商务谈判就失去了存在的意义和可能。因此，商务谈判就是以经济利益为目的的谈判，这就是商务谈判目的追求的利益性特征。当然，任何谈判都有利益追求，但商务谈判的利益性特征特指直接的经济利益，这是与其他谈判不同的。

(二) 以价格为核心

以经济利益为目的必然决定了谈判的核心议题是价格问题，因为价格的高低直接关系到实际所能获得的利益的大小。谈判中除价格之外的其他条件，如商品的质量、数量、交货及方式与支付方式等，都与价格条件存在着密不可分的关系，其他条件都可以通过价格的变化表现出来，这也使得价格成为商务谈判的核心条件和核心议题。

（三）注重严密性和准确性

商务谈判的结果是由双方协商一致的协议或合同来体现的。这里的严密性和准确性是指合同或协议条款实质上反映了各方的权利和义务，是保障谈判获得各种利益的重要体现。因此，在拟订合同条款时，掉以轻心是谈判人员的大忌，要注意合同条款是否完整、严密、准确、合理、合法，避免被谈判对手在条款措辞或表述技巧上引入陷阱，否则前期谈判的努力会功亏一篑，到手的利益也丧失殆尽，还有可能为此付出惨重代价。因此，在商务谈判中，谈判人员不仅要重视口头上的承诺，更要重视合同条款的严密性和准确性。

动画：印度画商卖画

（四）以实现“双赢”为结果

商务谈判过程是一个讲究策略的博弈过程，其结果往往是追求“双赢”和“多赢”，使通过商务谈判达成的协议对参与的各方都有所得，而且是基本满意的，这种满意可能体现在经济利益上，也可能体现在相互的关系上或心理需求上。

❖ 实例分析

问题出在什么地方？

小王想在新年为女朋友买一套好点的化妆品。他已准备了 1 000 元，还有一个月才到新年，在这段时间还可以继续准备一点。一天，在一家大商场的化妆品柜台，他一下子被一套标价 1 500 元的化妆品吸引住了。他认为这就是他想送给女朋友的礼物，但他的钱不够。售货员说，你可以新年前来买，但不能保证那时是否有货。小王很沮丧。随后，他偶然进入另一家小一点的店，见有一套与商场一样的化妆品，标价 980 元。他想买，但觉得大商场的那套 1 500 元的化妆品质量更有保障。新年前，那家大商场仍然有货，还降价 20%，减为 1 200 元，但小王的钱仍然不够。售货员再给他 5%的现金折扣，现付 1 140 元。小王当场付款，怀着喜悦的心情离开了。

其实，两个店的化妆品是完全相同的，都是从批发商那里以每套 800 元进的货。但大商场获纯利 340 元，而另一家店标价虽低，却未能吸引小王。他为自己聪明的等待而感到愉快，还为与售货员讨价还价后又得到 5%的优惠而高兴。

资料来源：辛诚．商务谈判理论与实务．北京：中国传媒大学出版社，2010.

问题：

1. 小王的谈判水平如何？
2. 你认为那个大商场的售货员的谈判有哪些优点？
3. 你得到了什么启示？
4. 如果你是小王，你决定在大商场购买，你将如何做？

任务三　分析商务谈判的构成要素

任务分析

本任务的学习目标是了解商务谈判的主体、客体、目的和行为等构成要素的相关知识，学会在实际谈判中灵活运用上述概念和知识，具有全局观念。

知识准备

商务谈判要素是指谈判的构成因素和内部结构，主要包括：商务谈判主体、商务谈判客体、商务谈判目的、商务谈判行为、商务谈判方式、商务谈判约束条件等多个方面。下面就前四个方面进行介绍。

一、商务谈判主体

商务谈判主体由关系主体和行为主体构成。关系主体是有权参加谈判并承担谈判后果的自然人、社会组织及其他能够在谈判或履约中享有权利、承担义务的各种实体。行为主体是实际参加谈判的人。关系主体和行为主体有时是分离的，有时合而为一。如中国某进出口公司和美国某公司谈判一笔进出口贸易业务，谈判关系主体是两个公司，而行为主体则是两个公司派出的谈判小组。在这种分离的情况下，行为主体要正确反映关系主体的意志。

对商务谈判主体有关规定的研究和认识是很有必要的。因为商务谈判主体是谈判的前提，在谈判中，要注意避免因谈判的关系主体和行为主体不合格，而使谈判失败造成损失。如果谈判的关系主体不合格，便无法承担谈判的后果；如果未经授权或超越代理权等的谈判行为主体不合格，谈判的关系主体也不承担谈判的后果。

在现实商务谈判中，由于忽视了事先考虑己方或对方的主体资格，而使谈判归于无效，并遭受经济损失的事例常有发生。因此，特别要注意对对方的主体资格进行审查，不能仅凭对方的一面之词，要审查对方的各种证件，并进行实地考察。商务谈判中的材料主要有自然人身份方面的证件、法人资格方面的证件和经营资格方面的证件、代理权方面的证件，以及技术设备项目在谈判中涉及履约能力方面的各种设备、设施、技术等证明。如果对方的证件有可疑之处，就不能贸然与之合作。有时还可以委托有关中介组织，如咨询机构，进行了解考察。

☞ 课堂讨论

一对夫妻打离婚官司，女方聘请张律师代理自己的离婚诉讼案，要求对家庭财产进行分割。张律师与男方进行多次谈判后，商定夫妻二人不再诉讼，改为协议离婚，并拟定了二人的离婚协议书。夫妻二人对该协议无异议后签字，并到民政部门办理了离婚登记。

问题：女方、男方、张律师三人在本次离婚谈判中谁是行为主体，谁是关系主体？

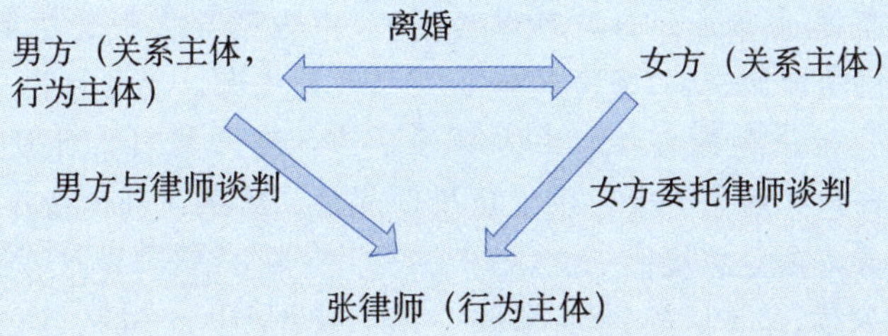

二、商务谈判客体

商务谈判客体是指商务谈判的议题和标的。议题有属于资金方面的，如价格和付款方式等；有属于技术合作方面的，主要是技术标准方面的问题；有属于商品方面的，如商品的品质、数量、储存、装运、保险和检验等。总之，涉及交易双方利益的一切问题，都可以成为谈判的议题。标的是承载物质利益的载体，可以是有形物，也可以是劳务或者知识产权。

三、商务谈判目的

商务谈判目的是构成谈判活动不可或缺的因素。只有商务谈判主体和客体，而没有谈判目的，就不能构成真正的谈判活动。正因为谈判各方鲜明的目的性，才使得谈判活动具有较强的冲突性和竞争性，而闲谈则不涉及各方的利害关系，也不会导致双方的对立和竞争。

四、商务谈判行为

商务谈判的行为主要指谈判的行为主体围绕谈判事项进行信息交流和观点磋商。如果没有商务谈判的行为，则只是商务谈判的构想，而不是商务谈判的现实。如果说商务谈判主体是指谈判“谁来谈”，商务谈判客体指谈判“谈什么”，那么商务谈判行为则是指谈判中“怎么谈”。其内容包括商务谈判各方的信息交流，评判商务谈判胜负标准，谈判策略、方式、方法和技巧等。

❖ 实例分析

出口自产汽油添加剂的谈判

山东A公司向日本B公司出口自产汽油添加剂3 000吨。这是试订单，也是A公司第一次开展出口业务。日方认为中方产品价格有竞争力，品质也不差，只是添加剂是易燃易爆的液体，存储运输较危险，按运输危险等级系一级危险品。为了考察青岛港的储运情况，日方一行5人到A公司谈判，A公司的领导、商务主谈以及储运人员共6人参加了谈判。中方产品价格、质量的问题不大，双方很快就达成了共识，但就运输问题讨论了很长时间。从工厂到码头间的运输，再到码头储罐储存；从运输船的船型到输油管的材料、工具，讨论得很仔细，甚至连环境污染的细节也讨论到了。最后日方认为从安全的角度出发，由日方派船为宜，不过要求中方为日方装船创造好岸上条件。此外，还要求价格再优惠一些。对此，中方主谈为了省事，又急于做成第一笔出口生意，不假思索即表示："可以考虑。"中方领导在旁边听到后，马上纠正："不行。"日方主谈随即问道："贵方反悔了？""不是反悔，而是讨论。"于是日方主谈反过来与中方领导讨论运输条件，中方领导认为：创造装船条件可以，但降价有困难。日方认为：自己尽的义务大，中方应予以奖励。结果谈判延续了一个小时，中方主谈在旁静静听着，略显尴尬。

资料来源：鲁晓慧．商务谈判［M］．郑州：河南科技出版社，2012.

问题：

1. 本案例中谈判的主体和议题是什么？
2. A公司和B公司进行的是何种类型的谈判？
3. 如何评价中方主谈的表现？
4. 如何评价中方领导的表现？

任务四　掌握商务谈判的内容与作用

任务分析

本任务的学习目标是掌握商务谈判的具体内容，包括商品品质、商品数量、商品包装、商品价格、支付方式、装运与交付、运输保险、商品检验、索赔等。了解商务谈判对经济发展的作用，进一步激发浓厚的市场营销职业兴趣。

知识准备

一、商务谈判的内容

由于商品的品种千差万别，商品交易谈判包括的内容非常广泛，不过，交易的商品都是在生产资料和生活资料范围内。商品交易谈判的一般内容主要有以下几个方面。

微课：商务谈判的内容

（一）商品的品质、数量和包装

1. 商品的品质

商品的品质是指商品的内在质量和外观形态。洽谈品质条件的关键是明确双方可接受的品质表示方法。

2. 商品的数量

商品的数量是指交易双方所确定具体商品的交易数量，主要由数字和计量单位构成。

3. 商品的包装

交易中，除一些商品因其本身的特点不需要包装外，多数商品都需要有一定的包装。按商品是否需要包装，可以分为三类，即散装货、裸装货和包装货；而包装又分为运输包装和销售包装两种。

（二）价格和付款方式

1. 价格

价格是谈判中的核心问题。买方希望为买进商品所支出的货币越少越好，而卖方则希望价格在补偿成本的基础上越高越好。在许多交易中，价格的高低是影响双方利益分配的重要因素，因此有关价格的谈判往往是整个谈判进程中最重要的、最敏感也是最艰巨的一环。

价格的确定与其他交易条件有密切关系，双方在确定最终价格时必须考虑这些因素，如商品品质、交易数量、交货期限、支付条件、运输方式、交货地点等。价格由单价和总值构成，总值是单价与数量的乘积。此外，双方还应就商品的作价方法进行商讨。一般情况下，双方对所交易的商品都应该确定一个固定价格，但如果商品的价格市场波动较大，交货期又比较长，也可以采用后定价格或滑动价格来对商品进行作价。

价格作为谈判中的核心内容，直接关系到谈判双方的经济利益，对此应给予高度重视。

2. 付款方式

在产品交易中，付款的方式也很重要。从表面来看，无论以什么方式付款，用什么支付工具付款，买方的付出和卖方的收入都是合同中规定的总额。但实际上，在不同的支付条件下，尽管支付的价格总额不变，但买卖双方实际支出和收入可能会有很大差异。

（三）商品的装运和交接

在合同中，对商品的装运和交接问题做出明确的规定，可以维护双方的利益。

1. 运输方式

商品的交接必须借助于空间的转移来实现，运输方式不同，则运费差别很大，所以双方应在明确由谁支付运费的基础上，规定运输方式及应承担的责任。

2. 交货时间

在经济活动中，许多合同纠纷起因于装运和交接货物的时间规定得比较模糊。为尽可能避免纠纷，谈判人员应在切实可行的基础上，力求把装运和交接货物的时间规定得明确、合理。

3. 交货地点

交货地点的选择关系到运费和结算价格的高低，同时也与交接各方所承担的责任有关。交货地点必须明确具体，防止因地点笼统或重名问题引起合同履行中的纠纷。

（四）索赔、仲裁和不可抗力

1. 索赔

索赔是一方认为对方未能全部或部分履行合同规定的责任时，向对方提出索取赔偿的要求。索赔属于合同履行中的问题。双方在谈判时，一般应就此问题事先进行约定，避免以后产生纠纷。

2. 仲裁

仲裁是指双方当事人在谈判中商定，在双方发生争议时，如果通过协商不能解决，自愿将有关争议提交给双方所同意的第三方进行裁决。有关仲裁问题的谈判主要包括仲裁地点、仲裁机构和仲裁效力等。

3. 不可抗力

不可抗力是指在合同签订后，由于发生了当事人所不可预见的、无法事先采取预防措施的突发性意外事件，以至于影响到合同顺利履行，甚至导致合同完全不能履行。不可抗力事件的发生，一种是由自然力量引起的，如地震、水灾、火灾等；另一种是由社会力量引起的，如战争、政府禁令等。

商务谈判的内容如图 1-3 所示。

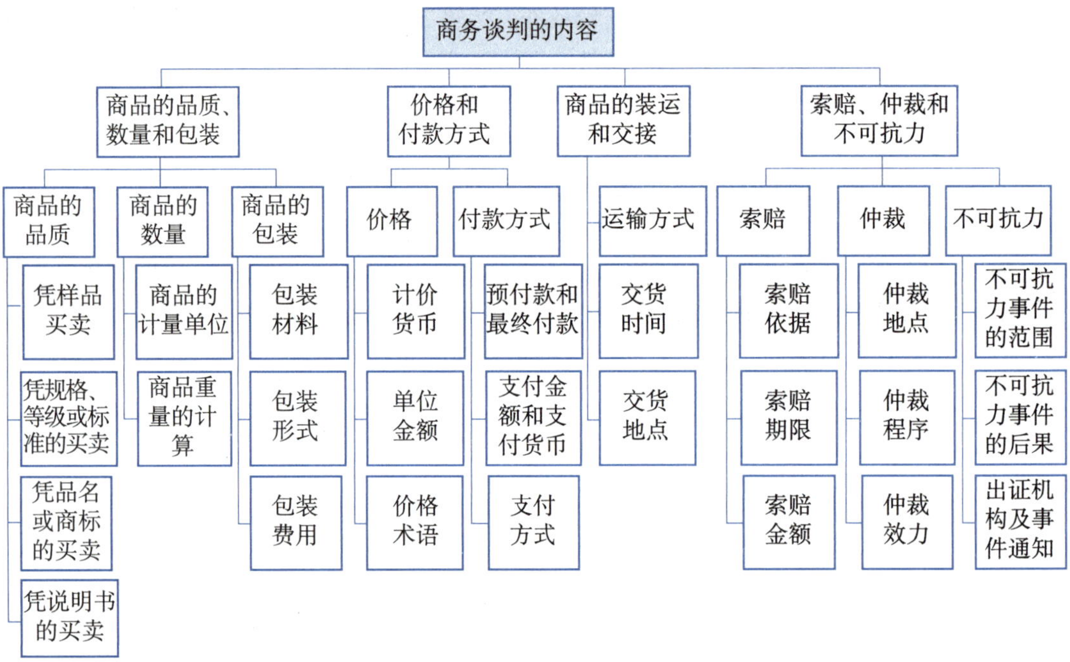

图 1-3　商务谈判的内容

二、商务谈判的作用

随着现代市场经济的发展，商务谈判已成为企业进行商务活动不可缺少的重要手段。由于商务谈判关系到交易双方的成败，关系到企业的生存和发展，因此越来越受到企业的重视，它的作用主要表现在以下几个方面。

（一）商务谈判有利于加强企业之间的经济联系

商务谈判大多是在企业与企业之间、企业与其他部门之间进行的。每个企业都要与其他部门或单位进行沟通与联系，才能完成生产经营活动。事实上，经济越发展，分工越细，专业化程度越高，企业间的联系与合作越紧密，就越是需要各种有效的沟通手段。商务谈判是企业进行经济活动、加强与其他经济实体联系的主要手段。企业通过谈判，实现资金、技术、设备、原材料和劳动力的最佳组合，协商解决交易活动中的一系列问题，处理合同纠纷，磋商解决企业生产经营过程中所有涉及买卖双方及第三方以上关系的问题，所以说，商务谈判加强了企业间的联系，促进了经济的发展。

（二）商务谈判有利于企业获取市场信息，为企业的正确决策创造条件

市场信息指反映市场需求发展、变化的消息、情报、资料等。随着我国经济的发展，市场日益扩大，买方市场逐步形成，各种竞争愈加激烈，企业离开市场信息就无法生存、发展。及时而准确的市场信息有利于企业生产和销售对路的产品，设计正确的市场销售因素组合，做出有效的生产经营决策。购销人员、谈判人员的报告是信息的重要来源之一。及时、准确的谈判报告具有针对性，对于解决企业面临的问题有很大的推动作用。

（三）商务谈判有利于促进市场经济的繁荣与发展

商品经济存在的基础是社会分工和生产资料及产品属于不同的所有者，由此决定了人与人之间的交往关系必须是平等互利的，人与人之间的经济联系必须是有偿、等价的。与此相适应，商务谈判便成为人们实现这种联系的重要手段，为谋求各方之间的联系与合作发挥着巨大的作用。商品经济愈是发达，商务谈判的应用愈是广泛，其形式也就愈是多样化、复杂化。商务谈判广泛运用于社会生产、流通的各个领域，又进一步促进了社会的繁荣和经济的发展，更好地实现了人们在平等互利基础上的联系，改善了相互间的关系，提高了交易的成功率。

今天，商务谈判已经成为市场经济中不可缺少的组成部分，成为开展各种商务活动的重要手段。我们应当清醒地认识到：现代信息社会已经到来，经济全球化时代已经到来，“世界就是一张偌大的谈判桌”。

（四）商务谈判有利于促进我国对外贸易的发展

当今的经济活动已经跨越了一国的范围，经济全球化已经成为必然趋势，国与国之间的经济贸易活动日益频繁。世界是开放的世界，贸易是世界的贸易。

扩大对外贸易，可以更多地吸引外资，引进国外先进技术、设备，提高生产力水平，发展我国的市场经济，还可以提高我国的进出口能力，换取外汇，积聚资金，增强我国的经济实力。开展对外贸易，必须学会商务谈判。

项目小结

1. 谈判是人类交往行为中一种非常广泛和普遍的社会现象，是人们解决矛盾冲突的一种工具。谈判是由“谈”和“判”两部分构成的行为过程。谈判总是以某种利益的满足为目标，形成的是一种特殊的人际关系，具有极强的艺术性。

2. 商务谈判是谈判的一种形式，是买卖双方为了促成交易而进行的活动，或是为了解决买卖双方的争端，并取得各自的经济利益的一种方法和手段。

3. 商务谈判依据不同的划分标准可分为多种类型。选取多个标准进行划分，不同类型的商务谈判会对谈判者提出不同的要求。

4. 商务谈判的基本要素包括商务谈判主体、商务谈判客体、商务谈判目的、商务谈

判行为、商务谈判方式、商务谈判约束条件等。

5. 商务谈判的作用体现在商务谈判有利于加强企业之间的经济联系；商务谈判有利于企业获取市场信息，为企业的正确决策创造条件；商务谈判有利于促进市场经济的繁荣与发展；商务谈判有利于促进我国对外贸易的发展。

练习与实战演练

一、单选题

1. 谈判是追求（　　）的过程。

A. 自身利益要求

B. 双方利益要求

C. 双方不断调整自身需要，最终达成一致

D. 双方为维护自身利益而进行的智力较量

2. 原则型谈判的协议阶段是（　　）

A. 一再让步的结果　　B. 双方都有利的协议达成结果

C. 最大利益满足的结果　　D. 屈服于对方压力的结果

3. 硬式谈判者的目标是（　　）

A. 达成协议　　B. 解决问题　　C. 赢得胜利　　D. 施加压力

4. 根据谈判地点的不同，可将谈判分为（　　）

A. 技术谈判，贸易谈判，价格谈判

B. 价格谈判，外交谈判，军事谈判

C. 国际谈判，国内谈判，中立地谈判

D. 主场谈判，客场谈判，中立地谈判

5. 商务谈判中所谓合理价格，是指能（　　）的价格。

A. 价廉物美　　B. 货真价实

C. 市场通行　　D. 体现双方共同利益

二、思考题

1. 什么是谈判？什么是商务谈判？商务谈判有哪些特征？

2. 依据不同的标准，简要回答商务谈判的分类。

3. 商务谈判的构成要素是什么？

三、实战演练

【实战 1】你应该如何处理？

任务：商务谈判认知能力训练。

组织方式：全班同学按每组 4～6 人组建项目团队，以团队为单位进行。

内容：你正在家具市场选家具，看了很多店的家具，最后看中一套标价 5 800 元的沙发。你和售货员谈判，要求打一定的折扣，但得到的回答是："这套沙发前几天还卖 7 200 元呢，这个星期是促销，所以才这个价。根据店里的规定，价格是没有多少商量余地的。"在这种情况下，你怎么办？为什么？

（1）要求见经理。

（2）接受售货员的话。

（3）再向售货员施加压力以求降价。

（4）有更好的办法吗？

时间安排：每组限时 5 分钟陈述、质疑、答辩。

评价方式：各组互评打分，老师评析。

【实战 2】你应该和谁谈？

任务：商务谈判分析能力训练。

组织方式：全班同学按每组 4～6 人组建项目团队，以团队为单位进行。

内容：你的朋友告诉你一条出售你所需要的二手车的信息，要求有意购买者亲自去面谈。但是当你亲自出面时，却发现对方并非出售者本人，而是他指定的代理人。这种情况下，你怎么做？为什么？

（1）坚持与车主本人谈判。

（2）问该代理人是否为有权代理，是否不必征求卖主的意见。

（3）以边谈边观察的方式与代理人进行谈判。

（4）留下联系方式，要求卖主与自己联系。

时间安排：每组限时 5 分钟陈述、质疑、答辩。

评价方式：各组互评打分，老师评析。

【实战 3】这样的购买活动怎么样？

任务：商务谈判应用能力训练。

组织方式：全班同学按每组 4～6 人组建项目团队，以团队为单位进行。

内容：你在科技商场看中了一台笔记本电脑，它的标价是 6 600 元。你分析各方面的情况后觉得不合适，最多只能付 5 000 元。商场的销售人员介绍完这台电脑的优点之后，你表示对这台电脑非常感兴趣，并告诉他最多只能付 4 500 元。销售人员听后，告诉你，他愿以优惠价 5 000 元给你。此时你的感受会是下面哪种？

（1）不好意思不接受他的建议。

（2）不表态，看对方是否还能降价。

（3）这是一个让你满意的购买价格。

时间安排：每组限时 5 分钟陈述、质疑、答辩。

评价方式：各组互评打分，老师评析。

【实战 4】我见过的“谈判”

任务：商务谈判语言表达能力训练。

组织方式：全班同学按每组 4～6 人组建项目团队，以团队为单位进行。

内容：要求学生以宿舍或小组为单位，回忆、搜集、整理你有印象的谈判例子，在宿舍或小组内交流，并以宿舍或小组为单位提交案例和交流心得。

时间安排：每组限时 5 分钟陈述、质疑、答辩。

评价方式：各组互评打分，老师评析。

【实战 5】家庭交流或企业交流

任务：商务谈判语言表达能力训练。

组织方式：全班同学按每组 4～6 人组建项目团队，以团队为单位进行。

内容：利用假期在家的时间与父母交流，或走访家附近的企业，请他们介绍一些他们经历的成功谈判。

时间安排：每组限时 5 分钟 PPT 陈述、质疑、答辩。

评价方式：各组互评打分，老师评析。

项目二

商务谈判原则、评价标准和成功模式

学习目标

知识目标：领会商务谈判的相关原则。掌握判断商务谈判成败的标准。学会运用商务谈判的成功模式。

能力目标：能够在谈判中熟练运用相关原则。能尝试性地对商务谈判的成功与否进行评判。能按流程要求进行商务谈判。同时培养和提高学生分析问题、决策设计和道德研判的能力。

案例导入

烟盒纸上签的合同

2004 年北京市政协会议期间，企业家潘石屹给企业家任志强发来手机短信说："没存粮了，救救我吧。"任总给潘总回了个短信："我这还有点粮票。"晚饭后，潘总与任总在京西宾馆见面，两人开始了广为流传的并购项目"鸡蛋换粮票"的谈判。

当时任志强任职的华远开发的尚都国际项目原名为"建华花园"，是个烂尾项目。原股东是北京市京泰投资管理中心（以下简称京泰）和香港的一家企业。因资金问题只完成了地下基础部分就停工了，一停就许多年。通过与京泰的其他项目合作，华远将这个项目收购，恢复了一期工程建设，并完成了二期、三期项目的拆迁和规划工作，只待进一步开发了。同期华远地产业在与北京城建开发公司秘密会谈收购东直门交通枢纽的重大项目，急需收购大笔资金，于是任志强就将这个项目的二期、三期工程介绍给潘石屹，潘石屹的工作团队了解了基本情况后，决定抓住机会。于是，潘石屹在随后的一次论坛讨论会上与任志强碰面。会议结束后已是晚上九点多钟了，但他执意要与任志强谈谈，于是两人就来到了一家尚未关门的咖啡厅，细聊起来。

两个人都是个直来直去的爽快人，也不砍价，用任志强的话说："三下五除二把几个主要条件和价格敲定了，服务员的茶还没泡好，我们俩就把几个亿的交易谈完了。现场谁的口袋里都没有纸，小潘就让我把烟盒拆了，把烟用锡纸包着装进口袋，在烟盒纸的背面，写上谈定的这两三个主要条件，我和潘石屹分别签上名，这就变成了一纸合同，剩下就是律师和工作人员的事了。”

后来，在“尚都”一期已经建好的楼里，双方组织了新闻发布会，进行现场签约仪式，签约的背板上用的是“鸡蛋换粮票”的标题，一屋子的记者们都在关注“鸡蛋换粮票”的故事。这也是第二天北京各大媒体的通栏大标题。

资料来源：李品媛．商务谈判——理论、实务、案例、实训［M］. 北京：高等教育出版社，2015.

➡**案例分析：**此次谈判体现了商务谈判的什么原则？试分析，偏离原则的商务谈判将会是什么样的结局。

思维导读

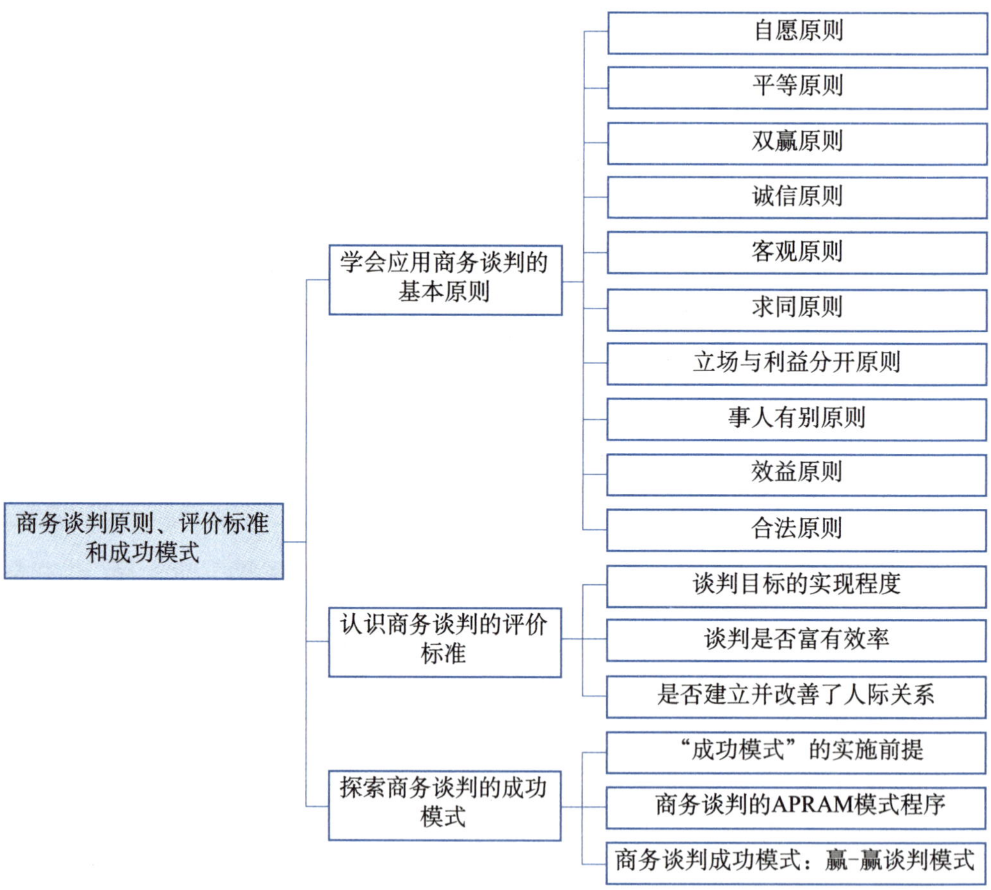

任务一　学会应用商务谈判基本原则

任务分析

本任务的学习目标是熟练掌握商务谈判的相关原则，谈判双方合作的内涵与前提，在立场问题上磋商问题的弊端、客观标准的内涵等陈述性知识，能用其指导谈判原则中的相关认知活动。

知识准备

商务谈判的原则，是指在商务谈判中彼此交换意见、解决分歧而进行磋商讨论时所依据的规则。商务谈判的原则是商务谈判内在的、必然的行为规范，是商务谈判的实践总结和制胜规律。因此，认识和把握商务谈判的原则，有助于维护谈判各方的权益，提高谈判的成功率和指导谈判策略的运用。

一、自愿原则

自愿原则是指作为谈判当事人的双方，在没有外来人为强制压力的情况下，出于自身意愿来参加谈判。谈判是一种自愿的活动，任何一方都可以在任何时候退出或拒绝进入谈判。这犹如维系夫妻关系靠的是感情而不是“捆绑”，谈判任何一方都没有权力以强制的手段挟制另一方必须参与谈判或不得不中途退场，谈判任何一方对谈判结果的接受与否都是谈判方权衡利弊后自愿做出的决定。在商务谈判的过程中，强迫的行为是不可取的，一旦出现这种行为，自愿原则就会遭到破坏，被强迫的一方势必会退出谈判，谈判也就会因此而破裂。

二、平等原则

平等原则是指在商务谈判中各方无论经济实力强弱、规模大小，其地位都是平等的。在商务谈判中，交易的各方拥有同等权力，任何一方提出的议案都需要得到他方的认可，或经过各方的协商取得一致方可确立。从某种意义上讲，双方力量、人格、地位等的相对独立和对等，是谈判行为发生与存在的必要条件。如果谈判中的某一方由于某些特殊原因而丧失了与对方对等的力量或地位，那么另一方可能很快就不再把他作为谈判对手，并且可能试图去寻找其他的而非谈判的途径来解决问题，这样，谈判也就失去了它本来的面目。

在商务谈判中，确立平等的原则并对此达成共识似乎并不难，而真正贯彻落实好这一原则还需要下些功夫。贯彻平等原则，首先要求谈判各方互相尊重，以礼相待，任何一方都不能仗势欺人、以强凌弱，把自己的意志强加于人。只有坚持这种平等原则，商务谈判才能在互信合作的气氛中顺利进行，才能达到互助互惠的谈判目标。可以说，平等原则是商务谈判的基础。

三、双赢原则

微课：双赢原则

动画：两败俱伤的劳资谈判

双赢原则是指谈判达成的协议对各方都是有利的。要知道，谈判不是竞赛，不是对弈。视谈判为竞赛游戏，只会让你陷入反复讨价还价、彼此竞争的状态，这种尽力压制对手求胜的行为，往往会导致即使赢了竞赛自己也是输家的结局。

“双赢”绝非摒弃竞争。恰恰相反，正因为通过竞争，通过谈判参与各方的较量，通过对各方共同感兴趣目标的不懈追求，寻找到一个能满足各自利益目标的最佳契合点，谈判也就真正成功了。可以说，成功的谈判是建立在充分竞争的基础上，没有了竞争，谈判的预期利益目标也就无法实现。当然，竞争不是无限度的拼杀，更不是你死我活式的搏斗，而是如何把握好实质利益和关系利益之间的平衡，尤其要注意“当止即止，过犹不及”。“双赢”原则的另一个含义是指参与谈判各方应本着互惠合作的原则，通过谈判追求双方利益的更大化而不是简单意义上的眼前利益分割，即追求“1＋1＞2”的利益效应。

☞ 课堂讨论

谈判的结果是实现“双赢”

上海某鞋厂与日本A株式会社做成一笔布鞋生意。因日方预测失误，加上运期较长，布鞋运抵日本后错过了销售季节，大量积压。日方提出退货，按惯例这是不行的。但中方在分析之后认为，如果不退货，A株式会社将立即破产，这样中方就少了一个合作伙伴，在海外也会造成一些不利影响；如果答应退货，不仅上述情况可以避免，这批货还可以在国内市场销售，预计并不赔钱。因此，原则上答应了日方的要求。双方经过磋商，最终确定用同等货值的一批畅销货换回积压的布鞋，所有退货的运杂费由日方支付。日方对此十分满意，我方也因此名声大振，此事在日本立刻见报，很快就有几家商行来人来函要求与该厂合作，A株式会社也与该厂一次性签了五年的销售合同，并积极向中方提供国际市场的供求信息。

问题：中方的做法说明了什么问题？

四、诚信原则

谈判大师尼尔伦伯格在其《谈判的艺术》一书中明确指出：“从本质上讲，谈判是一项诚实的活动。”确实，要达成一项双赢的协议，谈判的诚信原则是首先必须遵守的，那种只图眼前利益，不惜损害组织主体社会形象，无异是一种饮鸩止渴的行为，他们根本不懂得诚实在谈判乃至在人际交往中的重要性，最后吃亏的往往还是自己。

实际上，诚实守信也是市场经济体系渐趋完善的一种标志，当每个市场参与者都能遵守市场经济的“游戏规则”时，诚信才会成为一个人人都能遵守的基本守则。当然，诚信并不是老实可欺，更不能理解成脱离现实的乌托邦，在谈判中以诚实守信为前提，最大限度地维护自身根本利益，运用各种策略与技巧追求预期收益目标的最大化。

五、客观原则

无论是把谈判看成双方的合作，还是双方的较量，都无法否认谈判中双方利益冲突这一严酷现实。买方希望价格低一点，而卖方希望价格高一些；贷方希望高利率，借方希望低利率。双方都希望得到对自己有利的结果。这些分歧在谈判中时时刻刻存在着，谈判双方的任务就是清除或调和彼此的分歧，达成协议。消除或调和彼此的分歧有多种方法，一般是通过双方的让步或妥协来实现的。而这种让步或妥协是基于双方的意愿，即愿意接受什么，不愿意接受什么。

坚持客观的原则，运用客观标准，有利于调和或消除谈判双方的分歧，从而使谈判达成一个明智而公正的协议。所谓客观标准，是指独立于各方意志之外的合乎情理且切实可用的准则。它既可能是一些惯例、通则，也可能是职业标准、道德标准、科学鉴定等。贸易谈判所涉及的内容极其广泛，客观标准也是多种多样的。

六、求同原则

求同原则也叫协商的原则，是指谈判中面对利益分歧，从大局着眼，努力寻求共同利益。求同原则要求谈判各方首先要立足于共同利益，要把谈判对象当作合作伙伴，而不仅视为谈判对手。同时，要承认利益分歧，正是由于需求的差异和利益的不同，才可能产生需求的互补和利益的契合，才会形成共同利益。贯彻求同原则，要求在商务谈判中善于从大局出发，要着眼于自身发展的整体利益和长远利益的大局，着眼于长期合作的大局；同时，要善于运用灵活机动的谈判策略，要求大同存小异，也可以为了求大同而存大异。可以说，求同原则是商务谈判成功的关键。善于求同，历来是谈判高手具有智慧的表现。

实操演示：
涨工资谈判

❖ 实战训练

模拟加薪谈判

假设你是A公司的销售部员工，已经在公司工作了三年。春节后你想和老板商谈加薪事宜，你现在的工资是每月4 000元，希望达到的工资是每月4 500元，你会怎样和老板进行谈判？

要求：请两位同学分别扮演老板和员工进行模拟谈判。

七、立场与利益分开原则

☞ 课堂讨论

这是一次胜利的谈判吗？

美国约翰逊公司的研究开发部经理，从著名的A公司购买了一台分析仪器，使用几个月后，一个价值2.95美元的零件坏了，约翰逊公司希望A公司免费调换一只。A公司却不同意，认为零件损坏是因为约翰逊公司使用不当造成的，并特别召集了几名高级工程师来研究，寻找证据。双方为这件事争执了很长一段时间，几位高级工程师费了九牛二虎之力终于证明了责任在约翰逊公司一方，取得了谈判的胜利。但此后整整 20 年时间，约翰逊公司再未从 A 公司买过任何产品，并且告诫公司的职员，今后无论采购什么物品，宁愿多花一点钱，多跑一些路，也不与 A 公司发生业务交往。

资料来源：辛诚．商务谈判理论与实务［M］. 北京：中国传媒大学出版社，2010.

问题：请你来评价一下，A 公司的这一谈判究竟是胜利还是失败？应该如何来评价一场谈判的成败。

微课：立场与利益分开原则

谈判者所持的立场与其所追求的利益是密切相关的。立场反映了谈判者追求利益的态度和要求，而谈判者的利益则是使其采取某种立场的原因。谈判者持有某种立场为的是争取他所期望的利益，立场的对立无疑源于利益的冲突。虽然每个谈判者都明白，在谈判中所做的一切都是要维护己方的利益，坚持立场的出发点是维护利益，但维护利益与坚持立场是完全不同的。为了捍卫立场而进行的磋商，会给谈判带来难以克服的困难，造成无法弥补的损失。事实证明，所采取的立场越极端，所做的让步越小，所耗费的时间和精力就越多。

为了克服立场上讨价还价带来的弊端，在谈判中应着眼于利益，而不是立场，在灵活变通的原则下，通过深入观察和分析，找到在立场背后隐藏的共同利益，寻找增进双方利益和协调利益冲突的解决办法。谈判者应变得灵活、机敏，只要有利于己方或双方，没有什么是不能放弃的，也没有什么是不可更改的。仔细分析各种类型的谈判就会发现，在谈判中，表面上的利益都是冲突的，但是深入观察分析就会找到在立场背后还有比冲突利益更多的共同利益。

八、事人有别原则

微课：事人有别原则

事人有别原则是指在谈判中，把对人（即谈判对手）的态度和对所谈论的问题的态度区分开来。商务谈判所涉及的是有关双方利益的事物，如货物与服务的价格、成本等，而不是谈判者，参加谈判的人只是事物的载体，谈判桌上发生冲突的是事物。所以，对事应是强硬的，当仁不让，坚持原则；而对人则应是友好的、温和的，关系融洽。

在商务谈判过程中，当双方互不了解，出现争执，以及因人论事时，想解决问题达成协议是极其困难的。这是因为参加谈判的是有血有肉、有感情、有自我价值观的人。人与人之间可以经由信任、了解、尊敬和友谊建立起良好的关系，从而使一项谈判活动变得顺利、有效。相反，发怒、沮丧、疑惧、仇视和抵抗心理，会将个人的人生观与现实问题结合在一起，使之产生沟通障碍，从而导致双方相互误解加深，强化成见，最后使谈判破裂。因此，将谈判个人的因素与谈判所涉及的目标分离开，是商务谈判的重要原则之一。

把人与问题分开，并不意味着可以完全不考虑有关人性的问题。事实上谈判者要避免的是把人的问题与谈判的问题混杂在一起，而不是放弃对这一问题的处理。在处理人的问题时，应该注意每一方都应设身处地去理解对方观点的动因，并尽量弄清这种动因所包含的感情成分；谈判者应明确那些在谈判中掺杂的感情问题，并设法进行疏通；谈判双方之间必须有清晰的沟通，讲清双方的利益关系。

总之，把人与问题分开，就意味着谈判双方肩并肩地处理问题。这对于消除感情因素可能引发的不利影响，变消极因素为积极因素，有着非常重要的意义。

☞ 课堂讨论

对事不对人

在一家由美国人投资经营的日本工厂中，因为劳资纠纷，工人举行了罢工，据美方经理介绍：工人早在六周前就向资方提出了警告，举行罢工的当天，双方经过协商达成了一致的意见，罢工结束之后，工人们主动打扫了示威场地，清理了满地的烟头、咖啡杯，恢复了原来清洁的面貌。第二天，工人们又自发加班，完成了因罢工而拖欠的生产任务。美方经理对此种做法非常不解，就询问其中的一位罢工工人，这位工人是这样回答他的："我们对资方有些意见，要想让您知道我们对此事是极其严肃的，唯一的办法就是举行罢工。但这也是我们的公司，我们不愿让您认为我们对公司是不忠诚的。"这位工人的回答给谈判问题拓展了一条新的思路，那就是：在谈判中基于我方对对方提出的某一条款有意见，不得不言辞犀利，那是因为我方希望对手知道我们对此事的重视程度和严肃性，我方并不想搞僵双方的关系，我方进行谈判的目的在于谋求一种互利、共利的结局。

从上面的案例我们可以看到，谈判是一项合作的事业，人事两分是合作的前提和基础，也是谈判者修养素质的体现。

案例来源：陈文汉．商务谈判实务［M］. 北京：电子工业出版社，2006.

问题：如何评价日本工人的做法？

九、效益原则

在谈判过程中，应当讲求效益，提高谈判的效率，降低谈判成本，这是经济发展的客观要求。如今科学技术的发展可谓日新月异，新产品从进入市场到退出市场的周期日益缩短。因此，企业往往在产品还没有上市之前就开始进行广泛的供需洽谈，以尽早打开市场，多赢得顾客，取得较好的经济效益。这就从客观上要求商务谈判人员要讲求谈判效益，提高谈判效率。

十、合法原则

合法原则是指商务谈判必须遵守国家的法律、政策。国际商务谈判还应当遵循有关的国际法和对方国家的有关法规。商务谈判的合法原则，具体体现在以下三个方面：一是谈判主体合法，即谈判参与的各方组织及其谈判人员具有合法的资格；二是谈判议题合法，即谈判所要磋商的交易项目具有合法性，对于法律不允许的行为，如买卖毒品、贩卖人口、走私货物等，其谈判显然是违法的；三是谈判手段合法，即应通过公正、公平、公开的手段达到谈判目的，而不能采用某些不正当的，如行贿受贿、暴力威胁等手段来达到谈判的目的。

除了上述基本原则外，商务谈判还应遵循理智灵活的原则、时间与地点的原则、最低目标的原则、信息原则、科学性与艺术性相结合的原则等。

❖ 实例分析

1985 年，某友好国家工业贸易代表团来华谈判，该国大使先找到有关领导要求促成贸易合作。有关领导指示，在可能的前提下，尽量与对方达成协议。对方要求向中国出口矿山设备，要价高且质量不及先进国家水平。中方代表很为难，如果答应，中方损失太大，如果当场拒绝，又怕影响两国关系。最后中方代表想出了办法，要求对方拿出一台矿山设备到我国北方严寒地区进行一定时间的试验。如果能在零下 40℃的环境中正常工作，我方可以留购，对方答应回去研究。两个月后，对方答复说，他们国家最低气温才零下 7.2℃，要适应我国零下 40℃的工作条件，技术上有困难。于是，对方放弃了向我国出口矿山设备的要求。

资料来源：辛诚．商务谈判理论与实务．北京：中国传媒大学出版社，2010.

案例分析：

1. 这场谈判中体现出哪些谈判的基本原则？
2. 你从这场谈判中得到什么启发？

任务二　认识商务谈判的评价标准

任务分析

本任务的学习目标是熟练掌握商务谈判的三个评价标准：目标、效率、人际关系。能够正确评价商务谈判的成败。

知识准备

商务谈判以经济利益为目标，以价格谈判为核心。但是，并不能简单地认为能够取得最大的经济利益，特别是最大的短期利益，就是成功的商务谈判。那么，什么样的谈判才可以称为成功的谈判，如何来衡量商务谈判的成功与否呢？美国谈判学会会长、著名谈判专家尼尔伦伯格认为：谈判不是一场棋赛，不要求决出胜负；也不是一场战争，要将对方消灭或置于死地，恰恰相反，谈判是一项互利的合作事业。谈判中的合作是互利互惠的前提，只有合作才能谈及互利。因此，从这一观点出发，可把商务谈判是否成功的评价标准归纳为三点。

一、谈判目标的实现程度

商务谈判是一种行为过程，而任何行为都是指向特定目标的。谈判目标不仅把谈判者的需要具体化，通过某些量化的指标来实现，而且，目标还是驱动谈判者行为的基本动力，引导着谈判者的行为，使之始终朝向预期的方向。商务谈判的目标是与经济利益直接相关的，是指谈判者预期从谈判中获得的经济利益。由于参与谈判的各方都存在一定的利益界限，谈判目标应至少包括两个层次的内容，即努力争取的最高目标及必须确保的最低目标。

微课：商务谈判的评价标准

如果一味地追求最高目标，把对方逼得无利可图甚至导致谈判破裂，就不可能实现预期的谈判目标。同样，为了达成协议而未能守住最低目标，预期的谈判目标也是无法实现的。因此，成功的谈判应该是既达成了某项协议，又尽可能接近本方所追求的最佳目标。谈判的最终结果在多大程度上符合预期目标的要求，是衡量商务谈判是否成功的首要标准。

二、谈判是否富有效率

谈判效率是指谈判者通过谈判所取得的收益与所付出的成本之间的对比关系。商务谈判是一个“给”与“取”兼而有之的过程，为了获得期望的交易利益，也需要一定的投入，这个投入就是谈判所付出的成本。谈判成本可以从以下三个部分加以衡量计算：第一部分成本是为了达成协议所做出的所有让步之和。其数值等于该次谈判预期谈判收益与实际谈判收益之差值。第二部分成本是指为洽谈而耗费的各种资源之和。其数值等于为该次谈判所付出的人力、物力、财力和时间的经济折算值之和。第三部分成本是指机会成本。由于企业将部分资源投入到该次谈判中，即该次谈判占用和消耗的人力、物力、财力及时间，于是这部分资源就失去了其他的获利机会，因而就损失了可望获得的价值。这部分成本的计算，可用企业在正常生产经营情况下，这些资源所创造价值的大小来衡量；也可用事实上由于这些资源的被占用和耗费，某些获利机会的错过所造成损失的大小来计算。

☞ 课堂讨论

机会成本

机会成本（opportunity cost）是经济学中一个重要的概念，是指为了得到某种东西而所要放弃另一些东西的最大价值；也可以理解为在面临多种方案决策其一时，被舍弃的选项中的最高价值者是本次决策的机会成本；还指厂商把相同的生产要素投入到其他行业当中去可以获得的最高收益。

对商业公司来说，可以是利用一定的时间或资源生产一种商品时，失去的利用这些资源生产其他最佳替代品（substitute）的机会就是机会成本。

在生活中，有些机会成本可用货币来衡量。例如，农民在获得更多土地时，如果选择养猪就不能选择养鸡，养猪的机会成本就是放弃养鸡的收益。但有些机会成本往往无法用货币衡量，例如，在图书馆看书学习还是享受电视剧带来的快乐之间进行选择。在谈判中，机会成本主要是指不同谈判策略的选择和放弃所付出的成本。

问题：如何衡量谈判中的机会成本？

以上三部分成本之和构成了该次谈判的总成本。通常情况下，人们往往认识到的成本只是第一部分，即对谈判桌上的得失较为敏感，而对第二种则常常比较轻视，对第三种成本考虑更少。他们致力于降低谈判桌上的成本，最终却导致了谈判总成本的增加。

计算出谈判成本，就可看出谈判效率的情况了。如果谈判的成本很低，而收益却较大，则本次谈判是成功的、高效率的。反之，如果谈判的成本较高，收益很少，则本次谈判是低效率的、不经济的。只有高效率的商务谈判，才能被称为成功的谈判。

三、是否建立并改善了人际关系

商务谈判是两个组织或企业之间经济往来活动的重要组成部分，它不仅从形式上表示业务人员之间的关系，而且更深层地代表着两个企业或经济组织之间的关系。因此，在评价一场谈判成功与否时，不仅要看谈判各方市场份额的划分、出价的高低、资本及风险的分摊、利润的分配等经济指标，而且还要看谈判后双方人际关系如何，即通过本次谈判，双方的关系是得以维持，还是得以促进和加强，抑或遭到破坏……商务谈判实践得出，一个能够使本企业业务不断扩大的精明的谈判人员，往往将眼光放得很远，而从不计较某场谈判的得失，因为他知道，良好的信誉、融洽的关系是企业得以发展的重要因素，也是商务谈判成功的重要标志。任何只盯住眼前利益，并为自己某场谈判的所得大声喝彩者，他的喝彩也许是最后一次，至少有可能与本次谈判对手是最后一次，其结果是“捡了眼前的芝麻，丢了长远的西瓜”。

根据以上三个方面的评判标准，一项成功的商务谈判应该是这样的谈判，即谈判双方的需要都得到了最大程度的满足，双方的互惠合作关系有了进一步的发展，任何一方的谈判收益都远远大于成本，整个谈判是高效率的。

任务三　探析商务谈判的成功模式

任务分析

本任务的学习目标是掌握商务谈判的APRAM模式程序，明确双赢谈判是商务谈判的成功模式。能用其指导谈判在现代社会中的相关认知活动。

知识准备

中西方学者通过大量的理论和实践的研究，力求找到一条能够顺利到达成功彼岸的道路，即不断探索商务谈判的成功模式。现从以下几个方面对目前的成果进行概述。

一、“成功模式”的实施前提

“成功模式”的实施是有前提条件的，那就是必须树立正确的谈判意识。这种意识是“成功模式”设计与实施的原则、指导思想和灵魂。这种谈判意识的内涵主要包括以下几点：

（1）要将谈判看成各方之间的一种协商活动，而不是竞技体育项目的角逐。将谈判视为一种友好协商，就比较容易达到目的，而将谈判视为竞技角逐就很难实现愿望。

（2）谈判双方之间的利益关系是一种互助合作的关系，而不是“敌对”关系。

（3）人际关系是双方实现利益关系的基础和保障。

（4）谈判人员要有战略眼光，将眼前利益和长远利益结合起来，抓住现在，放眼未来。

（5）谈判的重心是避虚就实，要在实质问题上多下功夫，而不要在非实质性问题上做文章，将精力集中在双方各自的需求上。

（6）谈判的结果是双方都是胜利者，谈判的最后协议要符合双方的利益需求。

上述谈判意识会直接影响我们在谈判中所采取的方针和政策，从而决定着在谈判中的所有行为，这是很明显的。也只有树立了这种意识，才能缩短理想与现实之间的距离，取得洽谈的成功。

二、商务谈判的 APRAM 模式程序

谈判是一个连续不断的过程，一般每次谈判都要经过评估、计划、关系、协议和维持五个环节，谈判不仅涉及本次所要解决的问题，而且致力于使本次交易的成功成为今后交易的基础。这就是当前国际上流行的 APRAM（Appraisal，Plan，Relationship，Agreement，Maintenance）模式，它由五个环节组成，如图 2－1 表示。

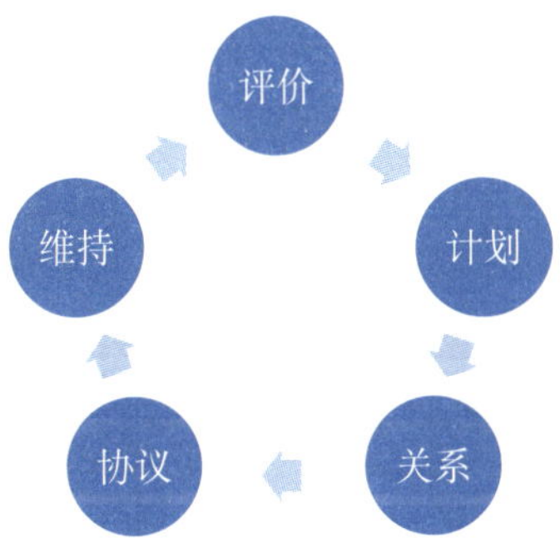

图 2－1　商务谈判 APRAM 模式

（一）进行科学的项目评估（Appraisal）

商务谈判能否取得成功，取决于各项准备工作，准备工作主要是指正式谈判之前的项目评估工作。也就是说，一项商务谈判要想取得成功，首先要在正式谈判之前对这项商务活动做出科学评估。如果没有进行科学评估，或者草率评估，盲目上阵，不能达到企业的经济效益和社会效益、不能使谈判双方的资源得到充分利用，那么谈判就会失败或者有欠缺。“没有进行科学评估就不要上谈判桌”，这应该成为谈判者的一条戒律。虽然科学的评估可能有的完整一些、复杂一些，有的简单一些，但都是必需的。

（二）制订正确的谈判计划（Plan）

任何谈判都应有一个完整的谈判计划。一个正确的谈判计划首先要明确自己的谈判目标是什么，对方的谈判目标是什么，并把双方的目标进行比较，找出双方利益的共同点与不同点。对于双方利益一致的地方，应该仔细地列出来，并准备在以后正式谈判中摆在桌面上，由双方加以确认，以便保持和提高双方对谈判的兴趣和争取成功的信心。同时，又为以后解决利益不一致的问题打下基础。对于双方利益不一致的地方，则要发挥创造性思维，根据“成功的谈判应该使双方的利益和需要都得到满足”的原则，积极寻找使双方都

满意的方法来加以解决。

（三）建立谈判双方的信任关系（Relationship）

在一切正式的商务谈判中，建立谈判双方的信任关系是至关重要的。在一般情况下，人们是不愿意向自己不了解、不信任的人敞开心扉、订合同的。如果谈判双方建立了相互信任的关系，在谈判中就会顺利许多，谈判的难度就会降低，而成功的机会就会增加。所以说，谈判双方的相互信赖是谈判成功的基础。

（四）达成使双方都能接受的协议（Agreement）

一旦谈判双方建立了充分的信任关系，就可以进入实质性的商务谈判。在谈判中，要弄清对方的谈判目标，然后对彼此意见一致的问题加以确认，而对意见不一致的方面通过充分交换意见、共同寻找使双方都能接受的方案来解决。需要强调的是：达成令双方满意的协议并不是协商谈判的最终目标。谈判的最终目标应该是协议的内容得到圆满地贯彻执行，完成合作的事业，使双方的利益得到实现。

（五）协议的履行与关系的维持（Maintenance）

谈判仅仅达成协议是不够的，重要的是把协议的内容付诸实施。实践告诉我们，协议书不论规定得多么严格，也不能保障它执行。为此必须遵循“人＋约定＝实行”的准则，在达成协议之后，必须要有对方执行的条款的约定。

人和人之间再好的关系，如果不对其进行维持，长期不进行沟通、联络，也会渐渐淡薄，甚至双方的关系不能继续下去。谈判双方要进行长期交易，最好的办法就是保持、巩固和发展以往的关系。

三、商务谈判成功模式：赢-赢谈判模式

（一）“赢-赢”商务谈判模式的概念

“赢-赢”商务谈判是指把谈判当作一个合作的过程，对待谈判对手像伙伴一样，共同去找到满足双方需要的方案，使费用更合理，风险更小。

“赢-赢”商务谈判强调的是通过谈判，不仅要找到最好的方法去满足双方的需要，而且要解决责任和任务的分配，如成本、风险和利润的分配。“赢-赢”谈判的结果：你赢了，但我也没有输。

（二）实施“赢-赢”谈判的障碍

导致谈判者陷入谈判误区主要有四个障碍，如图 2－2 所示。

商务活动充满着矛盾和冲突，而关键是我们如何来运用有效的手段化解这些矛盾和冲突。上述谈判的误区说明成功的谈判应该使得双方都有赢的感觉。双方都是赢家的谈判才是真正的谈判，也才能够使以后的合作持续下去，在合作中各自取得自己的利益。因此，如何创造性地寻求双方都接受的解决方案就是谈判的关键所在，在双方谈判处于僵局的时候更是如此。

（三）商务谈判达到“赢-赢”的途径

谈判的结果并不是“你赢我输”或“我赢你输”。谈判双方需要树立“双赢”的观念。在任何的商务活动中，谈判的双方或多方总是有着一定的共同利益作为基础，就像本文开头中所述的例子一样。成功的谈判者并非一味固守立场，追求寸步不让，而是与对方充分

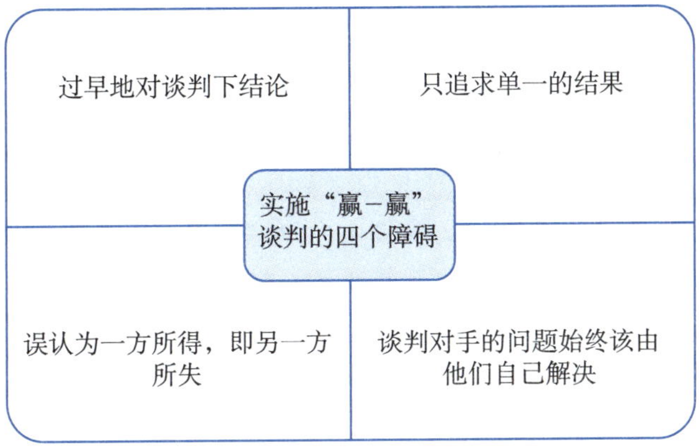

图 2－2　“赢-赢”谈判的四个障碍

交流，从双方的最大利益出发，创造各种解决方案，用相对较小的让步来换得双方最大的利益，而对方也遵循相同的原则来取得交换条件。在满足双方最大利益的基础上，如果还存在达成协议的障碍，那么就不妨站在对方的立场上，替对方着想，帮助扫清达成协议的一切障碍，这样要达成最终的协议并非遥不可及。

如何才能达到双赢的局面呢？如图 2－3 所示。

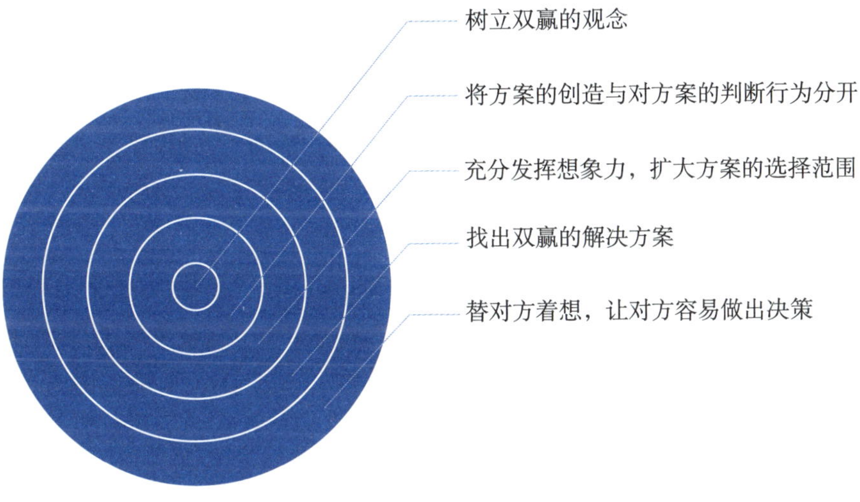

图 2－3　商务谈判达到“赢-赢”的途径

实例分析

换相机

今年国庆节，魏钢的父母从西安来北京，不巧的是天气一直不好。10 月 3 日傍晚，天气放晴，魏钢准备次日带父母去郊区游玩。由于一直没买相机，魏钢便想借这个时机买一台。

由于时间紧迫，并考虑到产品的质量保证及售后保障，魏钢决定到离家不远的一家大商场去选购。该商场的照相器材柜台在二层，墙上打着“10% sales”的广告。魏钢看中了一台美能达相机，当魏钢向售货员咨询该相机时，他告诉魏钢："该机型没有货，过两天能来货。"然后，他又向魏钢推荐了京瓷牌相机："京瓷相机是日本原装产品，镜头是德国蔡斯技术，并且有10%的折扣（返券）"。在他的推荐下，魏钢买了一台京瓷之后，匆匆回家。

回家后，魏钢发现京瓷的自动伸缩镜头在伸缩到某一位置时有小幅晃动，当时便有换相机的想法。照片洗出来后，发现质量还不错，只是有几张有点虚（估计是照相技术问题），此时感觉可换可不换。国庆节还没过完，魏钢的父母满意而回。

10月7日（国庆休假最后一天），魏钢拿着发票去取返券。到总服务台，服务员告诉魏钢返券活动10月3日晚上已停止，返券都已收回；并且告诉魏钢，返券必须在购买的当日兑现，该条款在10月1日-3日写在一楼大门口。

要是在过去，魏钢可能不会多想，会随着服务员的思路，认为是自己粗心而没看到条款，况且返券也就百十元。可是由于他正在学商务谈判，强烈的实践愿望使他不想轻易放弃，于是静下心来分析对方的责任。

（1）魏钢的购买行为构成了与该商场的购买合同，商场有义务按照合同提供标的物（商品：按照现定价格提供服务和质量保证，包括附加条款，如返券、折扣等）。

（2）有关返券活动的规定应有效到达顾客。经分析，魏钢认为如不能提供返券属对方违约。问题的根源是有关返券的规定没有传递给魏钢（对方为责任方），所以魏钢认为如果据理力争，应有比较大的把握使对方履约。

谈判目标的制定：

- 索回返券。
- 换成美能达相机。
- 如果以上两条都不成，要求退相机。

谈判策略的制定：

再具体分析，魏钢认为直接换相机可能会有难度，因为商场多半会让魏钢换一台同品牌的相机（商场规定如产品有质量问题，7天以内可以退换），这与魏钢的目标有差距，而且如果谈判失败会对情绪产生影响。所以，魏钢决定将谈判分成两个阶段：先要回返券，保证应得利益；然后换相机。

原则：以质量问题为由，要求换相机。

第一阶段：现在的问题是谈判对手是谁？显然不是总服务台的服务员，因为她不具有处理顾客纠纷的最终决定权，所以魏钢决定不在她身上浪费时间。于是魏钢在讲明理由后对她施压："这事儿你能解决吗？"服务小姐显然没有了刚才的自信，而且急于将麻烦脱手说："这事我也处理不了，我带你去找值班经理。"

见到经理后，魏钢发现经理是一位中年妇女。魏钢想对方应具有多年的顾客谈判经验，一定要注意。以下是经理的表现：

（1）经理首先表现出了职业性的好态度，她先让魏钢把要求提出来，然后又请魏钢坐下，并为魏钢倒了杯水。

（2）她为给魏钢带来的麻烦表示歉意。

(3) 她认为，如果魏钢能够注意楼下的活动告示就好了（暗示责任在魏钢）。

(4) 她又表示，都是老百姓，返券钱数也不少（站在顾客人讲话），她可以打电话问问财务经理财务是否封账（推卸责任），如果没封账还可以拿到返券（给魏钢一线希望，同时打“预防针”）。

果然，她打过电话后告诉魏钢：“真抱歉，财务封账了，你看你来得太晚了。”

魏钢想对方经验丰富，处理过太多的纠纷，如果自己不表现出不同于普通顾客的谈判策略，很可能会被对方轻视，从而不利于问题的解决。他考虑到对方为中年女同志，做事一般求稳，而且作为值班经理，其首要任务是处理应急问题，大事化小、小事化了。所以，魏钢决定给对方施加压力，暗示她此事有闹大的可能，逼她就范。同时他也考虑到谈判气氛仍应保持融洽（这是双方所希望的），谈判的感觉定位在柔中带刚、和气中施加压力。于是，魏钢不卑不亢地提出以下几条：

(1) 选择该商场购物是因为该商场商誉好，能为顾客着想，不是不讲信用的小商贩（唤起对方的责任感，强调质量原则）。

(2) 魏钢的购买行为构成了与该商场的购买合同，商场有义务按照合同提供标的物（包括返券），这个合同在购买行为发生时开始有效（用法律术语解释，给对方以专业感和权威感，这也是应用原则）。

(3) 有关返券活动的规定应有效传达给顾客，而魏钢没有看到有关规定，在购买相机时也没有得到有关的提示，责任在商场。

(4) 该活动封账，可以用财务手段解决，这不是商场剥夺顾客正当权利的理由。

(5) 10%返券的活动在活动截束当天，已经通过所卖出商品的总价算出活动成本，那么顾客未领的返券（顾客权利）是被商场剥夺了，还是被经办人处理了？如果是后者，商场管理中存在漏洞，应该改进。

(6) 作为商场的老客户，魏钢是本着信任和沟通的目的来的，对于这样的小事魏钢相信贵商场能妥善解决，不至于通过第三方解决（暗示如不解决就要通过消协或法律办法给对方施压）。

经理听过魏钢的陈述后，显然很吃惊，她和另一位值班经理交换了一下眼色，然后对魏钢说：“我们并不是说不给您返券，只是财务封账没有返券了。这样吧，我们再问问财务经理，看看没有别的办法。”之后她便出了门。

两分钟以后，她带着财务经理进屋，财务经理说：“您带着小票跟我来吧。”至此，魏钢知道谈判已获得胜利。魏钢想既然已经取得利益上的收获，应让大家都舒舒服服地离开，便向值班经理伸出手，“你看，买东西的时候也没多问问，给你们带来这么多麻烦，要不是你们负责，可能也没那么顺利，谢谢你们。”经理笑笑：“哪里，给您添麻烦了，以后还希望您多来我们商场，给我们提建议。对了，返券年底到期，别忘了。”

魏钢心情舒畅地出了门。

第二阶段：有第一轮成功的谈判经验后，魏钢信心倍增，开始策划第二轮谈判。

这一轮谈判最好的结果是对方答应魏钢换美能达相机（前提是美能达有现货，不利是要退回返券）；第二种结果是换一台镜头不抖动的京瓷牌相机（但对质量有所怀疑）；第三种结果是退掉相机（换家商场买新的）；第四种结果是无功而返。

同时，魏钢做了换位思考。对于商家的解决方法也不外乎以上四种，商家所希望的次序为四、二、一、三。

策略：提出质量有问题，表明对京瓷的不信任，要求对方退相机。最终达到换美能达的目的。

打定主意后，魏钢上了二楼照相器材部。柜台里站着的是一位小伙子，魏钢向他说明了来意："机器伸缩镜头不稳，希望能退掉。"

小伙子仔细看了看机器外观（估计是想确认是否摔过），又看了看镜头的伸缩问："哪天买的？"魏钢给他出示了发票（7 天以内）。他接着问："能不能给你换一台？"

这时，魏钢已经看到柜台里有想换的美能达相机，所以坚定了换相机的决定。

"你说这台相机，合格证也有，却有这么明显的质量问题，这牌子行不行？"魏钢质疑道。

"京瓷倒是今年新推的牌子，但质量应该不会有问题。"小伙子回答。

魏钢从他的话语中捕捉到了一丝不肯定。

魏钢接着问："你们卖这个牌了多久了？"

"刚推出半个月，但这个牌子在日本卖得很好。"

魏钢分析商家对这种产品的质量也没底，所以更坚定要退相机。

小伙子告诉魏钢，由于产品技术含量高，属于精密产品，退相机要由他们器材部主任来定。魏钢让小伙子与主任联系，他打完电话说："主任现在不在办公室，请稍等。"

利用等主任的时间，魏钢向小伙子请教如何挑选照相机，小伙子显得挺高兴，向魏钢详细介绍了各种品牌的优缺点。从他那里得知美能达性能突出，质量稳定。

由于主任迟迟不露面，魏钢便要求小伙子帮忙去找找。借这个时间，魏钢请另一位售货员给拿出一台京瓷相机，发现这台相机的镜头伸缩也不稳定。于是，魏钢又让售货员换了三四台，发现相机存在同样的问题。这时，魏钢心里有底了。

20 分钟以后，主任露面了，这是一位 40 多岁的男子。魏钢把相机的情况和退相机的要求说给他。

"这相机有质量问题吗？"他问魏钢。

"不知镜头缩放不稳算不算质量问题？"魏钢反问。

"主要看你照出来的相片质量有没有问题。"

魏钢抓住机会："第一，镜头缩放不稳，如果是极个别现象，那是这台相机的质量问题；如果是普遍现象，那就是设计问题，产品的设计有问题也属于质量问题。第二，我照出来的照片有虚像现象，算不算质量问题？"

"你带照片了吗？"

"没带，如果你觉得有必要看的话，我可以去取，但是得麻烦你报一下车票。"魏钢笑道。

"像虚有可能是拍的时候手不稳。"

“所以我认为，没法从一两张相片上看相机有没有问题，如果有问题就是大问题了；如果设计有问题，机器的寿命和效果都会受影响。”

“京瓷在日本做得不错，应该没问题。”

“有没有问题你说了不算，我说了也不算，关键是看事实。”

这时，魏钢请他拿出来两台同规格的京瓷相机，演示都有同样的问题。然后魏钢又拿出京瓷其他型号的几台机器，发现没有类似问题。最后，魏钢请他们拿出几台其他品牌的相机，也不存在类似问题。

经过这一系列实验，经理倒很干脆：“这个情况我们也没注意过，也不好说属不属于质量问题，如果你不满意，就退了吧。”

魏钢一看，时机已成熟（目的达到），所以也没必要追究是不是质量问题，“这台机器从照出来相片来看，没有什么太严重的质量问题，但这个型号的机型让人心里不踏实。这样吧，我在你这儿换一台别的牌子的相机。”

经理显然对这个结果比较满意，精心地帮魏钢挑选，魏钢也如愿以偿地换到了称心如意的商品。

案例来源：石永恒．商务谈判实务与案例［M］. 北京：机械工业出版社，2008.

案例分析：

1. 魏钢在谈判中应用了哪些谈判原则？

2. 评价一下，在这场商务谈判中魏钢是否成功。

项目小结

1. 商务谈判的原则，是指在商务谈判中彼此交换意见、解决分歧而进行磋商讨论时所依据的规则。商务谈判的基本原则有：自愿原则、平等原则、双赢原则、诚信原则、客观原则、求同原则、立场与利益分开原则、事人有别原则、效益原则、合法原则。

2. 商务谈判是否成功的评价标准归纳为以下三点：谈判目标的实现程度；谈判是否富有效率；是否建立并改善了人际关系。

3. 商务谈判的 APRAM 模式程序体现在谈判是一个连续不断的过程，一般每次谈判都要经过评估、计划、关系、协议和维持五个环节。商务谈判成功模式：赢-赢谈判模式。

练习与实战演练

一、单选题

1. 判定谈判成功与否的价值谈判标准是（　　）。

A. 目标的实现程度、是否富有效率、建立并改善人际关系

B. 利益满足标准、最高利润标准、人际关系标准

C. 目标实现标准、共同利益标准、冲突和合作统一标准

D. 实现目标标准、最大利益标准、人际关系标准

2. 在谈判中，坚持使用客观标准是指（　　）。

A. 谈判双方认可的标准　　B. 谈判标的物的市场价格

C. 商定的条件　　D. 包括以上三点

3. 根据谈判原则，处理与谈判对手的关系的正确做法是（　　）。

A. 保全面子，不伤感情　　B. 取决于对方对自己的态度

C. 想怎样做就怎样做，不考虑对方感受　　D. 刺激对方，利用对方

4. 区分处理人与事的原则，你赞同的观点是（　　）。

A. 根据自己的喜好来决定　　B. 对人软，对事硬

C. 对人、对事都采取硬的态度　　D. 对人、对事都采取软的态度

5. 你认为谈判双方是一种（　　）关系。

A. 平等合作　　B. 以竞争为主的合作

C. 高度的竞争　　D. 敌对的较量

二、思考题

1. 商务谈判有哪些基本原则？

2. 商务谈判成功的评价标准是什么？

3. 说明商务谈判的基本模式。

三、实战演练

【实战 1】利益与立场的区分

任务：商务谈判原则能力训练。

组织方式：全班同学按每组 4～6 人组建项目团队，以团队为单位进行。

内容：1. 请在生活经历中搜寻出三个以上本质与现象或利益与立场相关联的事物。

2. 根据你周围刚刚发生的同学间的纠纷，运用区分利益与立场、人与问题的原则要求，设计一份解决方案，并实施这一方案。

3. 根据某一具体事件，如上题中同学间的纠纷，丰富谈判要领中的某些具有针对性的内容。

时间安排：每组限时 5 分钟陈述、质疑、答辩。

评价方式：各组互评打分，老师评析。

【实战 2】二人分苹果

任务：商务谈判原则能力训练。

组织方式：全班同学按每组 4～6 人组建项目团队，以团队为单位进行。

内容：两个孩子为了分一个苹果而争吵不休，都坚持要得到最大的一块，无论怎么劝说两人都不同意。后来，他们的父亲提出了一个建议，由其中一个人来切苹果，然后由另一个人先进行挑选，两人接受了这一建议。切苹果的一方不敢马虎，力求切得一样大小，生怕自己吃亏，而挑选苹果的一方，当然要选他认为大的一块。假如切开的苹果真的有大有小，让先挑的一方占了便宜，切苹果的一方也心甘情愿，因为他已经尽了自己的最大本领来分切苹果。这两个孩子分苹果的过程实质上是一次简单的谈判活动。你从中受到哪些启发？

时间安排：每组限时 5 分钟陈述、质疑、答辩。

评价方式：各组互评打分，老师评析。

【实战 3】从他人的立场看问题

任务：商务谈判原则能力训练。

组织方式：全班同学按每组 4～6 人组建项目团队，以团队为单位进行。

内容：同样的一件事情在不同的人物心中往往有不同的看法。这就要求谈判者必须有这样的一种素养，即遇事能够站在他人的角度去看问题。只有这样，谈判者才能真正地知己知彼。下面是一位房东与他的房屋租用人在交涉过程中，房客提出的八个问题，对于这八个问题房东将产生怎样的感受或见解？

1. 房租本来已经太高！
2. 现在什么都涨价，我付不起更多的房租。
3. 这房子早就该粉刷或修补。
4. 有些朋友也租了同样的房子，但他们付的租金比我少。
5. 这房子周围的环境差，所以租金也该相应减低。
6. 我是一位不讨人厌的好房客。
7. 只要房东一开口，我立即缴租。这种房客哪里找？
8. 搬进来这么久了，房东却从未来看过，真是不通人情！

时间安排：每组限时 5 分钟陈述、质疑、答辩。

评价方式：各组互评打分，老师评析。

【实战 4】该和谁谈判？

任务：商务谈判评价能力训练。

组织方式：全班同学按每组 4～6 人组建项目团队，以团队为单位进行。

内容：单位派你去谈判，授给你全权，但对方出场的却是个代理人。你该怎么做？

1. 坚持与对方实权人物谈判。
2. 询问代理人能否全权代理。
3. 不管三七二十一，谈谈看。

时间安排：每组限时 5 分钟陈述、质疑、答辩。

评价方式：各组互评打分，老师评析。

【实战 5】什么是双赢？

任务：商务谈判原则能力训练。

组织方式：全班同学按每组 4～6 人组建项目团队，以团队为单位进行。

内容：某一项谈判的买方坚持要对对方延期发运货物给予严厉处罚，双方在这一立场上互不相让。但如果透过双方对立的立场可以发现，双方的利益又有一致的地方：卖方希望取得源源不断的订单，买方则想保证原材料的不断供应，立场的对立并不等于利益的完全对立，即使双方在立场上存在冲突，仍可以合作，争取共同的利益。在这一谈判活动中，双方应采取什么样的谈判形式？为什么？

时间安排：每组限时 5 分钟陈述、质疑、答辩。

评价方式：各组互评打分，老师评析。

项目三

商务谈判的心理与行为分析

学习目标

知识目标：领会商务谈判心理的内涵。掌握商务谈判需要与动机。掌握商务谈判中个性的利用。掌握商务谈判心理的运用。

能力目标：能在商务谈判活动中灵活运用谈判心理技巧。学会在实际谈判中对谈判对手的行为进行分析。

案例导入

柯经理与马经理的木炭交易谈判

某年夏天，H市木炭公司经理柯女士到G市金属硅厂谈判其木炭的销售合同。H市木炭公司是生产木炭专业厂，其想扩大市场范围，对这次谈判很重视。会谈那天，柯经理打着粉底，使涂着腮红的脸尤显白嫩，戴着垂吊式的耳环、金项链，右手戴有两个指环、一个钻戒，穿着大黄衬衫、红色大花真丝裙。G市金属硅厂销售科的马经理和业务员小李接待了柯经理。马经理穿着布质夹克衫、劳动布的裤子，皮鞋不仅显旧还蒙着车间的硅灰。他的胡茬发黑，使脸色更显苍老。

柯经理与马经理在会议室见面时，互相握手致意，马经理握手后马上就收回了，并抬手检查手上情况。原来柯女士右手的戒指、指环扎了马经理的手。看着马经理收回的手，柯经理眼中掠过一丝冷淡。

双方就供货量及价格进行了谈判，G厂想独占H厂的木炭供应以加强与其他金属硅厂的竞争力，而H厂提出了最低保证量及预先付款作为滚动资金的要求。马经理对最低订量及预付款原则表示同意，但在“量”上与柯经理分歧很大。柯经理为了不空手而回，提出暂不讨论独家供应问题，预付款也可放一放，等于双方各退一步，先谈眼下的供货合同问题。马经理问业务员小李，小李没应声。原来他在观察研究柯经理的服饰和化妆，柯经理也等小李的回话，发现小李在观察自己不禁一阵脸红。小李没提具体合同条件，只是将G工厂“一揽子交易条件”介绍了一遍。柯经理对此未做积极响应。于是小李提出，若谈判依单订货，可能要货比三家，愿先听H厂的报价，依价下单。柯经理一看事情复杂化了，心中直着急，加上天热，额头汗珠汇集成流，顺着脸颊淌下来，汗水将粉底冲出了一条沟，使原本白嫩的脸变得花了。

见状，马经理说道："柯经理别着急。若贵方价格能灵活，我方可以先试订一批货，也让您回去有个交代。"柯经理说："为了长远合作我们可以在这笔交易上让步，但还请贵方多考虑我厂的要求。"双方就第一笔订单做成了交易，并同意就"一揽子交易条件"存在的分歧继续研究，择期再谈。

资料来源：丁建忠．商务谈判教学案例［M］．北京：中国人民大学出版社．2007.

➡案例分析：

1. 如果柯经理的表现改变一点，谈判效果是否会好些？
2. 从心理表现角度看，"一揽子交易条件"谈判时，柯经理一方应做何种调整？

思维导读

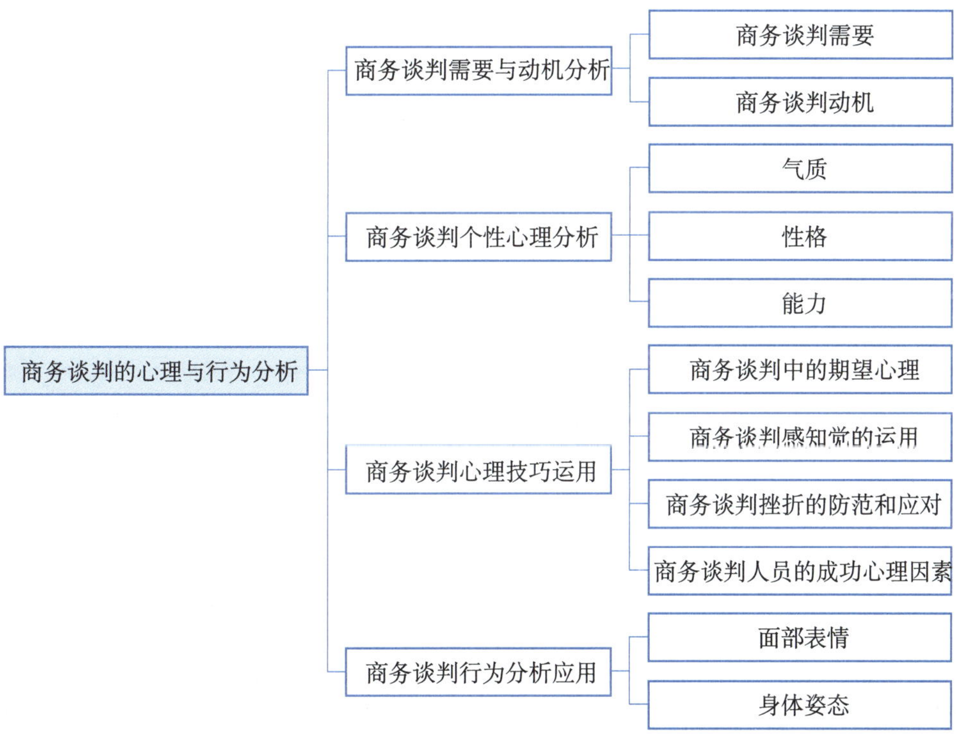

任务一　商务谈判需要与动机分析

任务分析

本任务的学习目标是掌握谈判者心理状态对谈判的影响、谈判者动机行为特点，能用其规范谈判行为中的相关技能点，强化职业道德（认同）教育，促进学生健全职业人格的塑造。

知识准备

谈判心理是指谈判人员围绕谈判活动而产生的各种心理现象及心态反应，它包括谈判前、谈判中、谈判结果形成以及履行协议时谈判双方当事人的心理活动与心态反应。一般表现在情感、意志、性格等方面的构成。从导入案例中我们不难发现，谈判和人的心理密切相关，很多时候，谈判就是一场心理的博弈。谁能有效掌握谈判心理，谁就能更好地把握谈判中的进退和取舍，从而识破对方的心理活动，巧妙攻破对方的心理防线，化劣势为优势，促成交易。

人类有着种种复杂的需要，需要和对需要的满足是谈判的共同基础和动力。争议各方都为各自的需要所策动，都希望从与对方的商议中得到自己所需要的利益，从而产生了“谈判”。考察谈判动力，探索谈判双方的需要和动机，能够使我们懂得如何选择不同的谈判策略和谈判技巧，从而有助于谈判的成功。

一、商务谈判需要

微课：商务谈判的需要

动画：你情我愿的谈判为什么会失败

所谓需要，就是人类对社会的客观需求在自身头脑中的反应，即人对一定客观事物需求的外在表现。需要同人的各类活动相联系，并且成为人类行为的基本动力。人类活动总是为某种需要所驱使，人们各种行为的目的总是服从于某种需要的满足。

需要和对需要的满足是构成谈判的动力。谈判是满足各方需要的过程，因为无论个人、组织、团体、企业还是国家，只要是谈判，必定是建立在双方有某些需要而又有希望得以实现的基础之上的。如果不存在尚未满足的需要，人们就不会进行谈判。促成谈判的前提是谈判双方都要求从对方得到某些利益；否则，一方就会对另一方的要求熟视无睹，双方也就不会有任何讨价还价的谈判发生。双方都为各自的需要所策动，才会一起坐到谈判桌前来。例如，在贸易谈判中，买方都希望在最有利的条件下买到自己称心如意的物品，以满足自己的消费需要；而卖方则要求在最有利的条件下出售自己的商品，以满足自己对货币的需要。由此，谈判双方都希望通过谈判达到自己的需要目标。

商务谈判需要可分为两大类：物质性需要和精神性需要。物质性需要是指资金、资产、物资资料等方面的有形需要。精神性需要是指尊重、公正、成就感等方面的无形需要。

美国著名心理学家马斯洛把人的需要分为五个层次：生理需要、安全需要、社交需要、尊重需要和自我实现需要，如图 3-1 所示。按照马斯洛的需要层次理论，商务谈判需要也有各种与之相应的需要表现。

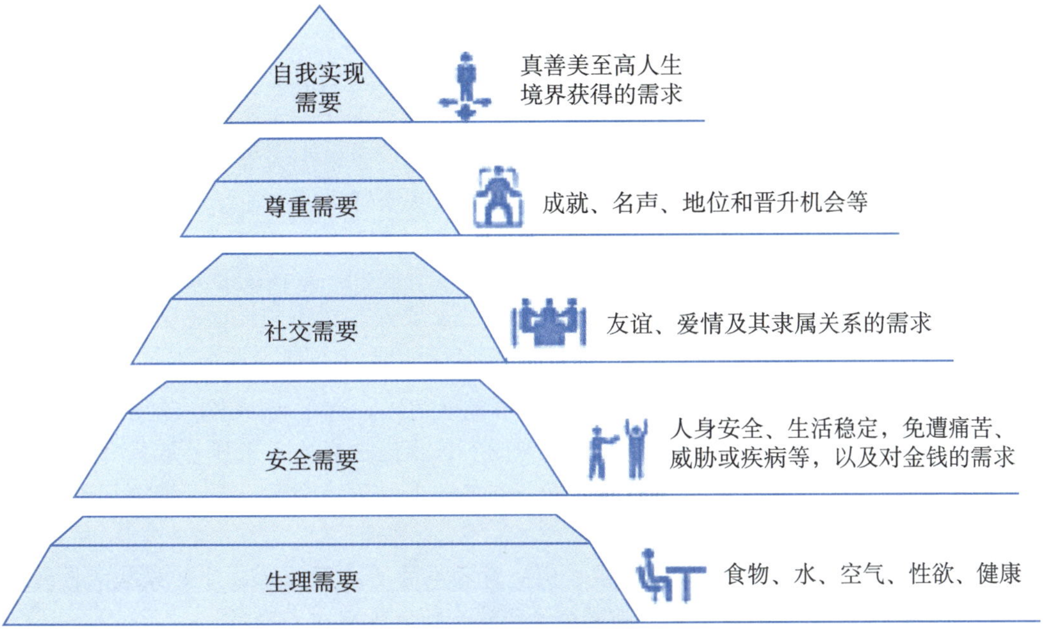

图 3-1　马斯洛需要层次理论示意图

一般说来，人们的需求次序有先后，首先要满足生理和安全需要，其次才是满足其他需要，但这并不意味着一个需求得到百分之百满足以后，才可能产生下一个层次的需要。人们的需求可以交叉出现，在同一时刻，大多数人的各种基本需求，都是部分得到满足，部分尚未得到满足。谈判人员不仅要重视己方需求，而且要注意到对方的需求。作为一名高明的谈判者，在寻求满足己方需要的同时，也要设法满足对方的需要，并努力使谈判顺利地通过需要从较低层次到达较高层次的跨越。只有在这种情况下，谈判才有成功的希望，否则，必然会使谈判在不和谐的气氛中草草收场。

动画：揣摩客户心理

二、商务谈判动机

动机，是促使人去满足需要的行为的驱动力。谈判专家认为，光有需要还不足以使谈判达成一致，顺利实现交易。人们从事谈判活动是由于客观上受到一定刺激和影响，促使人们产生进行这一活动的欲望。我们已经知道，人们通过谈判达成交易的欲望是由人的需求而引起的，它总是指向能够满足人的需求的某种对象，如商品、货币、劳务。当欲望所指向的对象引起人们通过谈判达成交易时，反映这种需求对象的形象或现象客体，就构成谈判的动机。简而言之，动机是促成人们去满足某种需求的一种驱使和冲动。人们总是受着内心的驱使去减轻精神上的紧张进而恢复平衡状态，而动机的形成有赖于需求受到强烈的吸引和刺激。因此，谈判双方在谈判过程中要注意寻找彼此需要的共同点，促使预期交易的达成和扩展。假若对方没有需要的动机，那么就应该给予其某种刺激，使之产生需要，并付之以积极的行动，努力使谈判达成一致的协议。在谈判过程中，怎样才能有效地激发对手的动机呢？

实例分析

农夫卖玉米

一个农夫在集市上卖玉米。因为他的玉米棒子特别大，所以吸引了很多买主。其中一个买主在挑选的过程中，发现很多玉米棒子上都有虫子，于是他故意大惊小怪地说："伙计，你的玉米棒子倒是不小，只是虫子太多了，你想卖玉米虫呀？可谁爱吃虫肉呢？你还是把玉米挑回家吧，我们到别的地方去买好了。"

买主一边说着，一边做着夸张而滑稽的动作，把众人都逗乐了。农夫见状，一把从他手中夺过玉米，面带微笑却又一本正经地说："朋友，我说你是从来没有吃过玉米咋的？我看你连玉米质量的好坏都分不清，玉米上有虫，这说明我在种植中没有施用农药，是纯天然绿色食品，连虫子都爱吃我的玉米棒子，可见你这人不识货！"接着，他又转过脸对围观的人说："各位都是有见识的人，你们评评理，连虫子都不愿意吃的玉米棒子就好吗？比这小的棒子就好吗？价钱比这高的玉米棒子就好吗？你们再仔细瞧瞧，我这些虫子都很懂道理，只是在棒子上打了一个洞而已，棒子可还是好棒子呀！"

农夫说完这一番话，又把嘴凑在那位故意刁难的买主耳边，故作神秘状，说道："这么大而且这么好吃的棒子，我还真舍不得这么便宜地就卖了呢！"

农夫的一席话，把他的玉米个儿大、好吃、没用农药、虽然有虫但是售价低这些特点都表达出来了，众人纷纷掏出钱来，不一会儿，农夫的玉米就销售一空。

资料来源：姚风云．创造性思维在商务谈判中的应用效果［G]．商业经济，2009（2）.

案例分析：卖玉米的农夫抓住了买方的哪种心理，成功地把玉米销售一空？

任务二 商务谈判个性心理分析

任务分析

本任务的学习目标是掌握个性不同的谈判者等陈述性知识，能用其指导谈判行为中的相关技能点，强化职业道德（认同）教育，培养在谈判心理业务情景中分析问题的能力。

知识准备

个性也称为人格，是表现在人身上的经常的、稳定的心理特征的总和。个性是由多层次、多侧面的心理特征结合构成的整体。这些层次特征包括气质特征、性格特征、能力特征等。

个性是人的心理面貌的一个反映。世界上没有两片完全一样的树叶，同样，世界上也不存在着两个绝对相同的人。每个人都具有自身独特的风格、心理面貌，而与别人有所不同。

商务谈判人员是商务谈判的主要参与者，商务谈判人员的个性对商务谈判的方式、风格、成效都有着较大的影响。对商务谈判个性心理的研究和掌握，可以提高对商务谈判的适应性，有利于开创性地开展谈判和争取上佳的谈判成果。

一、气质

这里所说的气质与人们常说的“某人很有气质”的气质含义是不同的，后者所指的气质是指一个人的风格、风度及职业特点等，而前者指的是人生来就具有的稳定的心理特征。人的这种具有先天性的气质是具有个体差异的，其差异是由于人的神经类型的差异造成的。

（一）气质的含义

气质是人典型的稳定的心理特征，体现了人心理活动的动力特性，即心理过程的强度、稳定性和灵活性等特点。

课堂讨论

什么是气质?

气质是一个古老的概念。早在公元 5 世纪，古希腊著名的医生希波克里特就观察到人有不同的气质，并按照不同体液（血液、黄胆液、黏液、黑胆汁）所占有的优势将气质分为 4 种类型，即多血质、胆汁质、黏液质、抑郁质。希波克里特的血液学说解释了人的行为活动的个性特征。随着科学的不断发展，俄国著名生理学家巴甫洛夫在对人的高级神经活动进行系统的研究后，对气质作了科学的阐述。巴甫洛夫根据神经系统的强度、平衡性、灵活性的特点，把人的高级神经活动类型分为 4 种，即：强、不平衡的兴奋型；强、平衡、灵活的活泼型；强、平衡、不灵活的安静型；弱型，指沉静型。这 4 种类型与希波克里特的血液学说划分的类型是一致的。活泼型相当于多血质，安静型相当于黏液质，兴奋型相当于胆汁质，沉静型相当于抑郁质。巴甫洛夫的理论使气质的研究建立在科学的基础上，使气质说广泛地为人们所接受。

问题：请试着分析自己属于哪种气质类型。

需要指出的是：气质并不决定人活动的内容与方向，因此气质的类型无所谓好坏。我们不能认为某种气质是好的，某种气质是不好的。一般说来，每种气质都有积极的方面，也都有消极的方面。所以，它对人的心理活动的个性品质的形成有一定的积极或消极作用。

（二）谈判中的气质类型

俗话说：“江山易改，禀性难移。”气质的这一特点是在人们的行为活动的方式中表现出来的。因此，有必要分析谈判活动中的气质类型。

1. 多血质类型

具有多血质气质的谈判人员，其行为表现是活泼好动，精力充沛，交际广泛，应变能力强，反应迅速，动作灵敏，但情绪易起伏波动，注意力易分散。所以，具有这种气质的谈判人员能够适应各种谈判气氛与环境，比较容易同对方相处，能够活跃谈判气氛，消息灵通，处理问题也比较灵活，富于创造性，并且积极主动地寻找解决问题的途径。在困难和挫折面前比较乐观，有自信心。其弱点是注意力不易持久，兴趣多变，不善于发现和注意谈判中的某些细节，看问题有时流于表面，不够深刻。总的来讲，这种气质的人善于与人相处，比较适合做谈判工作。

2. 胆汁质类型

具有胆汁质气质的谈判人员，其行为表现是热情直率，精力充沛，对事物反应迅速，但不灵活，心境变化剧烈，情绪容易急躁、冲动。在谈判中，这种类型的人工作起来全神贯注，有热情，有效率，喜欢提问题、建议，但也常常行动莽撞，脾气急躁，忍耐性较差，容易发火，也容易息怒。

胆汁质谈判者的另一突出特点是对自己的目标决不动摇，也绝不轻易改变自己的决定。常常为某个小问题或微不足道的细节而争执，不肯轻易让步。因此，在同这类谈判者交谈时，言行一定要慎重，态度要和平、友好，决不能用语言刺激对方，同时也要尽可能体谅他们的某些过火言行。总之，与这种气质类型的人谈判，往往气氛紧张，但达成协议较迅速。

3. 黏液质类型

具有黏液质气质的谈判人员，其行为表现是安静稳重，反应缓慢，沉默寡言，情绪不易外露，注意力稳定，善于忍耐，因此，其在谈判中能够从容不迫，很少显露出紧张、慌乱的神态；善于控制自己，有较强的自信心和影响力；对所讨论的合同条款及其细节思考周密、言行谨慎。黏液质气质的人一旦下定决心、做出决策，行动起来有条不紊，不轻易受外界因素的干扰，遇到困难和挫折决不轻易退却。

这种气质的人由于有较强的内倾性，不喜欢过多地表现自己，因此在交谈中常常聆听别人的讲话，观看别人的“表演”，这使之有更多的机会观察对方，分析其特点，并伺机进攻。所以，综合讲来，这是一种较为理想的谈判气质类型。当然，由于这类人不善于交际，在某种情况下表现比较被动，缺少热情，有时也会错过极好的交易机会。

4. 抑郁质类型

具有抑郁质气质的谈判人员，其行为表现是行动迟缓，孤僻多疑，但观察问题深入细致，体验深刻。这类谈判人员考虑问题慎重多疑，往往能够发现一般人不易察觉的细微之处，对合同条款的确定更是千思万虑、反复推敲，不轻易下结论，但在决策阶段容易犹豫反复，拿不准主意，贻误时机。这类气质的人对外界反应比较敏感，也容易受其他因素的干扰，所以与这种气质类型的人谈判，忍耐力、谨慎和细心都是十分重要的。

综上所述，我们分析了具有典型气质特征的谈判人员在谈判中的行动特点，具有一定的代表性。但是，实际情况远比这四种类型要复杂得多，因为人的气质不仅仅是上述几种类型，许多人介于各种类型间的中间型，加之多种外界条件的影响，气质特征显露的机会也不相同。我们研究人的气质所反映的行为特点，并不是要把复杂多变的行为归为某几种类型，而是要揭示人们行为特点的内在规律，探讨这些行为特征对谈判活动所产生的影响，更好地发挥谈判人员的长处、克服短处，提高谈判艺术。

四种典型气质类型的表现，如图 3－2 所示。

（［丹麦］皮特斯特鲁普）

图 3－2　四种典型气质类型

二、性格

性格是指人对客观现实的态度和行为方式中经常表现出来的比较稳定的心理特征的总和。它是个性特征的核心，决定人的活动的内容和方向。所以，性格的形成与发展对人的行为活动有重要的影响。

恩格斯说：人的性格不仅表现在他做什么，而且表现在他怎么做。“做什么”，说明一个人追求什么、拒绝什么，反映了人的活动动机或对现实的态度。“怎么做”，说明一个人如何去追求要得到的东西，如何去拒绝不愿接受的东西，反映了人的活动方式。在现实活动中，人们的性格是千差万别的。

总之，人与人之间的性格差别是极大的，有的甚至截然对立。对于性格类型的分析是难以穷尽的。就谈判这一特定形式的活动，分析具有代表性的谈判人员的性格类型，具有一定的现实意义。

权力型、说服型、执行型、疑虑型四种不同性格谈判人员分析，见表 3－1。

表 3－1　不同性格谈判人员分析

性格类型	性格特点	采取对策
权力型	1. 对权力、成绩狂热地追求，以对别人和对谈判局势施加影响为满足。 2. 敢冒风险，喜欢挑战。 3. 急于建树、决策果断。	1. 要在谈判中表现出极大的耐心，靠韧性取胜，以柔克刚。 2. 努力创造一种直率的并能让对手接受的气氛。 3. 要尽可能利用文件、资料来证明自己观点的可靠性。

续前表

性格类型	性格特点	采取对策
说服型	1. 具有良好的人际关系。 2. 处理问题决不草率盲从，三思而后行。 3. 他们并不以追求更大的权力为满足，而是希望获得更多的报酬、利益和赞赏。	1. 要在维持礼节的前提下，保持进攻的态度，并注意双方感情的距离。必要时，引起一些争论，使对手感到紧张不适。 2. 准备大量细节问题，使对方感到厌烦，产生尽快达成协议的想法。 3. 在可能的条件下，努力造成一对一的谈判局面，利用这一点，争取主动。 4. 准备一些奉承话，必要时给对方戴个高帽，这很有效，但必须恭维得恰到好处。
执行型	1. 对上级的命令和指示以及事先制订的计划坚决执行，全力以赴，拿不出自己的主张和见解，缺乏创造性，维护现状是他们最大的愿望。 2. 追求工作安全感。他们喜欢安全、有秩序、没有太大波折的谈判。	1. 配合对方，使谈判更有效率，争取缩短谈判的每一具体过程。谈判时间越长，他们的防御性越强，达成协议的速度是成功的关键。 2. 准备详细的资料支持自己的观点。执行者常会要求回答一些详细和具体的问题，有备而来。 3. 讲话的态度、措辞也很重要，冷静、耐心都是不可缺少的。
疑虑型	1. 他们对任何事都持怀疑、批评的态度。 2. 犹豫不定，难于决策。他们对问题考虑慎重，不轻易下结论。 3. 对细节问题观察仔细、具体，会提出一些出人意料的问题。 4. 不喜欢矛盾冲突，虽然他们经常怀疑一切，但很少会弄到冲突激化的程度。	1. 提出的方案、建议一定要详细、具体、准确，避免使用“大概”“差不多”等表述，要论点清楚、论据充分。 2. 谈判中耐心、细心是十分重要的。如果对方做出决策的时间长，千万不要催促、逼迫对方表态，不然反会加重他的疑心。 3. 谈判中要尽量襟怀坦荡、诚实、热情。如果他发现你有一个问题欺骗了他，那么再想获得他的信任几乎是不可能的。

☞ 课堂讨论

与情绪明显的人相处

当你与情绪明显的人相处时：

（1）要充分利用他们高昂的情绪，趁机提出你的想法、要求或者打算，从他们的好心情中得到好处。

（2）如果某人情绪明显低落，这时你最好不要提出某种大胆的计划，要耐心等待，做一点那个人喜欢的事情，不要大惊小怪。记住，情绪是会变的。

（3）如果某人情绪明显低落，不要自作多情地认为他的情绪不好是由你引起的，也不要有意去注意他的坏情绪，要表现得友好、彬彬有礼。

资料来源：罗伯特·怀特沙特．脸部语言［M］．刘文荣，今夫，译．北京：百花文艺出版社，2001.

问题：请对你同伴的情绪状态进行分析。

三、能力

能力是人顺利完成各种活动必须具备的个性心理特征。能力可以分为一般能力和特殊能力两大类，一般能力又称智力，是指多种活动所必需的能力，记忆能力、观察能力、想象能力、思维能力等都属一般能力，通常用智力商数来测量。特殊能力是指在专业活动中所需要的能力，如数学能力、专业鉴赏能力、谈判沟通能力、组织管理能力等。

商务谈判是谈判双方为了各自的需要而在一定的主客观条件下所进行的“讨价还价”的活动。这种“讨价还价”的活动，包含一定的心理较量，特别是智力、能力的较量。这就要求谈判人员要具有一定的能力水平，能适应较量的要求。一般地，谈判人员应具备如图 3－3 所示的几种能力。

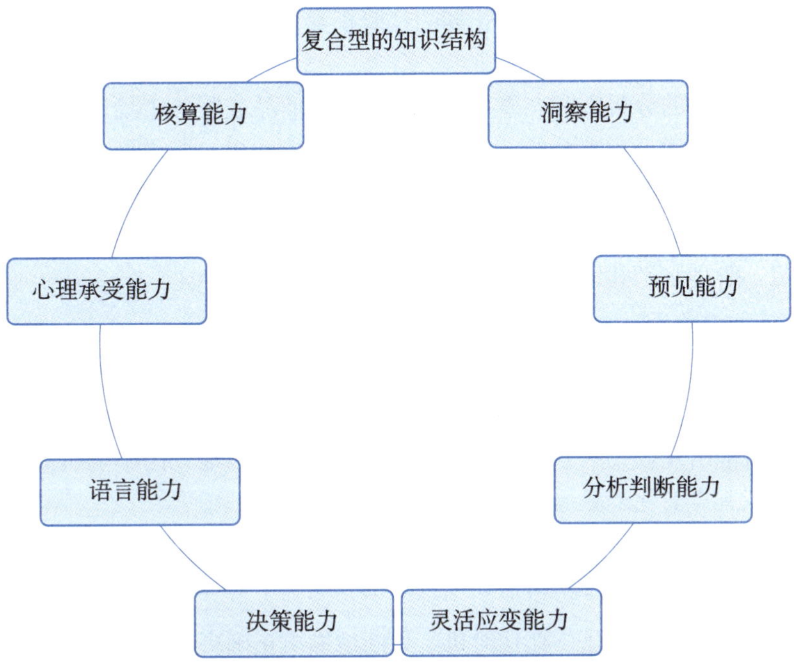

图 3－3　谈判人员应具备人能力

（一）复合型的知识结构

知识就是力量。从一定意义说，商务谈判过程实际上就是双方知识和能力的较量过程。在谈判中涉及的知识领域极其广泛，政治、经济、法律、金融、营销、物流、财务、心理、公共关系等学科的知识都有可能涉及。在某些产品和技术的贸易谈判中，还需要有专门的专业技术知识。在国际商务谈判中，良好的外语和国际政治、经济、法律的知识更是必不可少。每一个谈判人员在自己成长过程中应该尽快地掌握更多方面的有关知识，这是发挥自己才能的必需条件。

（二）洞察能力

敏锐的洞察力是其他能力诸如分析力、判断力、想象力和预见力的基础。具有洞察力，才能有准备、详细地观察谈判形势的细微变化，捕捉到有价值的大量的谈判信息；才能迅速掌握谈判对手的真实意图，根据掌握的信息和对方当场的言谈举止加以分析综合，做出合理判断；才能依据交易双方的经济实力在双方交锋的谈判桌上灵活多变；才能根据谈判的内外环境和主客观条件正确判断谈判的发展趋势。

（三）预见能力

正式的谈判就如作战一样，变化无穷。因此，事先要有全盘的考虑，要能从各个方面预见谈判可能出现的各种情况、产生的各种结果。一旦决定要去谈判，便要着手全盘的规划、设计。主持谈判的代表必须是统率大局的人，善于针对谈判内容的轻重、对象的层次，事先决定兵力部署，先谈哪个、后谈哪个，谈判小组成员如何分工、如何配合，提前都要有一个计划，做到胸有成竹。

（四）分析判断能力

它是以谈判者丰富的业务知识和长期的经验积累为基础，在实践中逐步养成的一种能力，是商务活动中极为可贵的资源。

一是对市场形势的分析判断。事实证明，当某种商品或服务市场尚处于若明若暗的形势时，首先能做出正确分析判断的人，就能掌握谈判主动权，赢得更大的利益。

二是对谈判对手的分析判断。有经验的谈判者通过会上会下的接触，透过各种现象，包括对手运用的夸大、假象、声东击西等手法，能迅速准确地分析其经营规模、资金情况、购销形势、管理水平和信誉状况。

（五）灵活应变能力

善于应变、权宜通达、机动进取是谈判人员的必备能力。谈判桌上，谈判双方为了各自利益展开唇枪舌剑，而每一方的利益又都十分具体，随着双方力量的变化和谈判的进展，谈判过程可能出现较大的变化。谈判家应善于因时、因地、因事随机应变，这样才能在风云变幻的谈判桌前化解僵局，如鱼得水。

（六）决策能力

决策能力是谈判活动中比较重要的一种能力。谈判人员必须十分熟悉谈判项目的有关情况，能依据谈判形势的变化，抓住时机，果断地做出正确决策。

谈判者决策能力的高低与其自信心有直接的关系。一般来讲，行为谨慎的人决策可能费时较长，甚至反复考虑斟酌，但一旦拍板定案，则义无反顾、坚决执行。决策能力较差的人，决策时间也比较长，犹豫不决，拿不定主意。决策能力不单单是人的某一方面能力的表现，从某种程度上说，它是人的各项能力的综合体现。它是建立在人们观察、注意、分析的基础上，运用判断思考、逻辑推理优势做出决断的能力。因此，培养和锻炼谈判人员的决策能力，就必须注意各种能力的平衡发展。注意力、观察力强的人，不一定思维能力、判断能力也好。记忆力好的人可能创造力、适应能力比较差。但是，要想提高决策能力，做出正确、果断的决定，就需要运用各方面的综合能力。所以，谈判人员应有意识、有目的地培养和锻炼不足方面的能力，使各种能力的发展趋于平衡。

（七）语言能力

准确、巧妙的语言表达能力是谈判的艺术风格的具体体现。对谈判人员来说，能够用准确、规范的语言陈述立场和观点，提供信息，交流感情，说服对方，这是最起码的语言表达要求。一个优秀的谈判者，要像语言大师那样精通语言，通过语言的感染力强化谈判的艺术效果。说话含糊不清、吐字不准、措辞不当，或者语无伦次、词不达意、没有逻辑性，均会影响谈判人员的沟通和交流，这也是谈判人员讲话的大忌。语言表达能力差，不仅不能很好地阐述自己的观点、要求，也不能很好地说服对方，甚至会引起对方的反感，会被认为是拙劣的谈判者。在许多情况下，谈判的障碍都是由语言障碍造成的。

谈判贵在谈，谈判人员必须能娴熟地驾驭语言，他们是出色的语言艺术家。在谈判桌上，为了尽量避免对抗，谈判语言必须讲究策略。

（八）心理承受能力

商务谈判是语言的交锋。谈判是对事不对人。然而，这种语言的交锋中，对手由于急躁或有意为难等原因，常常把谈判由对事不对人引申为对事又对人，这时，谈判人员良好的心理承受能力就发挥了作用。

（九）核算能力

商务谈判不同于其他的谈判，它的出发点和归宿都是获取经济利益，整个谈判的进程实际上是利益的不断核算、调整的过程。所以，谈判人员要有丰富的财会知识和核算能力，熟练掌握有关产品的各项经济指标，如成本、进销差价、费用水平、资金周转率等，能够在各种方案的商谈中，胸中始终有“一面算盘”，可以进退自如。高水平的谈判人员在核算其经济利益时，不仅着眼于目前利益，分毫必争，还着眼于长远的最大利益，显示其气度和风格；在谈判中不是孤立地“闭门算账”，而是把经济的核算与企业面临的市场情况紧密结合起来；如果产品质量确属上乘，在消费者心目中已享有较高声誉，则在谈判中对价格不会作轻易退让；而当市场竞争激烈，价格战频频发生时，为扩大市场份额，尽量争取较多客户，则舍得在价格上做出必要的让步，以退为进。

❖ 实例分析

心理战——虚张声势

在美国，一位名叫亚的小商店业主，正在同一位名叫肯的大商店拥有者进行关于自己的商店的买卖问题的谈判。经过长时间的唇枪舌剑，双方在价钱上尚未达成一致。

肯：我出的价不能高于 1 500 万美元。

亚：我一再跟您讲了，我们要价 2 000 万美元，少一分也不干。现在让我们把这一切都忘了算了。

肯：真遗憾，亚先生，我们实在谈不到一块儿。如果你改变了主意，请再通知我吧。

亚：您就当咱们没谈过得了，我真的无法再让价了。（说完礼貌地离开了）

两星期后，肯给亚打来电话，表示同意对方 2 000 万美元的要价。

这个实例在谈判学中被定义为“虚张声势”的心理战。这种心理战包含三个要素：一是敢于虚张声势，即敢于为自己商品的高价制造多方面的依据，制造氛围；二是敢于冒风险，即冒对方不买账、生意告吹的风险；三是敢于坚持，但这个“敢于”是在理智分析、胜算在握的基础上的“敢于”，而“坚持”是心理战的核心，“坚持”

是谈判取胜的最重要的心理因素。

资料来源：樊建廷．商务谈判［M］．大连：东北财经大学出版社，2001.

案例分析：心理战的三个要素是什么？心理战的核心又是什么？

任务三　商务谈判心理技巧运用

任务分析

本任务的学习目标是掌握商务谈判中的期望心理对谈判的影响，第一印象、晕轮效应、先入为主等知觉习惯的运用，谈判中挫折的防范和应对，熟悉谈判者的信心、诚心和耐心三个基本心理因素。能用其规范谈判行为中的相关技能点，培养在谈判心理业务情境中分析问题及进行决策设计的能力，促进学生健全职业人格的塑造。

知识准备

有人说，现实世界本是一张硕大的谈判桌，不管人与人之间有什么样的联系，总会有不少的矛盾，它们绝大多数需要通过谈判去解决协调。即使某些矛盾激化，不可避免地导致流血冲突或者战争，但过后解决问题仍然需要谈判。大到国家之间、党派之间、社会集团之间，小到一个家庭中的父母、子女、兄弟姐妹之间，都需要谈判。它可能在与商贩讨价还价时进行，也可能在与交通民警争论是否开罚款单的时候进行，或者与朋友们在讨论周末郊游线路时进行。总之，一个人的生活中离不开谈判，谈判可以使争议和矛盾趋于缓和，取得一致。

☞ 课堂讨论

谈判破裂（失败）的原因

国际心理调查和分析机构 JonMcbey 研究结果：谈判破裂（失败）的原因中，66%，也就是 2/3 来自情绪的干扰。

商务谈判，因为必须在短时间内决定较大的利益关系，参与者一般要承受较大的压力。压力之下人们容易出现各种各样的情绪：沮丧、焦虑、恐惧、急于求成、感到不平、被对方激怒等以及关注、重视、轻蔑、不以为然、心不在焉等，这些情绪会极大地影响我们的决定。高素质的谈判者，除了要控制好自己的情绪，使之不受压力的影响以外，还会随时判断出对方的心理状态，以便于自己早作准备和及时判断。

问题：你如何看待情绪对谈判的影响？

商务谈判心理是影响商务谈判的重要因素。高明的谈判人员，往往善于利用商务谈判心理，讲究谈判技巧。

一、商务谈判中的期望心理

谈判活动与谈判方的谈判期望密切相关。谈判期望对谈判方谈判的积极性和谈判的策略选择均具有一定的指导意义，因此谈判人员应掌握谈判期望心理的分析技巧。

谈判期望是指商务谈判者根据以往的经历在一定时间内希望达到一定的谈判目标或满足谈判需要的心理活动。

人的需要多种多样，由于主客观条件的限制，人的某些需要并不能一下子获得满足。但就是这样，人的需要也不会因此消失。一旦发现可以满足自己需要的目标，就会受需要的驱使在心中产生一种期望。

期望心理活动与人的需要相联系。期望产生于需要，是对实现需要的期待。期望是有方向和目标的，期望的强弱与目标价值的高低有密切的联系。谈判期望是谈判者根据自己以往经验对达到目标的可能性进行分析判断后形成的。达到目标的可能性越大，期望越大。

❖ 实战训练

手环销售模拟

请同学扮演顾客和店员，模拟在首饰店销售手环。需要注意提前告知模拟的店员两只手环是一模一样的，但是一个标价550元，另一个却只标价350元。其他同学观察谈判过程和最终结果。

要求：通过演练，发现顾客的选择是立刻买下350元的手环，并特别开心。分析顾客成交时的心理，讨论如何在商务谈判中利用期望心理。

二、商务谈判感知觉的运用

人对客观现实的反映，是从感知觉开始的，正确运用商务谈判的感知觉，对于商务谈判的顺利进行具有一定意义。

（一）商务谈判中的感知觉

感知觉是具有密切关联的心理现象。感觉和知觉都是外界事物作用于人的感觉器官所产生的反映。

感觉是人的大脑凭借感官对事物的个别属性（如颜色、气味、温度）的反映，是人对客观事物认识的最简单的形式，但它是一切复杂心理活动的基础。人们通过感觉，可以获得对客观事物的有关信息。人们运用这些信息，经过复杂的心理活动，进而取得对客观事物更深刻的认识。因此，商务谈判人员必须注重运用自己的感觉器官去获取有关的信息，如食品的色、香、味，以及谈判对手的喜怒哀乐等。

知觉是人对事物各种属性所构成的整体的反映。例如，我们感觉到梨的颜色、滋味、软硬度、温度、大小和形状，这些方面的综合，构成了我们对“梨”的整体映像，这就是我们对梨的知觉。

（二）知觉习惯的运用

人的知觉有社会知觉，社会知觉又包括人际知觉和自我知觉。人的社会知觉有一些习惯，如第一印象、晕轮效应等，这些知觉习惯有助于提高人们知觉的效率，但也会引发对人的各种偏见。因此，在商务谈判中，要注意防范人的知觉习惯带来的不良影响，以实现对人的正确认知。

1. 第一印象

在知觉认识中存在一个最常见的现象，就是第一印象决定人们对某人某事的看法，这在心理学上被称为“第一印象”。

中国成语中有“一见如故”“一见钟情”，说的就是首要印象。很多情况下，人们对某人的看法、见解、喜恶，往往来自第一印象。因此，在商务谈判中，鉴于第一印象的决定作用，谈判人员应十分注意双方的初次接触，力求给对方留下深刻的印象，赢得对方的信任和好感，以增加谈判的筹码。第一印象的形成主要取决于人的外表、着装、举止和言谈。通常情况下，仪表端正、着装得体、风趣幽默的人较容易获得别人的好感。

❖ 实例分析

1958年联邦德国总理阿登纳访问法国与戴高乐举行会晤。戴高乐选择了他在科隆贝的私人别墅接待阿登纳。这个别墅的环境十分优雅，房间的布置虽说不上华丽，但给人非常舒适的感觉。会谈在戴高乐的书房里进行。阿登纳进入书房后，举目四望，周围都是书橱，收藏有各种史学、哲学、法学著作。阿登纳认为，从一个人的书房陈设就可以多方面了解这个人。后来他多次向身边的人谈到戴高乐的书房给他留下的良好印象。首次会谈给双方留下的良好而深刻的印象，奠定了尔后签订法国-联邦德国友好条约的基础。

案例分析：戴高乐为什么把会谈的地点选在他的书房？

2. 晕轮效应

中国有句成语叫“爱屋及乌”，这就有点类似于晕轮效应。晕轮效应，又称光环效应，指人们对他人的认知判断首先是根据个人的好恶得出的，然后再从这个判断推论出认知对象的其他品质的现象。

晕轮效应在谈判中的作用既有积极的一面，也有消极的一面。如果你给对方的感觉或印象较好，那么但凡是你提出的建议，都会引起对方的积极响应，你提出的要求也容易得到满足。但如果你给对方的感觉或印象不好，这种晕轮效应就会向相反的方向扩大，对方甚至会对你提出的对双方都有利的建议也不信任，总之，对方对你提出的一切都表示怀疑、不信任或反感，寻找借口拒绝。

3. 先入为主

先入为主是指人们习惯于在没有看到结论之前就主观地做出判断。常见的如不等某人说完话就打断他，想当然地认为对方就是这个结论。先入为主直接影响人们的知觉认识，影响人们的客观判断，是由人们日常活动的经验、定向思维和习惯作用的影响而导致的。

由于存在着先入为主的知觉习惯，在商务谈判中要予以注意。在商务谈判的前几分钟，谈判各方的交流会对谈判气氛产生重要的影响，会产生先入为主的效应，这时，谈判人员在言谈举止方面要谨慎。一般来说，在寒暄之后宜选择有共同兴趣的中性话题，对于令人不愉快的话题尽可能不谈，也不要一见面就开门见山直奔主题。

三、商务谈判挫折的防范和应对

商务谈判中遇到挫折是经常的事，但作为商务谈判人员要充分利用心理技巧，尽可能加强防范或积极应对，以确保谈判目标顺利达成。

（一）心理挫折的行为表现

心理挫折是指人们在实现目标过程中遇到自感无法克服的障碍、干扰，而产生的一种焦虑、紧张、愤懑、沮丧、失意的心理状态。心理挫折是人的内心活动，是通过人的行为表现和摆脱挫折困扰的方式反映出来的。就一般而言，心理挫折的行为表现有以下三种：

1. 攻击

人在受挫时，生气、愤怒是最常见的心理状态，这在行动上可能表现为攻击。例如，言辞过火，情绪激动，易发脾气，并伴有挑衅、煽动的动作。攻击的程度因人而异，理智的人善于自我调节，易冲动的人则不容易控制自己。

2. 畏缩

畏缩指人受挫后发生的失去自信、消极悲观、孤僻离群、盲目顺从、易受暗示等的行为表现。这时人的敏感性、判断力都相应降低。

3. 固执

固执即顽固地坚持某种不合理的意见或态度。盲目重复某种无效的动作，不能像正常情况下那样合理地做出判断。固执表现为心胸狭窄、意志薄弱、思想不开朗等，这都会影响人们对具体事物的判断分析。

（二）摆脱挫折的心理防御机制

常用的摆脱挫折的心理防御机制见表3－2。

表3－2　摆脱挫折的心理防御机制

心理挫折的预防	消除引起客观挫折的原因
	提高心理素质
	要勇于面对挫折
心理挫折的应对	摆脱挫折情境
	情绪宣泄
	消除引起客观挫折的原因

四、商务谈判人员的成功心理因素

在谈判桌上，谈判人员所具有的实际力量包括物质力量和精神力量两个方面。物质力量是客观的，而精神力量在谈判桌上往往具有决定性的作用，谈判的成功直接源于谈判者的信心、诚心和耐心三个基本心理因素。商务谈判人员的成功心理因素如图3－4所示。

图3　4　商务谈判人员的成功心理因素

（一）信心

成功的信心是人们从事一切谈判活动必备的心理要素。只有具备了成功的信心这一心理要素，才能使谈判者自身的才能得到充分发挥，潜能得到充分释放。人们通过谈判来促进自身的发展，完全受自己的需求动机所支配。要将需求动机转化为需求行为，并使这种需求行为逐步得到补偿，就必须在成功信念的心理要素支配下开展谈判活动。谈判的求胜信心就是为实现自身利益，从而灵活运用谈判策略，以实现预定的谈判目标的心理活动过程。

（二）诚心

谈判需要诚意，诚意应当存在于谈判的全部过程与环节之中，受诚意支配的谈判心理是实现谈判各方目标的必要条件。从心理学的角度讲，诚意是谈判的心理准备。诚意还能强化谈判各方的心理沟通，保证谈判气氛的融洽稳定。因为在谈判各方都有诚意合作的前提下，才不至于在一些细枝末节上互不让步而延误谈判。在双方基本目标和原则立场不受影响时，双方才能求大同、存小异，建立彼此之间互相合作、友好往来的关系。

（三）耐心

耐心是在心理上战胜谈判对手的一种战术与谋略，它在谈判中表现为不急于求得谈判的结果，而是通过有意识的言论和行动，使对方知晓自己合作的诚意与可能。耐心是提高谈判效率、赢得谈判主动权的一种手段，既可以让对方了解自己，又能使自己详尽地了解对手。

耐心是谈判者心理成熟的标志。急躁鲁莽是难以把事情办好的，必须对客观事物和现象做出全面分析和理性思考，然后做出科学决策，这才是谈判成功的奥秘所在。“耐心”与“拖延”截然不同，如果说“拖延”是从谋略上战胜对方，那么“耐心”则是从心理上战胜对方。

动画：一个应聘者的悲剧

在谈判活动中，耐心体现在人们追求利益目标的过程之中，如在谈判桌上遇到某些挫折就失去信心，或者对利益目标的追求缺乏勇气等，都不可能产生良好的心理状态。谈判人员必须通过周密的分析和科学思考，并对谈判过程的每个环节、每个议程可能出现的问题做出合理预估与缜密安排，在充分阐述己方观点和材料的同时求得谈判对手的理解和配合，才能促成谈判协议的产生。

❖ 实例分析

一个应聘者的悲剧

有一次，日本松下电器公司招聘一批基层管理人员，经过一周的考核之后，选出了10位佼佼者。当松下幸之助对被录取者一一过目时，发现有一位面试时给他留下深刻印象的年轻人未在10人之列。这名青年名叫神田三郎。于是，松下幸之助当即派人复查考试情况。结果发现神田三郎的成绩名列第二，只因计算机出了故障，把分数和名字排错了，导致落选。松下幸之助立即吩咐纠正错误，给神田三郎发录取通知书。

第二天，松下幸之助先生得到一个惊人的消息：神田三郎因没有被录取自杀了。听到这一消息，松下沉默了好长时间，一位助手在旁边自言自语道：“多可惜，这么一位有才干的青年，我们没有录用他。”松下摇摇头说：“幸亏我们公司没有录用他。

意志如此不坚强的人是干不成大事的。我为电脑操作的失误深表遗憾，为这位大学生的不幸感到惋惜。但是，从企业的角度来看，我却感到庆幸。”

资料来源：李静．商务谈判（理论、实务、案例、实训）[M]．北京：中国传媒大学出版社，2016.

案例分析：为什么松下幸之助感到庆幸？

任务四　商务谈判行为分析应用

任务分析

本任务的学习目标是掌握商务谈判中谈判者行为表现传递的心理状态。学会观察和分析谈判者面部表情、身体姿态的内在含义。能用其规范谈判行为中的相关技能点，培养在谈判心理业务情境中分析问题及进行决策设计的能力。

知识准备

与人的口头语言一样，人的体态、行为举止也有一定的言语表达功能。通过人的体态、行为举止表达出来的语言称为身体语言。俗话说“言为心声”，由于人的行为举止与人的思想、心理状态相联系，所以解读人的身体语言，可以了解人的心理状态。

身体语言与人的生理反应、天性本能和文化习俗有关。如悔恨时捶胸顿足，高兴时喜笑颜开，痛苦时双手抱头，愤怒时摩拳擦掌，这主要与人的生理和本能有关；打“V”字手势庆贺胜利，握手表示有礼，这主要源于文化习俗。虽然身体语言会因地域和文化的不同而有所不同，但人的生理反应及人的本能的类似性和文化的传播、人的身体语言在一定程度上是相通的。

人的心理状态，会在不经意间通过他的行为举止反映出来。作为谈判人员，在谈判过程中，如果掌握人的身体语言的有关知识，在谈判过程中留意观察谈判对手的一颦一笑、一举一动，就有可能通过其身体语言窥视谈判对手的心理世界，把握谈判的情势，掌握谈判获胜的主动权。

一、面部表情

面部表情的主要表现部位是眼睛、脸色和嘴巴。与谈判对手谈判，要注意观察对方谈判人员的面部表情的变化。

（一）眼睛

在谈判进行的过程中，谈判组成员往往要用身体语言与其搭档进行信息的交流。特别是当谈判取得重要进展时，谈判组成员之间可能会相互使眼色。这样，谈判人员就必须注意眼睛对信息传递的作用。

在人的身体姿态语言中，眼睛是最能传达人的心理信息的。俗话说“眼睛是心灵的窗口”，眼睛里表露出来的信息往往很难刻意地掩饰。人的瞳孔是根据人的情感、情绪和态度自动发生变化的。

眼睛传达心理信息的方式与含义有：

眼睛直视，表示关注和坦白。在商务谈判中，谈判者可以利用眼睛中诚挚、友善的目光，直视对方的眼睛，传达友好合作的信号，以求达到良好的沟通。如果对方的目光直视你，眼中略呈湿润，面部表情轻松，表明对方对你的话感兴趣或表示欣赏。但直视时间过长，则带有攻击的意味，这一点要注意。

在听取发言时眨眨眼睛，是表示赞同，或眼帘略为低垂，是表示默认。

沉默中眼睛时而开合，表明他对你的话语已不感兴趣，甚至已厌倦。

若目光左顾右盼，表明他已对你的话语心不在焉。如斜眼视人，则可能存在消极的思维，并有藐视之意；在听对方说话时，未听完就看旁边的东西，则表明不完全同意对方所说的话。

若对方说话时望着我方，表明他对自己所说的话有把握，如果不望着我方而望别的地方，目光闪烁不定，表明他有隐匿的成分。顾左右而言他，当然会让人觉得没有诚意。

（二）脸色

一般情况下，大多数人会不自觉地把情绪反映在脸上，对此要细心观察。

对方谈判人员面红耳赤往往是激动的表现，脸色苍白可能是过度激动或身体不适，脸色铁青是生气或愤怒。

谈判人员用笔在空白的纸上随意乱写乱画，眼皮不抬，脸上若无其事的样子，表示厌倦。

（三）嘴巴

嘴巴也是反映人的心理的一个重要的部位。观察嘴巴要注意嘴的张合，嘴角的挪动，与眼睛、面部肌肉一块综合观察判断则更准确。

嘴唇肌肉紧张表明其态度上拒绝，或有防备、抗御的心理。

嘴巴微微张开，嘴角朝两边拉开，脸部肌肉放松地微笑，是友好、近人情的表现。

嘴巴张开，嘴角上翘，常表示开心、喜悦。

嘴巴呈小圆形，开口张开，脸部肌肉略为紧张，有吃惊、喜悦或渴望之意。

嘴巴后拉，嘴唇呈椭圆形的笑，是狞笑，有奸诈之意潜藏于后。

撅起嘴，常表示生气或赌气，是不满意和准备攻击对方的表现。

撇嘴，常表示讨厌、轻蔑。

咂咂嘴，常表示赞叹或惋惜。

努努嘴，常表示暗示或怂恿。

嘴角稍稍向上拉，表示听者是比较注意倾听的。

嘴角向下拉，是不满和固执的表现。

紧紧地抿住嘴，往往表现出意志坚决。

遭受失败时，人们往往咬嘴唇，这是一种自我惩罚的动作，有时也可解释为自我嘲解和内疚的心情。

二、身体姿态

身体姿态的主要表现部位是手、腿脚和其他。

（一）手

一般情况下，摊开双手手掌表示真诚，给人一种胸怀坦诚、说实话的感觉。双手把放松的手掌自然摊开，表示对对方信任，不设防，愿意开诚布公，乐于听取对方的意见。

与对方保持一定的距离，双手交叉于胸前，是具有设防的心理；若交谈一段时间后，仍出现这样的手势和姿态，则表明对对方的意见持否定态度，这时如果同时攥紧拳头，那么否定的态度更强烈。

用手抚摸下巴、捋胡子等动作姿态，往往表明对提出的问题、材料感兴趣并进行认真的思考。

两手的手指顶端对贴在一起，掌心分开，表示高傲自负和踌躇满志，或显示自己的地位高尚。

身体后仰，两手交叉托住后脑勺，显示的是如释重负的自得心态，谈判者感到在谈判中处于支配地位，驾驭谈判局面时往往会做出这样的姿态。

在谈判中自觉和不自觉地把手扭来扭去，或将手指放在嘴前轻声吹口哨，意味着心理状态的紧张、不安。

（二）腿脚

腿脚的动作较易为人们所忽视。其实腿脚是人较容易泄密的部位，也正因此，人们在谈判或演讲时总是要用桌子和讲台来掩遮腿脚的位置。

人们在感到恐惧或紧张时，双腿会不自觉地夹紧，双脚不住地上下颠动或左右晃动，是紧张不安的表现。

表面专注听讲的人，而双腿却在不住地变换姿势或用一只脚的脚尖去摩擦另一只腿的小肚子，那就表明他其实已经很不耐烦了。

（三）其他

从容而谨慎的言谈表示说话者充满自信。勉强的笑容，快速的说话或支吾的语言表明说话者紧张、犹豫、坐立不安，缺乏自信。

0.5～1.2m 是个人空间，0～0.5m 是亲密空间。在交谈中判断距离恰当不恰当，要看自己谈话时在距离上是不是感到舒服。假如对方往后退，说明离得太近；假如对方向前倾，说明距离远了。

把笔套收好，整理衣服和发饰，表明做好结束会谈的准备。

☞ 课堂讨论

刺猬法则

两只困倦的刺猬由于寒冷而拥在一起，可因为各自身上都长着刺，刺得对方怎么也睡不舒服，于是它们离开了一段距离。但又冷得受不了，于是又凑到一起。几经折腾，两只刺猬终于找到了一个合适的距离既能互相获得对方的体温又不至于被扎，“刺猬法则”就是人际交往中的“心理距离效应。”

问题：在谈判中如何运用刺猬法则与客户接触？

以上是谈判及交往中常见的动作语言及其能传送的信息。当然，这些动作仅仅是就一般情况而言的，不同的民族、地区，不同的文化层次及个人修养，其在动作、姿势及其所传达的信息方面都是不同的，应在具体环境下区别对待。另外，我们在观察对方动作和姿态时，不能只从某一个孤立的、静止的动作或姿态去进行判断，而应从其连续的、一系列的动作进行分析和观察，特别是应结合讲话时的语气、语调等进行综合分析，这样才能得出比较真实、全面、可信的结论。

需要指出的是，在商务谈判过程中，对方完全可能会利用某些动作、姿态来迷惑我们，这就需要我们从对方连续一贯的动作来进行观察，或者与对方前后所做的动作以及当时对方讲话的内容、语音、语气和语调等相联系，以便从中寻找到破绽，识别其真伪，然后采取必要的措施。

项目小结

1. 商务谈判心理包括需要、动机、感知觉、心理挫折等。商务谈判应了解对方的需要，而需要又是对方的客观需求的心理反应。谈判人员应根据对方的需要、需要的满足程度、需要满足的可替代性因素制定相应的谈判策略。

2. 谈判对手的气质、性格等各有不同，谈判人员要根据谈判对手的不同个性制定相应的谈判策略。

3. 商务谈判过程中可能会遭遇某些挫折，谈判人员应正确看待心理挫折并掌握克服心理挫折的方法。

4. 感知觉是谈判人员形成谈判观察力的前提条件，了解人们的知觉习惯，可以提高谈判人员的观察能力。

5. 在商务谈判中，谈判人员学会解读人的肢体语言并恰当运用一些肢体语言辅助谈判，可以推动谈判顺利进行。

练习与实战演练

一、单选题

1. 臆测通常是指人的猜想和揣测，它对谈判的影响是（　　）。

A. 有积极作用　　B. 既有积极作用也有消极作用

C. 消极作用是主要的　　D. 没有什么影响

2. 你经常具有的倾向是（　　）。

A. 说不出什么理由喜欢或厌恶别人　　B. 喜欢夸大别人的优点

C. 总是看到对方的缺点　　D. 尽量客观地评价事物

3. 你观察对方经常采用的方式是（　　）。

A. 不等对方说完就明白他的意思　　B. 看对方的表情就明白他的想法

C. 根据他所说和所做下结论　　D. 对方话一出口，就明白他的意思

4. 你与对方交易后，最深切的感受是（　　）。

A. 达成交易的喜悦　　B. 做交易的风险

C. 达到己方目的的兴奋　　D. 如释重负

5. 你认为冒险型谈判者的心理特征是（　　）。

A. 寻求挑战，与众不同　　B. 过于看重物质利益

C. 追求辉煌的业绩　　D. 盲目、狂妄

二、思考题

1. 什么是谈判心理？谈判心理的构成要素是什么？

2. 简述商务谈判需要的类型。

3. 简述气质与性格的基本类型。

4. 简述心理挫折的行为表现。

5. “晕轮效应”“先入为主”“第一印象”等人的感知觉习惯对商务谈判来说是不是都是不利的？

三、实战演练

【实战 1】分析室友的心理特征

任务：商务谈判心理分析能力训练。

组织方式：全班同学按每组 4～6 人组建项目团队，以团队为单位进行。

内容：运用所学理论分析你的同宿舍室友（包括兴趣、爱好、动机、气质、性格、能力等），如果他是一个商务人员会存在哪些优势和劣势？时间安排：每组限时 5 分钟陈述、质疑、答辩。

评价方式：各组互评打分，老师评析。

【实战 2】谣言止于智者

任务：商务谈判心理分析能力训练。

组织方式：全班同学按每组 4～6 人组建项目团队，以团队为单位进行。

内容：公司中的某位同事神秘地告诉你说：公司方面对你近期内的业绩感到不满，准备将你调离现岗位。面对这种突发的事件，你应该怎么办？

1. 充耳不闻，顺其自然，以不变应万变。

2. 私下向一些交情较好的同事打听一下，看是否确有其事。

3. 直接找领导理论。

4. 准备另求出路。

5. 向领导递交辞呈。

时间安排：每组限时 5 分钟陈述、质疑、答辩。

评价方式：各组互评打分，老师评析。

【实战 3】能否被录用

任务：商务谈判心理分析能力训练。

组织方式：全班同学按每组 4～6 人组建项目团队，以团队为单位进行。

内容：某合资企业刊出广告招聘销售人员。按该企业的指定时间，你于某日下午三时前往该企业人事部门面谈。你于指定时间之前 10 分钟到达指定地点，结果你发现会客室内已坐满了人。此时你有什么感受？

1. 感到被录用的机会比想象的要更为渺茫。

2. 感到被录用的机会没变。

3. 感到被录用的可能性更大。

时间安排：每组限时 5 分钟陈述、质疑、答辩。

评价方式：各组互评打分，老师评析。

【实战 4】商务谈判人员面部表情的运用

任务：商务谈判行为分析能力训练。

组织方式：全班同学按每组 4～6 人组建项目团队，以团队为单位进行。

内容：一位小组成员按照组长的要求做出不同的面部表情，传达不同的心理。其他同组成员能够判断不同的面部表情所传达的心理活动，并总结与改进。

时间安排：每组限时 5 分钟陈述、质疑、答辩。

评价方式：各组互评打分，老师评析。

【实战 5】商务谈判人员手势语言的运用

任务：商务谈判行为分析能力训练。

组织方式：全班同学按每组 4～6 人组建项目团队，以团队为单位进行。

内容：一位小组成员按照组长的要求做出不同的手势语言，传达不同的心理。其他同组成员能够判断不同的手势语言所传达的心理活动，并总结与改进。

时间安排：每组限时 5 分钟陈述、质疑、答辩。

评价方式：各组互评打分，老师评析。

项目四

商务谈判礼仪

学习目标

知识目标：了解礼仪与商务礼仪的含义，商务谈判过程礼仪，商务活动中的仪容仪表，商务谈判中的宴请礼仪，商务谈判中的馈赠礼仪。

能力目标：能根据商务谈判的需要采用适当的礼仪。能在商务谈判活动中正确运用相关的礼仪。

案例导入

待客之道

相传苏东坡一日去附近的寺庙拜访，寺里的住持一看苏东坡衣着俭朴，不像是什么大人物，就漫不经心地指着破凳说："坐。"并随口吩咐一个小和尚说："茶。"

苏东坡并不在意，坐下之后就与住持谈经论道，住持刚开始不在意，可慢慢发现眼前这人谈吐相当不俗，看来是知识渊博之人，于是请苏东坡入大殿说话，客客气气地对苏东坡说："请坐。"并对小和尚说："敬茶。"

聊着聊着，住持问出了苏东坡的名字，一听是大名鼎鼎的苏东坡，住持非常高兴，赶紧把苏东坡又请进客厅，毕恭毕敬地说："请上座。"对小和尚的吩咐也变成了"敬香茶。"

待苏东坡离去的时候，住持请苏东坡题一幅字，苏东坡微微一笑，留下了一副对联：

坐，请坐，请上座；

茶，敬茶，敬香茶。

住持一看，面红耳赤。

从上面的故事不难看出，请茶的方式不同就能体现出对客人重视程度的不同。随着中国改革开放的不断深化，待客礼仪逐渐成为我们不得不掌握的商务礼仪之一。商务谈判礼仪是商务礼仪的一部分，谈判者个人礼仪和社交礼仪的好坏直接影响着谈判的结果。

资料来源：徐文．商务谈判 [M]. 2版．北京：中国人民大学出版社，2012.

➡**案例分析**：说一说礼仪对商务谈判的影响。

思维导读

- 商务谈判礼仪
  - 迎送礼仪
    - 确定迎送规格
    - 掌握来宾抵达和离开时间
    - 做好接待的准备工作
    - 迎送礼仪中的有关事务
  - 会见礼仪
    - 称呼礼
    - 介绍礼
    - 握手礼
    - 致意礼
    - 名片礼
  - 洽谈礼仪
    - 参加会谈人员的礼仪要求
    - 合理安排洽谈座位
    - 形成适宜的洽谈气氛
    - 注重会谈礼仪
  - 宴请礼仪
    - 宴请的形式
    - 宴请的准备工作
    - 宴请过程
  - 签约礼仪
    - 签约仪式的准备
    - 签约仪式的程序
  - 馈赠礼仪
    - 礼品馈赠礼仪
    - 接受礼品的礼仪
    - 国际交往中馈赠礼品的知识

任务一　迎送礼仪

任务分析

本任务的学习目标是正确理解商务谈判活动中礼仪的重要性，领会并掌握与商务谈判有关的迎送礼仪。能够在商务谈判及商务社交的迎送环节，体现商务谈判者应具备的举止和风度。

知识准备

礼仪是人类社会文明发展的产物，是人们在社会交往中的风俗习惯和文化传统等长期形成的行为规范与准则。礼仪所包含的内容十分广泛，具体表现为礼貌、礼节、仪表、仪式等。一般情况下，礼仪会随着场所、环境、事件以及对象的不同而变化。

商务礼仪是礼仪的重要组成部分，是指在商务活动中，商务人员为了树立良好的个人和企业形象，遵守的社会公认的行为规范，它是一般礼仪在商务活动中的体现和运用。商务谈判作为一项特殊的商务活动，对谈判者的礼仪有特殊的要求，懂得并掌握这些必要的礼仪与礼节是商务谈判人员必须具备的基本素质。

迎来送往是商务谈判活动中最基本的形式，是商务谈判中的一项基本礼仪，也是表达主人情谊、体现礼貌素养的重要方面。

在谈判中，谈判一方对应邀前来参加谈判的人员，要视其身份和谈判的性质，以及双方关系等综合考虑安排。这样，既可以给对方留下良好的第一印象，又可以为形成良好的谈判气氛创造条件，也为下一步深入接触奠定基础。

做好迎送工作，需注意以下几个问题：

一、确定迎送规格

迎送规格的确定主要依据谈判人的身份、目的、双方关系及惯例。主要迎送人的身份和地位通常与来宾相差不大，以对等为宜。若当事人因故不能出面或不能完全对等，应灵活变通，由职位相当的人士或副职出面。此时，无论做出何种处理，都应非常礼貌地向对方做出解释。有时从发展双方关系或其他需要出发，可以破格接待，安排较大的迎送场面。

二、掌握来宾抵达和离开时间

首先准确掌握对方抵达的时间，主方所有迎接人员都应在来宾抵达之前到机场、车站或码头，以示对对方的尊重。主方应提前准备好接待用的车辆，必要时还要准备鲜花、横幅等。送行时，应提前到达来宾住宿宾馆，陪同来宾一同前往机场、车站或码头，也可直接前往机场、车站或码头与来宾道别。

三、做好接待的准备工作

当得知来宾抵达日期后，应首先考虑其住宿安排问题。对方启程前，先问清楚是否已经联系好住宿。如果未联系好，或者对方系初到此地，则应该代其预订宾馆，最好是等级较高、条件较好的宾馆。客人到达后，通常只需稍加寒暄，即陪客人前往宾馆，在行车途中或到达宾馆时简单介绍一下情况，征询一下对方意见，即可告辞。客人到达当天，最好只谈第二天的安排，另外的日程安排可以择时再谈。

四、迎送礼仪中的有关事务

（一）献花

献花是常见的迎接客人时用来表达敬意的礼仪之一，在接待身份特殊人士或尊贵的领导时均需要安排献花。献花时应注意以下两点：

1. 献花时机

一般是客人走下飞机（车、船）时，迎接的主要领导人与客人握手后，由女青年或儿童将鲜花献上，也可由女主人向女宾献花。

2. 花束选择

选择花束时应该注意尊重对方的风俗习惯。献花时一定要用鲜花，并且所献花束应该整洁、鲜艳。迎接贵宾的鲜花以红花色系和紫花色系最受欢迎，以代表“友谊、喜悦、欢迎、期待、惦念”的含义为主。

（二）介绍

通常先将前来欢迎的人员介绍给来宾，并由主方领导介绍。客人初到，一般较拘谨，主人应主动与客人寒暄。

（三）陪车

应请客人坐在主人的右侧。若有翻译人员，可坐在司机旁边。上车时，先请客人从右侧车门上车，主人再从左侧车门上车，避免从客人膝前穿过。如果客人先上车，坐在主人位置上，那也不必请客人再移位。

任务二　会见礼仪

任务分析

本任务的学习目标是领会并掌握与商务谈判有关的会见礼仪。能够在商务谈判及商务社交的会见环节，体现商务谈判者应具备的举止和风度。

知识准备

见面是交往的开始。会见是商务谈判中一个不可缺少的过程，也是商务谈判人员留给对方第一印象的重要组成部分。举止庄重大方，谈吐幽默文雅，在商务交往之初能使对方形成牢固的心理定式，会对以后的商务活动产生积极影响。为此，商务谈判人员对见面的礼仪规范应予以特别重视。

一、称呼礼

要形成良好的交往关系，首先从礼貌、友好的称呼开始。在商务谈判活动中不称呼对方便直接开始谈话是非常失礼的行为。称呼也叫称谓，即人们交谈时所使用的表示彼此身份与关系的名称。在商务谈判中，称呼得体、准确，既能反映自身的教养、对对方尊敬的程度，也能体现双方关系发展所达到的程度。称呼的选择要合乎常规，亲切自然，照顾被称呼者的个人习惯。不称呼或乱称呼对方，都会给对方带来不快。一些不恰当的俗称、简称及地方性称呼也不能在商务谈判活动中出现。与多人见面打招呼时，称呼对方应遵循先上级后下级、先长辈后晚辈、先女士后男士、先疏后亲的礼遇顺序进行。

依照惯例，在商务谈判活动会见中，最正式的称呼有三种：

（1）行政职务。可以只称呼职务，如“总经理”“主任”等；也可在职务前加上姓名或姓氏，如“××总经理”或“张总经理”。

（2）技术职称。可以仅称呼职称，如“教授”“律师”等；也可以在职称前加上姓名或姓氏，如“××教授”“王律师”等。

（3）泛尊称。即先生、小姐、女士等。

二、介绍礼

介绍是指经过自己主动沟通，或者通过第三者从中沟通，从而使交往双方相互认识、建立联系、增进了解的一种最基本、最常规的交往方式。由于人际接触的广泛性，在商务谈判活动中会经常结识一些新的对手，这就离不开自我介绍、为他人介绍等，所以，介绍是商务谈判活动中的重要环节。

（一）自我介绍

自我介绍是指当自己与他人初次见面时，由自己主动向他人介绍自己，或是应他人的请求对自己的情况做一定程度的介绍。自我介绍是商务人员在社交场合运用最多的一种介绍方式。

自我介绍应根据当时的具体场合、具体对象以及实际需要来确定自我介绍的内容。一般来说，自我介绍的内容比较简单。在商务谈判活动中，应首先问候对方，然后介绍自己所在企业名称、自己的姓名和身份。

进行自我介绍时要注意以下几点：一要内容实事求是，真实可信；二要充满自信，态度要自然、友善、随和，语速不快不慢，目光正视对方；三要简洁、清晰，一般来说时间不宜太长，应不超过一分钟；四要选择好时间，当对方无兴趣、无要求，或正在用餐、忙于处理事务时，切勿打扰，以免尴尬。

（二）为他人介绍

为他人介绍又称第三者介绍，是指为彼此不相识的双方引见。为他人介绍是双向的，即第三者对被介绍的双方都作一番介绍。

商务谈判活动中，人人都有可能承担介绍他人的义务，当需要由你负责介绍陌生人相识时，应担当起介绍人的责任。如果你是活动的组织者，应当主动为客人做介绍；当有人请你做介绍时，你应热情表示愿意承担此任。

在为他人介绍时，必须遵守“尊者优先”的原则，即在为他人做介绍时，先要确定双方地位的尊卑。国际上公认的为他人介绍的顺序是：先将职位低的人介绍给职位高的人；先将年轻者介绍给年长者；先将男性介绍给女性；先将主方人士介绍给客方人士；先将晚到者介绍给早到者。值得注意的是，当所要介绍的双方符合其中两个或两个以上顺序时，一般以先职位再年龄、先年龄再性别的顺序做介绍。

为他人做介绍，要先了解双方是否有结识的愿望，切不可贸然引荐。最好先征求一下双方意见，以免为原来就相识者或关系不好者做介绍。

介绍的内容大体与自我介绍的内容相仿。介绍时，多用敬辞、谦辞、尊称。在做具体介绍时应面带微笑，表情自然。无论介绍哪一位，应有礼貌地平举右手掌示意，并且眼神要随手势指向被介绍者，向对方点头微笑。

当介绍者走上前为被介绍者做介绍时，被介绍双方一般应起身站立（除长者、女士外），但在宴会桌、会谈桌上，视情况双方可不必起立，被介绍双方可点头微笑致意。介绍完毕，双方应依照礼仪顺序握手，彼此问候，也可以互换名片，作为联络方式。

三、握手礼

握手是全世界最通用的、最司空见惯的礼仪。它看似平常，却是沟通思想、交流感情、增进友谊的重要方式。握手是为了表示对对方尊重、友好、关心或敬意，有时也表示祝贺、感谢、慰问或鼓励。热情、文雅、得体的握手能让人感受到愉悦、信任和接受。商务谈判活动中双方人员见面和离别时一般都握手以示友好。

（一）使用场合

握手之前要审时度势，留意握手信号，选择适当时机。通常，两人初次见面、熟人久别重逢、告辞或送行都可以握手表示自己的善意。在一些商务活动中，双方交谈中出现了令人满意的共同点时，或双方原先的矛盾出现了某种良好的转机或彻底和解时也以握手为礼。

（二）伸手顺序

按国际惯例，在商务活动中，握手时伸手的顺序应遵循“尊者先伸手”的原则。一般情况下，上下级之间，上级先伸手，下级才能接握；长辈与晚辈之间，长辈先伸手，晚辈才能伸手相握；男士与女士之间，女士伸手后，男士才能伸手相握。当客人到达时，应由主人先伸手与客人相握，表示“欢迎”；而当客人告辞时，由客人先伸手与主人相握，表示“再见”。应该强调的是，上述伸手顺序主要用于律己，不可处处苛求他人。在社交场合中，无论谁先向我们伸手，即使他忽视了握手礼仪的先后顺序，我们都应将其看作是友好表示，要马上伸手与其相握。

（三）握手的注意事项

握手时应距对方约一步远，保持站立姿势，右臂向前伸出，同时应双目注视对方，切忌目光左顾右盼。握手时应面带微笑，并用语言配合动作和眼神。商务谈判中，双方握手的时间以3～5秒为宜，握手时间过长或过短均不合适。握手时手必须保持干净，不要戴着手套或墨镜与人握手（女士身着礼服、戴礼帽和手套除外）。在多人同时握手时，不可交叉握手。当自己伸手时发现别人已经伸手，应主动收回，并说声“对不起”，待别人握完手后再伸手相握。交际时人数较多，可以只跟相近的几个人握手，向其他人点头示意或微微鞠躬就行。

四、致意礼

致意是指将向他人表达问候的心意用礼仪举止表示出来。它通常在迎送、被人引见、拜访时作为见面所必施的礼节。礼貌的致意，会给人一种友好愉快的感受。反之，会被看作是缺乏教养、不友善的表现。

（一）致意的基本规则

一般来说，在社交场合，致意应遵循以下规则：下级应先向上级致意；年轻者应先向年长者致意；男士应先向女士致意。在实际交往中，有时，长者、上级为了表示自己的谦虚、随和，会主动向晚辈、下级致意。

（二）致意的方式

致意作为一种见面礼仪，主要的行礼方式有点头致意、招手致意、躬身致意、注目致意等。当谈判双方或多方之间相距较远，一般可举右手打招呼并点头致意；有时与相识者侧身而过时，从礼貌上讲，也应说“你好”；与相识者在同一场合多次会面时，点头致意即可；对一面之交或不相识的人在谈判场合会面时均可点头或微笑致意；如果遇到身份高的熟人，一般不要径直去问候，而是在对方应酬活动告一段落时，再前去问候致意。女士致意的方式一般只要点头或微笑就可以了。当对方向自己致意时，应还以致意，毫无反应是失礼行为。

五、名片礼

名片是中国人使用最早的礼仪信物之一，也是当今社会商务交往中一种最为经济实用的介绍性媒介。名片是一个人身份、地位的象征，是一个人尊严、价值的一种外显方式，也是使用者要求社会认同、获得社会理解与尊重的一种方式。互换名片已经成为现代人相互介绍并建立联系，以使信息活动多元化的一个重要步骤。

微课：名片礼节

（一）名片的制作规范

商务交往中使用的名片一般色彩淡雅，多选择白色、浅黄色、浅灰色、浅蓝色。图案选择上，一般要有企业标志、本企业标志性建筑、主打产品等。字体多用标准印刷体和楷体，中文和外文要两面印刷。名片通常应以耐折、耐磨、美观、大方、便宜的纸张为首选材料。名片上一般印有单位名称、本人称谓（姓名、行政职务、学术头衔）、联系方式（地址、邮政编码、电话号码）。目前我国通行的名片规格为 9cm×5.5cm，而国际上流行的名片规格是 10cm×6cm。如无特殊原因，不必制作过大或过小的名片。

（二）名片的放置

名片不要和钱包、笔记本等放在一起，原则上应该使用名片夹，且应该放置在容易拿出的地方，以免用时手忙脚乱。穿西装时，名片夹应该放在左胸的口袋里。因为名片是一个人身份的象征，而左胸是靠近心脏的地方，将名片放在靠近心脏的地方，其含义无疑是对对方一种礼貌和尊重。由于在商务活动中接受的名片很多，因此，最好将他人的名片与自己的名片分开放置。否则，慌乱中会误将他人的名片递出，那就失礼了。

（三）名片的使用场合

通常，初次与交往对象见面时，除了必要口头自我介绍外，还可以把名片作为辅助的介绍工具。这样不仅能向对方表明身份，而且还可以节省时间，强化效果。在交往中，商务人员如欲结交对方，往往可以通过名片表示结交之意。因为递交名片给初识之人，即意味着想结交认识的意思。在这种情况下，对方一般会“礼尚往来”，将其名片也递过来，从而完成双方结识的愿望。保持联系则是名片的最大用途。因为大多数名片上都印有对方联络方式，通过名片就可以与交往对象保持联系，促进交往。

（四）名片的递送礼仪

名片代表一个人的身份，在未确定对方来历之前，不要轻易递出自己的名片。否则，不仅有失庄重，而且可能日后名片被他人冒用。名片递送的先后顺序没有太严格的讲究。一般来说，是由职位低的先向职位高的递送、晚辈先向长辈递送、男士先向女士递送；当对方人数不止一人时，应先将名片递给职位较高或年龄较大者；如果分不清职位高低和年龄大小，则可先给自己对面左侧的人递送名片。总之，在向多人递送名片时，应讲究先后顺序，由尊到卑，由近到远，顺时针依次进行。递名片给他人时，应郑重其事，面带微笑。最好是起身站立，走上前去，用双手将名片的正面朝向对方交予对方，并说"请多指教""今后保持联系"等寒暄词。

（五）名片的接收礼仪

除了长者、女性外，接收他人递过来的名片时，应尽快起身或欠身，面带微笑，用双手接住名片的下方两角，并视情况口头道谢，或重复对方所使用的谦辞、敬辞，如"请您多指教""请您多关照"，不可一言不发。名片接收后，应认真地从头至尾默读一遍，表示对对方的尊重，并妥善保管。如果是初次见面，最好将名片上的主要内容读出声来。若需要当场将自己的名片递过去，最好在收好对方名片后再给，不要左右开弓，一来一往同时进行。

❖ 实战训练

会见礼仪

判断以下人士的行为是否正确。

1. 一位男士把自己的名片递给一位女士。该男士走向女士，右手从上衣口袋取出名版，两手捏其顶部，正面微倾递上。

2. 一位女士把自己的名片递给一位男士。该男士双手接过，认真默读一遍，然后说："王经理，很高兴认识您！"

3. 一位男士与一位女士见面，女士先伸出手来，与男士相握。

4. 一位青年男士与一位中年男士握手，中年男士先伸出右手，青年与之相握，双方微笑、寒暄。

5. 一位男士戴墨镜在街道上行走，路逢一位女士。女士伸出右手，男士与之相握，使用双手。

要求：全班同学按每组4～6人组建项目团队，以团队为单位进行。每组限时5分钟陈述、质疑、答辩。各组互评打分，老师评析。

任务三　洽谈礼仪

任务分析

本任务的学习目标是领会并掌握与商务谈判有关的洽谈礼仪。能够在商务谈判及商务社交的洽谈环节，体现商务谈判者应具备的举止和风度。

知识准备

一、参加会谈人员的礼仪要求

（一）气质

气质是指人们相当稳定的个性特点、风格和气度。良好的气质是以人的文化素养、文明程度、思想品质和生活态度为基础的。一个人具备什么样的气质，对其精神面貌有很大的影响。在现实生活中，有些人只注意穿着打扮，而不注意文化素养和思想品质，尽管精心打扮却不能给人以美感，反而显得庸俗做作。气质首先应当表现在丰富的内心世界上，理想则是内心世界的重要内容。品德是气质美的一个重要方面，为人诚恳、心地善良是其具体表现。文化水平在一定程度上对气质起着很大的影响作用。气质美通过一个人的态度、个性、语言和行为等表现出来，举手投足、待人接物都属此列。

（二）风度

风度是气质、知识及素质的外在表现。它主要有几个方面的要求：一是饱满的精神状态。谈判时一进场，就给人一种神采奕奕、精力充沛、自信而又有活力的感觉，这样能激发对方的兴趣，活跃会场的气氛。二是诚恳的待人态度。对所有的对手表现出诚恳而坦率的态度。端庄而不矜持冷漠、谦逊而不矫饰作伪、热情而不轻佻。三是受欢迎的性格。性格是表现人的态度和行为特点的较稳定的心理特征。要使自己的风度得到别人的赞美，就应当加强自身的修养。要大方、自重、认真、活泼、直爽，尽量克服性格中的弱点，如傲慢、幼稚等，千万不能因小失大。四是幽默文雅的谈吐。语言是风度的窗口，说话时要言之有据、言之有理、言之有物、言之有味。如果满口粗话、出言不逊，就谈不上有风度了。五是洒脱的仪表礼节。一个人仪表秀美整洁、俊逸潇洒，就能使人乐于亲近。这种魅力不仅在于长相和衣着方面，更在于人的气质和仪态，这是人内在品格的自然流露。

（三）表情、眼神

通过观察谈判人员表情的变化，可以窥见其内心世界。要特别注意脸上的表情，表情务必率真、自然。表情的表达关键在于眼睛的变化。当然，除了眼睛之外，口唇的变化、脸部肌肉变化也自然会改变脸上的表情。脸上的表情，只有善变和用得恰当，才可能产生正确的交流作用。谈判人员目光的交流十分重要，谈判人员心理的微小变化都会通过眼神表示出来。

谈判双方第一次目光交流意义重大，对手是诚实还是狡猾，是活泼还是凝重，一眼就可看出来。

（四）服饰

谈判人员的服饰是决定其形象的重要因素，服装的色调与清洁状况，其他装饰品的多少和搭配，反映着谈判人员的心理特征。要注意以下三个方面：一是服装配色的艺术。色调是构成服装美的重要因素之一，衣服面料的色调要与环境、穿衣者的年龄以及职业相协调。对于服装的色调来说，协调就是美。二是款式与体型。服装的新颖款式可以给人增添魅力，能使自然美和气质美更加突出，也能使原有的体型、气质上的不足得到弥补。谈判人员的服装是影响谈判人员形象的重要因素，服装的色调与清洁状态，反映着谈判人员的心理特征、审美观念。一般来说，谈判人员的服装与款式应当美观、大方和整洁，但由于服饰属于文化习俗范围，不同的文化背景也有不同的要求。三是装饰物。谈判人员的装饰物要恰到好处，适当的点缀可以增加你的亮点，但过多的装饰会惹人厌烦。

☞ 课堂讨论

着装 TOP 原则

TOP 是三个英语单词首字母的缩写，它们分别代表时间（time）、场合（occasion）和地点（place）。着装 TOP 原则是指着装应该与当时的时间、所处的场合和地点相协调。假如你是一名女性，代表公司参加一个与外商的谈判，谈判时间是晚上，谈判地点在咖啡厅。

问题：你该如何穿着打扮，才能不失礼于人？

（五）动作

影响谈判气氛的因素还包括言语、手势和触碰行为。比如握手动作相当简单，但影响却是很大。在西方一些国家，如果用右手同人握手而把左手搭在对方肩上，就会引起对方的反感，被认为是过分轻狂、傲慢和自以为是。当然，由于各国文化习俗的差异，对各种动作的反映也不相同。仍以握手为例，在初次见面寒暄时，握手用些力气，有些外宾会认为这是相见恨晚的表现，心里油然而生亲近的感觉；也有些外宾则会觉得这是对方在炫耀力量，心里会有些不是滋味；更有甚者，有人认为这是故弄玄虚，是有意谄媚，从而产生厌恶之感。可见，我们必须了解谈判对手的背景和性格特点，区别不同情况，采取不同的做法。

二、合理安排洽谈座位

（一）谈判会场的布置

微课：谈判会场布置

谈判会场的布置及座位的安排是否得当，不仅是检验谈判人员素质的标准之一，甚至还可能影响谈判的成败。比如：一次较大型的谈判，如果谈判会场布置得马马虎虎、杂乱无章，就有可能给客方留下主人对本次谈判缺乏诚意、不重视的印象，从而给谈判蒙上一层阴影。如果主方连座位都不会安排，就会使客方对主方的谈判素质产生怀疑，由此可使客方占尽心理优势。这时，有些商人就有可能故意设立关卡，人为地给谈判设置障碍，甚至还可能使主方陷入被动局面，最终难免影响谈判的效益或成败。

（二）谈判时的座次安排

座位安排是有学问的。例如，面谈的主动一方像考官一样，背对窗户与阳光，坐在一把大椅子上，面前摆着一张大谈判桌；而被动的一方则在远离那张大谈判桌的一张小椅子上。这种座位安排显然使被动的一方处于不利的地位。阳光直射他的眼睛，使他感到很不自在；大谈判桌不仅给被动的一方造成了心理压力，而且它是双方处境不同的标志；椅子的大小差异则强调了主动一方的权力。这种安排方式说明主动者一方丝毫不懂得交流的技巧，从而一开始就使另一方处于不快的状态当中。最好的办法是，撤掉谈判桌这个障碍物，使被动的一方避开刺眼的阳光；把被动者的位置安排在主动者的一侧，以增加亲近感。

有的人为了消除桌子所显示的“权力”，干脆搬掉所有的像桌子一类的东西；有的谈判者把放文件或杯子的桌子摆在双方的身后或旁边。然而，较为保守的人对这种位置安排不以为然，他们认为面前没有桌子或类似的东西就有一种失落感。为了不使他们感到困窘，可以在前面摆上桌子，两人时应尽量避免面对面地坐着。安排面谈不仅要摆放好桌椅，而且要适时适量地提供一些茶点、冷饮等。另外要尽量避免电话或来访者的干扰。

谈判时的座次安排也是一个比较敏感的界域问题。谈判中的座次包含两层含义：一是谈判双方的座次；二是谈判一方内部的座次。一个敏锐的谈判行家，会有意识地安排谈判人员的座次，并借以进行对己方最有利的谈判。在安排座次时应遵循面门为上、以客为上、以右为上的三大原则。

1. 长方形或椭圆形的谈判桌

一般说来，商务谈判时，双方应面对面而坐，各自的组员应坐在主谈者的两侧，以便互相交换意见，加强其团结的力量。商务谈判通常用长方形条桌，其座位安排通常如图 4－1 和图 4－2 所示。

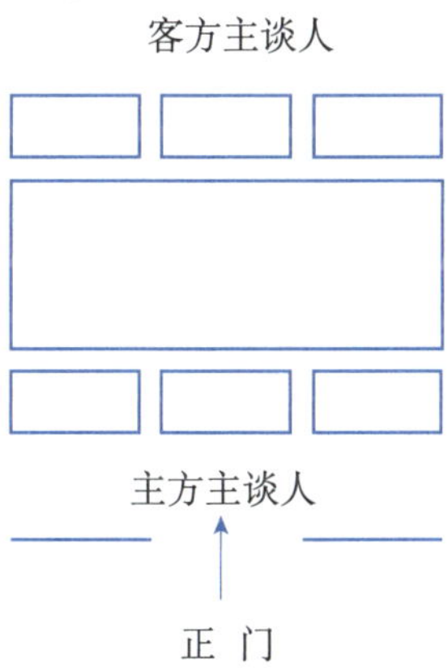

图 4－1　横放

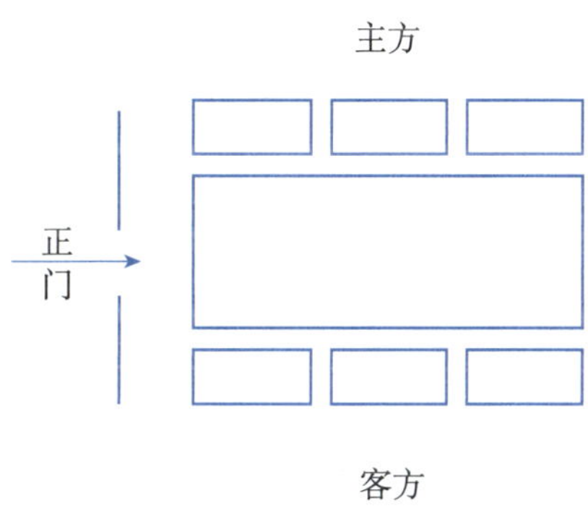

图 4－2　竖放

根据图 4－1 所示，若以正门为准，主人应坐背门一侧，客人则面向正门而坐，其中主谈人或负责人居中。我国及多数国家习惯把翻译员安排在主谈人的右侧即第二个席位上，但也有少数国家让翻译员坐在后面或左侧，这也是可以的。

根据图 4－2 所示，若谈判长桌一端向着正门，则以进门的方向为准，右侧为上，属于客方，左侧为下，属于主方。双方主谈人（首席代表）各在己方一边的中间就座，翻译安排在主谈人右侧，其余人员则遵循右高左低的原则，依照职位高低自近而远地分别在主谈人两侧就座。具体操作时，可摆放写有人名的牌子以表明座位，会更加简明方便。

2. 圆形谈判桌

多边谈判一般采用圆形谈判桌，国际惯例上称“圆桌会议”，采用圆桌谈判，谈判各方围桌交叉而坐，尊卑界限被淡化了，谈判气氛较为和谐、融洽，容易达成共识。其座位安排通常如图 4－3 所示。

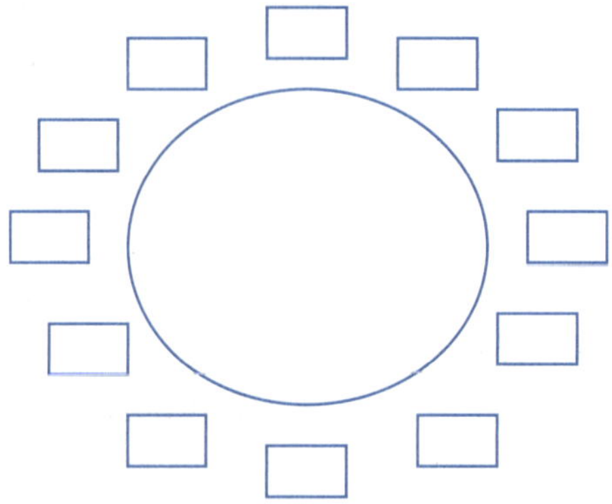

图 4－3　圆形

3. 马蹄形座位

小型的谈判，也可不设谈判桌，直接在会客室沙发上进行，双方主谈人在中间长沙发就座，主左客右，翻译在主谈人后面，双方其余人员分坐两边。其座位安排通常如图 4－4 所示，呈马蹄形，这样双方交谈比较随和友好。但比较正规的谈判，不宜采用这种方式。

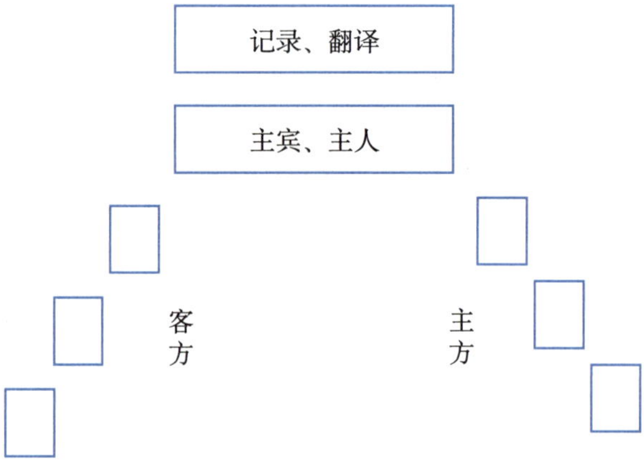

图 4－4　马蹄形

三、形成适宜的洽谈气氛

商务谈判一般都是互惠式谈判，成熟的双方谈判人员都会努力寻求互利互惠的最佳结果。为了达到这一目的，洽谈的气氛必须具有诚挚、合作、轻松和认真的特点。要想取得这样一种洽谈气氛，需要有一定的时间，不能在洽谈刚开始不久就进入实质性谈判。因此，要花足够的时间，利用各种因素，协调双方的思想或行动。

在谈判进入正式的话题之前谈些中性话题最为合适，轻松而非业务性的话题容易引起共鸣，有利于创造和谐的气氛。中性话题通常有以下几种：各自的旅途经历，如游览活动、旅游胜地及著名人士等；文体新闻，如电视剧、电影、各种体育活动等；私人问候，如钓鱼、运动等业余爱好；叙谈双方以往合作经历和取得的成功。

四、注重会谈礼仪

会谈是商务谈判过程中的一项重要活动，是指双方或多方就某些共同关心的问题交换意见，共同商谈。在商务谈判中，主方应根据谈判对方身份和谈判目的，安排相应的有关部门负责人与之进行礼节性会谈。就一般情况而言，举行会谈应注意以下礼仪事项：

准确掌握会谈时间、地点和双方参加人员的名单，提前通知有关人员和单位做好必要安排。主人应提前到达，以避免仓促。

客人到达时，主人应到正门口迎接，也可以在会谈室门口迎接，或由工作人员在大门口迎接并引领到会谈室，主人在会谈室迎候。如需合影，则应安排宾主握手、合影之后再入座。

会谈是谈判者运用语言表达意见、交流观点的过程，语言的运用往往决定谈判的成败。在会谈中，除了要注意语言的客观性、逻辑性、针对性以外，尤其要注意用语的规范性和灵活性。

会谈一般只备茶水，夏天配加冷饮。如果会谈时间较长；可适当上咖啡或红茶。

会谈时，通常可用长方形桌、圆形桌或椭圆形桌。宾主相对而坐，各占一边，以正门为准，客人面门而坐，主人背门而坐，主谈人居中，其他人按身份地位顺序排列。

会谈结束时，主人应送客人至门口或车前，并目送客人离开。

任务四　宴请礼仪

任务分析

本任务的学习目标是领会并掌握与商务谈判有关的宴请礼仪。能够在商务谈判及商务社交的宴请环节，体现商务谈判者应具备的举止和风度。

知识准备

在商务谈判中，谈判双方互相宴请或进行招待，是整个谈判过程中不可缺少的组成部分。采用何种宴请形式通常根据活动目的、邀请对象和经费开支等各种因素决定。

课堂讨论

饭局

民以食为天，中国是文明古国，又是礼仪之邦，饮食文化源远流长。无论是古代还是现代，无论私人交际还是公务往来，都离不开饭局。

俗话说，“无酒不成席”“杯子底下好办事”。酒桌上，人与人之间的距离大大缩短，许多生意在酒桌上的成功率远远高于办公室。

可见，饭局在古今中外都存在着不可忽视的力量，饭局的这种力量在中国的现代社会表现得尤为突出。

其实，“饭局”一词起源于宋朝，迄今有一千多年的历史，“局”原本是下棋术语，引申出“情势”“处境”的意思，后来又引申出了“赌博”“聚会”“圈套”等意思。“饭”与“局”的结合，是宋代文人对汉语以及中国文化的一大贡献——因为饭局上的圈套实在是太多了。春秋的齐相晏子，在饭局上“二桃杀三士”；蔺相如渑池会上屈秦王，使赵国得到了数十年的太平岁月。此外，如“鸿门宴”“青梅煮酒论英雄”“杯酒释兵权”等历代著名饭局更是耳熟能详，妇孺皆知。

一个饭局，有时候可以影响到一个人职业生涯的成功与失败，甚至可以改变一个人的一生。无论是初涉职场的新手，还是一位已经站稳脚跟的内行里手，或者是一位大公司的成功经理人，无论处于什么地位、做什么样的职业，如果不懂得饭局上的游戏规则，都会难免在自己前进的道路上留下障碍。

资料来源：姜得祺．中国饭局里的潜规则［M］．北京：中国画报出版社，2011.

问题：生意在酒桌上的成功率为什么高于办公室？

微课：中餐礼仪

一、宴请的形式

在商务谈判中，可视不同情况采取不同形式的宴请，如宴会、招待会和茶会。

（一）宴会

宴会是根据接待规格和礼仪程序而进行的一种隆重而又正式的餐饮活动，有正式宴会和便宴之分。一般来说，晚宴比白天的宴会更为隆重。宴会有以下几种：

（1）正式宴会。宾主均按身份排位就座，讲究排场。菜肴较丰盛，席间主宾相互致辞、祝酒。

（2）便宴。即非正式宴会。这类宴会形式简单，可以不排座位，不安排正式讲话。便宴气氛较随便、亲切。

（3）家宴。即在家中设便宴招待客人。家宴多由主妇亲自掌勺，家人共同招待，共同进餐，不拘束。西方国家的人喜欢这种形式，以示亲切友好。

（二）招待会

招待会是不备正餐，较为灵活的宴请形式。常见的形式有冷餐会和酒会。一般只备食品、酒水饮料，不排座位，自由活动。冷餐会也称自助餐，它是目前国际上所通行的一种非正式的西式宴会，在大型的商务活动中尤为多见。自助餐所应遵循的礼仪有八项，分别是排队取菜、循序取菜、量力而行、多次取菜、避免外带、送回餐具、照顾他人、积极交际。

（三）茶会

茶会是一种简便的招待形式。以茶或咖啡招待客人，略备点心，不排座位。时间一般安排在上午 10 点或下午 4 点左右。

二、宴请的准备工作

（一）确定宴请目的

宴请的目的多种多样：有为表示欢迎、欢送、答谢、庆贺、纪念的，还有为某一个人、某一件事的。总之，宴请的目的要明确并且理由要充分。

（二）确定宴请的名义和对象

名义和对象，主要依据主客双方身份来确定，即主客双方身份要对等。

（三）确定宴请的范围与形式

邀请范围是指请哪些方面的人士参加，根据目的和名义即可草拟具体邀请名单。宴请形式主要根据规格、对象、目的来确定。目前，各国的商务谈判活动中的宴请工作都在简化，范围也趋向偏小，形式更加简便。

（四）确定宴请时间、地点

宴请的时间应对主客双方都适宜，注意一般不要选择对方的重大节日、有重要活动或有禁忌的日期和时间。最好口头询问或电话联系，以征求对方的意见。宴请地点应根据活动性质、规模大小、形式、主要意愿及实际情况而定。注意不要在客人住的宾馆招待设宴。

宴请一般都要用请柬正式发出邀请。这既表示对客人的尊敬，也表明邀请者的心意和态度。便宴也可约定而不发请柬。请柬一般要提前 1～2 周发出，以便被邀人士有所准备。

（五）菜单的拟定与用酒

宴会上的食品菜肴要精致可口，适合来宾的口味，而且还要美观大方，让人看了赏心悦目，做到色、香、味俱全。客人往往从主人准备的美味佳肴中，体会到对方热诚待客的心意，留下难忘的记忆。宴请时，准备菜肴一定要尊重客人的宗教信仰。

按西餐的习惯，上菜的顺序是冷盘、汤、热菜，然后是甜食或水果。中国人则大多是先吃热菜后喝汤。不管怎么样，冷盘要精致，量不必太大，以免一开始吃多了，后面的主菜吃不下。汤宜清爽可口。

宴请用酒有三类：一是餐前开胃酒。常用的有雪利、葡萄酒、马西尼、金酒加汽水和冰块、威士忌加冰水等，一般只在进餐前喝一小杯。二是席间佐餐用酒。常用的是红、白葡萄酒以及各种软饮料，通常不用烈性酒。按一般习惯，吃鱼虾时喝白葡萄酒，吃肉菜时喝红葡萄酒。也有的只用一个酒杯，红、白葡萄酒随意选用。用白葡萄酒时酒要冰镇过，红葡萄酒则不必冰镇。三是餐后用酒，在家庭式的小型晚宴以后，可送上各种烈性酒，供客人自愿选用。

三、宴请过程

宴请过程是需要认真对待和科学安排的，包括以下环节：

（一）宴请座次的安排

按国际惯例，桌次高低以离主桌位置远近而定，右高左低。我国习惯于按客人的职务排列。正式宴会一般都要排席位，也可只安排部分人的席位，其他人只排桌次或自由入座。在入席前要通知到每位来宾，现场还要有人引座。

（二）宴请程序及现场工作

在宴会开始前的 30 分钟，主人应在门口迎接客人。主人陪同主宾进入宴会厅，全体客人就座，宴会即开始。宴会时间应控制在1～2小时，不宜过长。吃完水果，主人与主宾起立，宴会即告结束。主宾告辞，主人送至门口。主宾离开后，主人与其他客人握手告别。

（三）宴请服务工作

服务人员要训练有素，讲文明，懂礼貌，服饰整洁。上菜时要先客人，后主人；先女宾，后男宾；先主要客人，后其他客人。上菜与撤菜盘时要先打招呼。如果由于不慎，发生异常情况，要协助递上毛巾或餐巾，并表示道歉。

课堂讨论

坐错了

小王是公司销售部门的职员，一次陪同销售经理接待客户。在就餐时，一进门小王就让客户坐到了背对门的位子，而自己坐到了面对门的位子，他认为这样可以让客户少走几步路，但是后来他发现整个宴会中，经理和客户都十分不高兴，后来他才知道是他坐错了。

问题：宴请客户时座位应该如何安排？

任务五　签约礼仪

任务分析

本任务的学习目标是领会并掌握与商务谈判有关的签约礼仪。能够在商务谈判及商务社交的签约环节，体现商务谈判者应具备的举止和风度。

知识准备

签约是企业与谈判对方经过会谈、协商，形成某项协议或协定，再交换正式文本的仪式。它是一种比较隆重的活动，礼仪规范也比较严格。

一、签约仪式的准备

（一）布置好签字厅

签字厅有常设的，也有临时由会议厅或会客室来代替的。布置签字厅的总体原则是庄重、整洁、清静。一间标准的签字厅，应当室内铺满地毯，除了必要的签字桌椅外，其他一切陈设都不需要。正规的签字桌应为长桌，其上面最好铺设深绿的台布并摆好签字人的姓名牌。按照仪式礼仪的规范，签字桌应当横放于室内。在其后面，可适当摆放适量的座椅。签署双边性合同时，可放置两张座椅，供签字人就座；签署多边合同时，可以仅放一张座椅，供各方签字人轮流就座，也可以为每位签字人各自提供一张座椅。签字人在就座时，一般应当面对正门。在签字桌上，按常规应事先放好待签的合同文本以及签字笔等签字时所用的文具。与外商签署涉外商务合同时，还需要在签字桌上插放有关各方面的国旗。插放国旗时，在其位置与顺序上，必须按照礼宾序列而行。签署双边性涉外商务合同时，有关各方面的国旗须插放在该方签字人座椅的正前方。

（二）确定出席签约仪式人数

一般来说，参加签约仪式的双方或多方的人数应大致相同。如一方要求未参加会谈的人员出席，另一方应予以同意，但各方出席签约仪式的人数最好差别不大。为了表示对签订的协议、协定的重视，往往由更多或更高的领导人出席签约仪式，此时就不必坚持“对等、相当”的要求了。

（三）安排签字时的座次

签字时各方代表的座次，是由主方代为先期排定的。合乎礼仪的座次排列做法一般分为两种情况：第一种情况是在签署双边性合同时，双方主签人应当面对正门坐在签字桌后面，客方签字人应坐在右侧，主方签字人应同时坐在左侧。其他助签人应站在双方主签人的外侧。双方其他的随员，可以按照一定的顺序在己方签字人的正对面就座。也可以依照职位的高低，依次自左至右或自右至左地排为一行，站立于己方签字人身后。当一行站不完时，可以按照以上顺序并遵照“前高后低”的惯例，排成两行或多行。第二种情况是在签署多边性合同时，一般只设一个签字椅。各方签字人签字时，需依照各方事先商量好的顺序依次上前签字，各方的助签人应随之一同行动。与此同时，有关各方的随员，应按照一定的序列，面对签字桌就座或站立。

（四）预备待签的合同文本

在正式签署合同之前，应由举办签字仪式的主方负责准备待签合同的正式文本。举行签字仪式，是一件严肃而庄重的大事。在决定正式签署合同时，就应当拟定合同的最终文本。它应当是正式的、不再进行任何更改的标准文本。负责为签字仪式提供待签的合同文本的主方，应会同有关各方一道指定的专人，共同负责合同的定稿、校对、印刷与装订。按常规，应为在合同上正式签字的有关各方均提供一份待签的合同文本。必要时，还可再向各方提供一份副本。比照国际惯例，签署涉外商务合同时，待签的合同文本，应同时使用有关各方的官方语言，或者是使用国际上通行的英文、法文等。使用外文撰写时，应反复推敲，字斟句酌，不要发生望文生义或不解其意而乱用词汇的情况。待签的合同文本应以精美白纸印制而成，按大 8 开的规格装订成册，并配以高档纸作为其封面。

（五）规范签字人员的服饰

按照规定，签字人、助签人以及随员，在出席签字仪式时，应当穿着深色西装套装、中山装套装或西装套裙，并且配以白色衬衫或深色皮鞋。男士应系上单色领带，以示正式。在签字仪式上服务的接待人员或礼仪人员，可以穿自己的工作制服或礼仪性服装。签约座次安排如图 4 - 5 所示。

二、签约仪式的程序

签约仪式是签署合同的高潮，时间不长，但程序规范，庄重而热烈。

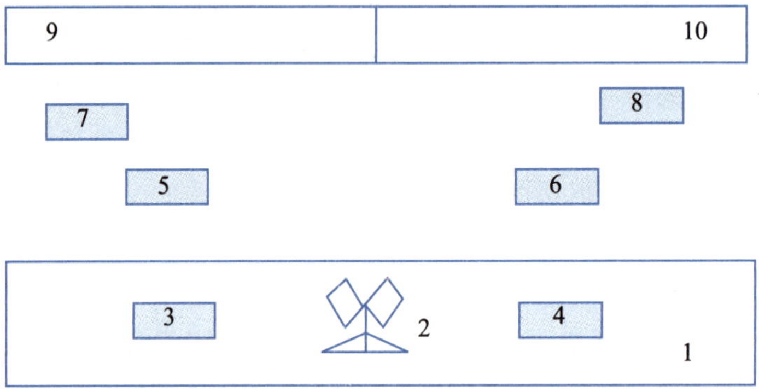

1. 签字桌 2. 双方旗帜 3. 客方保存的文本 4. 主方保存的文本
5. 客方签字人座位 6. 主方签字人座位 7. 客方助签人位置 8. 主方助签人位置
9. 客方参加签约仪式人员 10. 主方参加签约仪式人员

图 4-5 签约座次图

（一）签约仪式正式开始

有关各方人员进入签字厅，在既定的座位上就座。

（二）签字人员正式签署合同文本

通常的做法是首先签署己方保存的合同文本，接着签署他方保存的合同文本。商务礼仪上规定，签署合同文本必遵循"轮流制"。其含义是在位次排列上轮流使各方均有机会居于首位一次，以显示机会均等、各方平等。每个签字人均应首先签署己方保存的合同文本，按照惯例应当名列首位，然后再交由其他方签字人签字。

（三）签字人正式交换已经由各方正式签署的合同文本

双方交换完合同文本后，各方签字人应热烈握手，互致祝贺，并相互交换各自一方刚才使用过的签字笔，以示纪念。全场人员应鼓掌，表示祝贺。

（四）共饮香槟互相道贺

交换已签的合同文本后，有关人员，尤其是签字人当场干一杯香槟酒，是国际上通行的用于增添喜庆色彩的做法。

（五）礼毕退场

主持人宣布仪式结束后，应让双方最高领导及宾客先退场，然后东道主再退场。

在一般情况下，商务合同在正式签署后，应提交有关方面进行公证，才能正式生效。

❖ 实例分析

注意通行的国际惯例

经过长期洽谈之后，南方某市一家公司终于同美国的一家公司谈妥了一笔大生意。双方在达成合约之后，决定正式为此而举行一次签约仪式。

因为当时双方的洽谈在我国举行，故此签约仪式便由中方负责。中方的工作人员在签字桌上摆放中美两国国旗时，误以中国的传统做法“以左为上”代替了目前所通行的国际惯例“以右为上”，将中方国旗摆到了签字桌的右侧，而将美方国旗摆到了签字桌的左侧，这让美方人员恼火不已，他们甚至因此而拒绝进入签字厅。

资料来源：张玉涛．商务谈判理论与实务［M］. 上海：上海交通大学出版社，2018.

案例分析：从这个案例中你学到了哪些签约礼仪？

任务六 馈赠礼仪

任务分析

本任务的学习目标是领会并掌握与商务谈判有关的会见礼仪。能够在商务谈判及商务社交的馈赠环节，体现商务谈判者应具备的举止和风度。

知识准备

一、礼品馈赠礼仪

商务交往中常互赠礼物以增添双方的情感与友谊，巩固交易伙伴关系。赠送礼品是商务谈判活动中的一项重要礼仪。只有合乎礼仪的馈赠，才能有利于情意的表达，为受礼方所接受。馈赠不仅起到表达友好和增进双方友谊的愿望，同时也表达了对该次合作成功的祝贺和希望再次合作的愿望。

赠送礼品，首先要注意考虑对方的文化背景：由于谈判者所属的国家、民族、地区等存在文化背景差异，其爱好、兴趣与习俗必然也存在差异。因此，必须根据以上的条件选择合适的礼品。

礼品一般要有一定的纪念意义或有民族特色、地域特点，或是一些工艺品、书籍等。在国际商务交往活动中，许多具有中国特色的物品都深受西方人士的喜爱，如玉饰、蜡染或真丝服饰、景泰蓝、绣品等。

赠送礼品要讲究数量、注意赠送的时机和场合。“出国问禁、入乡随俗”，要注意不要使用有忌讳的数字作为礼品的数量。一般来说，客人到来时宜把礼品先拿出来赠送给主人，而反过来，主人一般是在客人告别时，才向对方送礼。商务交往中的礼品赠送适合在公开场合进行。

在国际商务谈判中，在选择馈赠礼品时不必追求礼品的贵重，有时馈赠贵重的礼品效果反而不好，会使对方怀疑此举有行贿之意或另有企图。

二、接受礼品的礼仪

在商务交往中，当他人赠送礼品时，作为受赠者不应该对他人所赠送的礼品漠然相对，也应讲究接受礼品的礼仪，做到有礼、得体。

在一般情况下，对他人诚心诚意赠送的礼品，只要不是违法、违规的物品，最好的方式应该是大大方方、欣然接受。接受礼品时，应起身站立，双手接受礼品，并向对方真诚地表示感谢。按照国际惯例，受赠者应当面打开并欣赏一番。

接受礼品，一定要把握原则和分寸。由于种种原因，不能接受他人赠送的礼品时，要讲明原因，婉言拒绝。切忌不讲究方式方法，使对方产生误会和难堪。一般情况下，拒收礼品应当场进行，最好不要接收后再退还。如果确因一些原因无法当场退回，也应在 24 小时之内将保持完整的礼品退还。

中国人崇尚“礼尚往来”，外国人也同样重视这一点。接受馈赠后，要想办法回礼才合乎礼貌。如果接受馈赠时无法马上回礼，也得准备好礼品选择合适的时间和形式回赠对方。

还礼的形式也是有讲究的，有时还礼不当，不如不还。在所还礼品的选择上可用对方赠送的同类礼品作为还礼，也可以用与对方所赠送物品价格大致相同的物品作为还礼。还礼的价格没必要非超出赠送的礼品价格。另外，也可给对方写信或打电话向对方表示感谢，可以在再次见到对方时，使用其赠送的礼品，以示重视和不忘。

三、国际交往中馈赠礼品的知识

（一）亚洲国家

1. 日本

给日本人送礼，可以送对其本人毫无用途的物品以便受礼人可以再转送给别人，那个人还可以再转送下去。日本人对装饰着狐狸和獾的图案的东西甚为反感，认为狐狸是贪婪的象征，獾则代表狡诈。日本人认为礼品的包装同礼品本身一样重要，因此，要把礼品包装好。

2. 韩国

韩国的商人对初次来访的客人常常会送当地出产的手工艺品。一般要等客人先拿出礼品来，然后再回赠他们本国产的礼品。

3. 阿拉伯国家

切勿把旧的物品赠送给他人；不能把酒作为礼品；盯住阿拉伯人的某件物品看个不停是很失礼的举动，因为他会认为你很喜欢它，并一定会要你收下这件东西；阿拉伯商人给他人一般都赠送贵重礼品，同时也希望收到同样贵重的回礼，因为阿拉伯人认为来而不往是有失尊严的问题，不让他们表现自己的慷慨大方是不恭的，也会危害双方的关系；他们喜欢丰富多彩的礼品，喜欢名牌物品；喜欢知识型和艺术性的礼品，不喜欢纯实用性的东西；送礼品给阿拉伯人的妻子被认为是对其隐私的侵犯，然而给孩子送礼物总是受欢迎的。

（二）欧美国家

欧洲国家一般只有在双方关系确立后才互赠礼品。赠送礼品通常是此次交往将结束时才进行，同时，表达的方式要恰如其分。高级巧克力、一瓶特别好的葡萄酒在欧洲也都是很好的礼品。登门拜访前则应该送去鲜花（花要提前一天送去，以便主人把花布置好），而且要送单数的花，同时附上一张手写的名片，不要用商业名片。

1. 英国

在英国商务谈判中，应送不太贵重的礼品，以免被认为是行贿；合适的送礼时机应是晚上，通常是一起用完晚餐或剧院看完戏之后；英国人大多喜欢高级巧克力、名酒、鲜花；对于饰有客人所属公司标记的礼品，他们大多数并不欣赏，除非主人对这种礼品事前有周密的考虑。

2. 法国

初次结识一个法国人时就送礼是很不合适的，应该等到第二次相逢时再送；礼品应该表达出对他智慧的赞美，但不要显得过于亲密；法国人很浪漫，喜欢知识性、艺术性的礼品，如画册、艺术相册或小工艺品等；应邀到法国人家里用餐时，应带上几支不加捆扎的鲜花，但菊花是不能随便赠送的，在法国只在葬礼上才用菊花。

3. 德国

在德国赠送礼品，包装要尽善尽美；玫瑰是为情人准备的，绝不能送给主人；德国人喜欢应邀郊游，主人在出发前必须做好细致周密的安排。

4. 美国

美国人很讲究实用，一瓶上好的葡萄酒或烈性酒，一件高雅的名牌礼品，都是合适的。给美国人送礼通常也应在此次交往结束时。

（三）拉丁美洲国家

在拉丁美洲国家，黑和紫是忌讳的颜色；刀和剑应排除在礼品之外，因为它们暗示友情的完结；手帕也不能作为礼品，因为它与眼泪是联系在一起的；可送些小型家用电器，例如，一只小小的烤面包炉。在拉美国家，征税很高的物品极受欢迎，只要不是奢侈品。

❖ 实战训练

馈赠礼仪

判断以下礼品赠送的方式是否符合礼仪。

1. 一男一女登门拜访他人。登门之际，女宾向女主人赠送一束鲜花。

2. 一写字间内，三五人就座办公。一男宾带烟酒入内："我找王哥。"然后对某男士说："王哥，这是我的一点小意思。"其他人狐疑。

3. 写字间内，主方向来宾赠送礼物。女秘书把包装好的礼品递给上司，上司双手交给客人。

要求：全班分成若干个小组分别讨论以上情形并且判断正误，分析后指出错误的原因和在实践中应注意哪些方面。各组互评打分，老师评析。

项目小结

1. 在商务谈判中，重视礼仪、礼节是说服对方的"软武器"，是商务谈判人员道德规范和职业素养的综合体现。

2. 介绍了具体商务谈判中的迎送、会见、洽谈、宴请、签约、馈赠等环节的相关礼仪。

3. 通过本章的学习，商务人员在商务谈判活动中可以避免犯礼仪、礼节方面的错误，更加顺利地开展谈判工作。

练习与实战演练

一、单选题

1. 在拜访别人办公室的时候，你应该（　　）。

A. 敲门示意，征得允许后再进入　　B. 推门而入，再作自我介绍

C. 直接闯入，不拘小节　　D. 一直敲门，直到有人来开门

2. 关于守时，不同的场合有着不同的内涵，应当（　　）。

A. 严格遵守宴会邀请时间，准时到达

B. 一般邀请时间都比正式开始时间早，所以可以适当晚去一会儿

C. 一般情况下要守时，但女士可以适当晚一点到达

D. 不必严格守时，看自己的安排

3. 商务人员正确合理的个人礼仪尤为重要。下面（　　）违反了这一规定。

A. 选择服装时应该考虑气候、出席的场合等因素

B. 与别人交谈时应用双眼注视对方

C. 戴变色眼镜是最好的选择，因为这样既可保护眼睛又可免去戴两副眼镜的麻烦

D. 别人递来的名片，不能随手乱放

4. 作为商务人员，形象很重要，因此，在商务场合中，应该（　　）。

A. 时刻保持严肃的表情，以示严谨的工作态度

B. 时刻保持微笑，营造一个良好的商务环境

C. 该笑就笑，表情自如，显示当代人的活力

D. 与别人交谈时不看对方的眼

5. 作为商务人员，着装也是时刻受人关注的，作为男士，应该（　　）。

A. 穿黑色西装，以显示成熟、稳重　　B. 合理穿着西装，但最好不要是黑色

C. 穿西装一定要配白袜子，以显示整洁　　D. 穿休闲服即可，以显时尚

二、思考题

1. 在商务谈判过程中握手应注意哪些细节？

2. 参与商务谈判的着装有哪些要求？

3. 宴请的形式有哪些？

4. 送礼时应怎样选择礼物？

三、实战演练

【实战 1】迎送礼仪

任务：商务谈判中迎送礼仪能力训练。

组织方式：全班同学按每组 4～6 人组建项目团队，以团队为单位进行。

内容：吉林某药材厂的张厂长应邀前来参加北京某制药公司的洽谈合作事宜。（A）张

厂长乘坐的飞机着陆后，他走到旅客出口，制药公司负责采购的副总经理李经理迎了上去。(B) 一行人坐上轿车前往宾馆，李经理与张厂长聊了起来。

要求：两位同学一组，分别扮演张厂长与李经理，按礼仪规范将（A）（B）两处表演完整，其他同学作为观众和评分员。

时间安排：每组限时 5 分钟陈述、质疑、答辩。

评价方式：各组互评打分，老师评析。

【实战 2】多人介绍并握手寒暄的场面

任务：商务谈判中会见礼仪能力训练。

组织方式：全班同学按每组 4～6 人组建项目团队，以团队为单位进行。

内容：选两组同学分别扮演吉林某药材厂与北京某制药公司的谈判小组成员。按礼仪规范模拟表演双方成员见面时多人介绍并握手寒暄的场面，其他同学作为观众和评分员。

时间安排：每组限时 5 分钟陈述、质疑、答辩。

评价方式：各组互评打分，老师评析。

【实战 3】签约会场的布置

任务：商务谈判中签约礼仪能力训练。

组织方式：全班同学按每组 4～6 人组建项目团队，以团队为单位进行。

内容：两组同学分别扮演吉林某药材厂与北京某制药公司的谈判小组成员。由北京某制药公司的谈判小组成员为主方进行签约会场的布置，吉林某药材厂的谈判小组成员进行点评。

时间安排：每组限时 5 分钟陈述、质疑、答辩。

评价方式：各组互评打分，老师评析。

【实战 4】商务谈判人员座次的安排

任务：商务谈判中座次安排能力训练。

组织方式：全班同学按每组 4～6 人组建项目团队，以团队为单位进行。

内容：两组同学分别扮演吉林某药材厂与北京某制药公司的谈判小组成员。由北京某制药公司的谈判小组成员为主方进行座次的安排，吉林某药材厂的谈判小组成员进行点评。

时间安排：每组限时 5 分钟陈述、质疑、答辩。

评价方式：各组互评打分，老师评析。

【实战 5】商务谈判签约仪式的模拟

任务：商务谈判中签约礼仪能力训练。

组织方式：全班同学按每组 4～6 人组建项目团队，以团队为单位进行。

内容：两组同学分别扮演吉林某药材厂与北京某制药公司的谈判小组成员。由北京某制药公司的谈判小组成员为主方主持签约仪式，吉林某药材厂的谈判小组成员为客方进行模拟。

时间安排：每组限时 10 分钟陈述、质疑、答辩。

评价方式：各组互评打分，老师评析。

项目五

商务谈判的准备

学习目标

知识目标：领会商务谈判背景调查的目的、要求。掌握商务谈判组织的准备和人员的挑选。掌握商务谈判方案的制定。学会商务谈判的管理工作。

能力目标：能运用适当的手段和方法进行谈判背景的调查研究。能够根据商务谈判人员的思想品德要求，强化职业道德养成训练。能够根据拟定的谈判目标制定相应的谈判方案。

案例导入

交易的关键在交易之外

迪巴诺面包公司是纽约一家很有名气的面包公司，但是纽约一家大饭店却从未向它订购过面包。四年来，公司经理迪巴诺每周去拜访大饭店经理一次，也参加该饭店举行的会议，甚至以客人的身份住进大饭店。不论他采取正面攻势，还是旁敲侧击，这家大饭店仍是丝毫不为所动，这反而更激起了迪巴诺销售面包的决心。

迪巴诺通过调查发现，大饭店的经理是美国饭店协会的会长，特别热心美国饭店协会的具体工作，凡是美国饭店协会召开的会议，不论在何地，他都一定参加。于是，迪巴诺便决定由此入手。他再去拜访对方时，丝毫不提销售面包的事情，而是谈起了美国饭店协会的事情，果然引起了大饭店经理的兴趣，他滔滔不绝地讲起来，声称美国饭店协会给他带来了无穷乐趣，并邀请迪巴诺参加。在两人交谈中，尽管大饭店经理知道迪巴诺的身份，但是两个人一点没谈交易的事宜。几天后，大饭店的采购部门打来电话，表示要购买迪巴诺公司的面包。这使得迪巴诺感慨万分，单纯为了推销面包，历时四年，竟连一粒面包渣也没卖出去，可仅仅对大饭店经理所热心的事情表示关注，形势竟完全改观。

案例来源：戴尔·卡耐基．语言的突破与相处的艺术［M］．穆秋月，译．7版．北京：中国华侨出版社，2013.

➡案例分析：为什么单纯销售面包难以奏效，但关注了对方感兴趣的事情，情势却完全改观？在分析社会、心理因素作用的同时，还需关注通过哪些渠道获得有价值的信息？

一场商务谈判能否取得圆满的结果，不仅取决于谈判桌上有关策略、战术、技巧的运用，还有赖于谈判前充分、细致的准备工作。商务谈判前的准备是必需的，是极其重要的。不同的谈判规模和谈判方式，其准备工作也不尽相同。谈判准备一般包括信息准备、人员准备、物质条件准备、方案准备、心理准备、礼仪准备等。由于商务谈判心理和商务礼仪方面的知识与技能在本书中已有介绍，所以在此不再赘述。

思维导读

- 商务谈判的准备
  - 商务谈判信息准备
    - 谈判前调查研究的目的
    - 谈判前调查研究的要求与内容
    - 信息资料的搜集与整理
  - 商务谈判人员准备
    - 谈判人员的配备
    - 谈判成员的分工与配合
    - 商务谈判人员的思想品德
  - 商务谈判物质条件准备
    - 谈判场所的选择
    - 食宿安排
  - 商务谈判方案制定
    - 谈判目标的确定
    - 谈判议程的安排
    - 谈判对策的选择

任务一　商务谈判信息准备

任务分析

本任务的学习目标是掌握积累和搜集谈判所需信息的内容、要求与方法，能用所学实务知识规范商务谈判信息准备中的相关技能型活动。

知识准备

一、谈判前调查研究的目的

微课：商务谈判的信息准备

谈判前调查研究的目的，主要有三个方面：

首先通过谈判前的调查研究，掌握与本次谈判有关的各种客观环境因素的状况和变动趋势，并对这些情况进行分析，为制定谈判方案提供依据。

其次通过谈判前的调查研究，对谈判对手作尽可能多地了解，即做到“知彼”。比如，通过调查研究，可以对对方的资信情况、合作意愿、谈判作风、谈判期限等情况有所了解，做到心中有数。

最后通过谈判前的调查研究，对已方的谈判实力做客观的评价，理清自己的思路，即做到“知己”。对于谈判人员来说，高估或低估自己的谈判实力，都是有害的。因为过高地估计自己的实力，容易产生轻敌的情绪；而过低地估计自己的实力，则易于怯场，不敢去争取自己可能得到的利益。通过谈判前的调查研究，能客观地评价己方的谈判实力，分析己方在谈判中的优势和薄弱环节，使己方谈判人员在谈判中能够目标明确，思路清晰。

二、谈判前调查研究的要求与内容

谈判前的调查研究是复杂而烦琐的，在工作中，应努力做到如下几点：第一，调查研究要有明确的目的性，不能漫无边际；第二，资料的搜集要全面，要能反映经济活动的全貌，不能支离破碎；第三，对资料的分析要科学、客观，不能主观臆断，妄下结论；第四，根据不同的情况，选择不同的调查方法。

在谈判开始前应对哪些方面进行调查，是由这次谈判的具体内容和要求决定的。换言之，不同内容的商务谈判，其调查研究的内容也应有所不同。如要进行货物买卖谈判，一般要调查该商品的质量、性能、价格、销量，以及市场竞争、对方需求、对方资信、有关法律规定等方面的情况；如要进行对外加工装配业务谈判，一般应调查对方的加工产品对原料质量、规格和加工精密度的要求，已方承接加工装配业务的能力以及燃料、动力供应情况，工时费标准，客户资信，有关法律规定等方面的情况；如要进行合资、合作企业谈判，则应对对方的资信，产品的原料来源、销售情况，技术设备的性能，国内能源、运输、基础设施、环境保护、投资效益等方面进行调查。在本章中很难把各类商务谈判所应调查研究的内容一一加以详述，只能对一些共性内容进行说明。

（一）有关政治、经济形势的变动情况

政治、经济形势的变动，会对交易产生很大的影响。在进行谈判前，应对影响本次交易的政治、经济形势，尤其是双方国家的政治、经济形势的变动情况进行调查，如会不会发生政局动荡、两国关系是否紧张、国际经济形势的变动趋势、政府有没有采取一些新的贸易管理措施等。掌握这些有关信息，有助于我们准确地分析政治、经济形势变动对本次谈判的影响，提醒我们在谈判中应对哪些问题特别重视，以便更好地利用这些方面的有利因素促成双方的交易，或对一些可能出现的问题采取相应的防范措施。

（二）目标市场调查

这里所说的目标市场调查，是在平时已进行的一般性调查的基础上，在目标市场和谈

判对手都已经确定的情况下，对目标市场的动向所进行的调查。主要是调查谈判标的在目标市场上的需求、销售和竞争等方面的情况。

1. 需求情况

调查目标市场上该产品的市场需求总量、需求结构、需求的满足程度、潜在的需要量等方面的情况。通过调查，可以摸清目标市场上消费者的消费心理和消费需求，基本上掌握消费者对该产品的消费意向，客观估计该产品的竞争力，以利于同谈判对手讨价还价，争取更好的经济利益。

2. 销售情况

销售情况包括该类产品在过去几年的销售量、销售总额以及价格变动情况，该类产品在当地生产和输入的发展趋势等。通过对销售情况的调查，可以使谈判者大体上掌握市场容量，确定产品的销售数量或购进数量。

3. 竞争情况

竞争情况包括目标市场上竞争对手的数目、生产规模、产品性能、价格水平及竞争对手所使用的销售组织形式、所提供的售后服务、竞争产品的市场占有率等。通过调查，使谈判者能够掌握竞争对手的基本情况，寻找对方的弱点，预测己方产品的竞争能力，在谈判中灵活掌握价格水平。

（三）有关法律规定及其变化情况

1. 要了解与本次谈判内容有关的国际惯例

在涉外商务谈判中，遵循的原则是：坚持独立自主的方针，执行平等互利的政策，参照国际上习惯的做法。所以在谈判前应对与谈判内容有关的国际惯例、国际公约的内容和修改变动情况有所了解，以便双方在对合同的有关条款进行谈判时，能参照有关的国际惯例和国际公约，简化双方的讨论，而且使得签约以后较容易得到双方政府的批准。

2. 要了解双方国家与本次谈判内容有关的法律规定

例如，对谈判标的的税收、进口配额、最低限价、许可证管理等方面的法律规定，都会对合同产生法律约束力。在商务谈判前应对与本次交易有关的法律规定和变动情况深入调查和熟悉掌握，以供谈判时参考。

3. 要了解国内的有关政策法规

中华人民共和国成立以来，特别是改革开放以来，我国在健全法制方面取得了很大的成绩，各项经济法规正在配套完善。有的地区和部门根据国家的有关法律规定，结合本地区、本部门的实际，制定了相应的法律或条例。这些政策法规都是规范当事人行为的依据，因此在谈判前也应作必要的了解。

（四）有关谈判对手的情况

1. 资信情况

调查谈判对手的资信情况，一是要调查对方是否具有签订合同的合法资格；二是调查对方的资本、信用和履约能力。

在对对方的合法资格进行调查时，可以要求对方提供有关的证明文件，如成立地注册证明、法人资格证明等，也可以通过其他的途径去进行了解和验证。

对对方的资本、信用和履约能力进行调查，资料来源可以是公共会计组织对该企业的年度审计报告，也可以是银行、资信征询机构出具的证明文件或其他渠道提供的资料。

需要指出的是，商务谈判的内容不同，资信调查的内容、重点、详细程度也会有所不同。

2. 对方的谈判作风

谈判作风是指谈判者在多次谈判中所表现出来的一贯风格。了解谈判对手的谈判作风，可以为预测谈判的发展趋势和对方可能采取的策略，以及制定己方的谈判策略，提供重要的依据。

谈判作风因人而异，千差万别。有人按谈判者在谈判中所采取的态度，将其划分为强硬型、温和型、原则型三种。我们可以通过在谈判中的接触观察，对谈判对手的年龄、职务、性格特征、谈判双方的实力对比等进行分析，对谈判对手的谈判作风进行分析。

3. 对手对己方的信任程度

这主要是了解对方对己方的经营能力、财务状况、付款能力、谈判能力、商业信誉等方面的评价。通过对这些情况的了解，可以更好地设计谈判方案，争取主动。

（五）己方条件的分析

对本次交易中己方的各项条件进行客观的分析。例如，本次交易对己方的重要性、己方竞争对手的情况、己方在竞争中所处的地位、己方对有关商业行情的了解程度、己方对谈判对手的了解程度、己方谈判人员的经验等。对己方的各方面条件进行客观的分析，有助于弄清己方在谈判中的优势和薄弱环节，有针对性地制定己方的谈判策略，以便在谈判中做到扬长避短。

三、信息资料的搜集与整理

（一）信息搜集的方法和途径

信息搜集的方法和途径如图 5－1 所示。

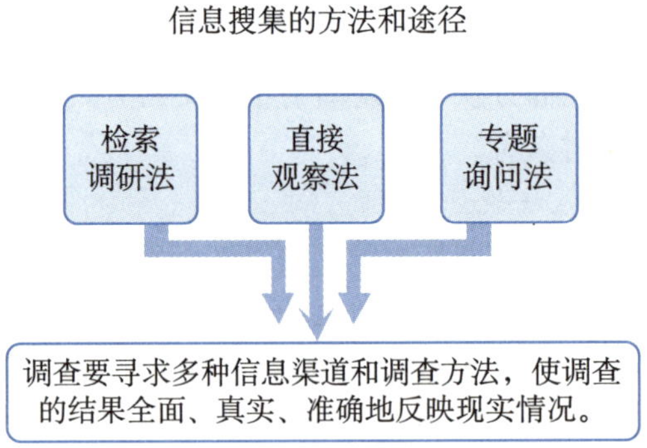

图 5－1　信息搜集的方法和途径

1. 检索调研法

检索调研法是根据现有的资料和数据进行调查、分类、比较、研究的信息资料准备方法。检索调研法的资料搜集的途径很广，主要有以下方面：

（1）统计资料，主要包括我国、对方国家及国际组织的各类统计月刊或统计年鉴，以及各国有关地方政策的各类年鉴或月刊。

（2）专业相关网站，报纸杂志，专业书籍，如我国的《国际商务研究》《国际经贸消息》等杂志以及所属网站，都刊登有与贸易谈判活动有关的资料。

（3）各专门机构的资料，如政府机关、金融机构、市场信息咨询中心、对外贸易机构等提供的资料。

（4）谈判对方公司的资料，如经对方专任会计师签字的资产负债表、经营项目、报价单、公司预算财务计划、公司出版物和报告、新闻发布稿、商品目录与商品说明书、证券交易委员会或政府机关的报告书、官员的公开谈话与公开声明等。

2. 直接观察法

直接观察法是调查者在调查现场对被调查事物及被调查者的行为与特点进行观察测度的一种信息资料准备方法。直接观察法的形式主要有以下几种：

（1）参观对方生产的经营场地。如参观对方的公司、工厂等，以明了对方实情。

（2）安排非正式的初步洽谈。通过各种预备性的接触，创造机会，当面了解对方的态度，观察对方的意图。

（3）购买对方的产品进行研究。将对方的产品拆开后进行检验，分析其结构、工艺等以确定其生产成本。

（4）搜集对方关于设计、生产、计划、销售等资料。

3. 专题询问法

专题询问法是以某一项命题向被调查者征询意见，以搜集资料的一种信息准备方法。专题询问法的方式运用灵活，其途径主要有：

（1）向对方企业内部知情人了解，如对方现在或过去的雇员、对方领导部门的工作人员、对方内部受排挤人员等。

（2）向与对方有过贸易往来的人了解，如对方的客户、对方的供货商。

（3）向对方的有关人员了解，如在会议或社交场合通过与对方的重要助手或顾问的交往探取情报，通过银行账户了解对方的财政状况等。

（二）信息资料的加工整理

信息资料的加工整理一般分为四个阶段，如图 5－2 所示。

筛选阶段	审查阶段	分类阶段	评价阶段
• 筛选就是检查资料的适用性，这是一个去粗取精的过程。	• 审查就是识别资料的真实性、合理性，这是一个去伪存真的过程。	• 分类就是按一定的标志对资料进行分门别类，使之条理化。	• 评价就是对资料做比较、分析、判断，提供谈判活动参考。

图 5－2　信息资料的加工整理

（三）信息资料的传递与保密

谈判信息资料的搜集整理与谈判信息资料的传递与保密是紧密相连的有机统一，谈判者在做好信息资料搜集整理的基础上，还需要十分注意信息资料的传递与保密工作。

1. 资料的传递

商务谈判信息资料的传递是指谈判人员同己方企业的联系。在外地谈判时，为了保持联系，进行有效的控制调节，上下级间应有信息资料的传递。例如，有国外的谈判小组因为需要听取有关专家意见或请示总部决策，就有必要同国内取得联系，而国内的管理部门因为需要及时了解国外谈判进程，就必须同在国外的谈判小组联系。为此，应事先规定好联络方式和制度，并明确联络程序、责任人，以便迅速顺利地汇报谈判情况，请示下一步行动，避免推诿以致丢失商机。

2. 资料的保密

对谈判所涉及内容、文件及双方各自有关重要观点等资料应做好保密工作。如果不严格保密，将造成不应有的损失。例如，国外在重要的生意谈判中，有的不惜花重金聘请“商业间谍”摸对方的底。因此，应加强谈判信息资料的保密工作。谈判信息资料保密的一般措施见表 5-1。

表 5-1　谈判信息资料保密的一般措施

常用保密措施	注意事项
不要给对方造成窃密机会	如文件调阅、保管、复印、打字等
不要随便托人代发电报、电信等	指定专人负责办理
不要随意乱放文件	应及时将文件归档或由专人保管
不要在公共场所谈论有关谈判业务问题	餐厅、机舱、车厢、过道等地方应注意不要谈论
不要过分信任身边的人员	临时代理人或服务人员不应随便托付
最后的底牌只能让关键人物知道	知道的人越少，秘密越安全
在谈判达成协议前，不应对外公布	防止太早公布，给己方带来被动
必要时使用暗语	防止对方破解

❖ 实例分析

利用传媒收集信息

20 世纪 60 年代初期，我国大庆油田的情况在国内外尚未公开。日本人只是有所耳闻，但始终未明底细。后来，在 1964 年 4 月 26 日的《人民日报》上看到“大庆精神大庆人”的字句，于是日本人判断：中国的大庆确有其事，但他们仍然弄不清楚大庆究竟在什么地方。在 1966 年 7 月的《中国画报》上看到一张大庆人艰苦创业的照片后，他们根据照片上人物的衣着，断定大庆油田是在冬季温度为零下 30℃的中国东北地区，大致在哈尔滨与齐齐哈尔之间。1966 年 10 月，他们又从《人民中国》杂志上看到石油工人王进喜的事迹，从分析中知道：最早钻井是在北安附近着手的，而且从所报道的钻探设备运输情况看，离火车站不会太远。在文中有这样一句话“王进喜一到马家窑，看到……”，于是日本人立即找来地图：马家窑位于黑龙江海伦市东南的一个村子，在北安铁路上一个小车站东边 10 公里处。这样他们就把大庆油田的位置彻底搞清楚了。搞清楚了位置，日本人又对王进喜的报道进行了分析。王进喜是玉门油矿的工人，是 1959 年 9 月到北京参加国庆活动之后自愿去大庆的。由此判定，大庆油田在 1959 年以前就进行了勘察，并且大体知道了大庆油田的规模。后来，他们又从《中国画报》上发现了一张大庆炼油厂反应塔的照片，根据反应塔上的扶手栏杆的粗细与反应塔的直径比例，推断反应塔的内径长为 5 米。这样他们就比较全面地掌握了大庆油田的各种情报，揭开了大庆油田的某些秘密。

日方就是利用公开的新闻资料中的一句话、一张照片、一条消息，加以综合分析，完成了对我国大庆油田的调查，为商务谈判提供了可靠的依据。因而在进行向我国销售成套炼油设备的谈判时，日方谈判人员介绍只有他们的设备适合大庆油田石油的质量、日产量，由此获得了较大的谈判主动权。

资料来源：李静．商务谈判（理论、实务、案例、实训）[M]．北京：中国传媒大学出版社，2016.

案例分析：

1. 日方是如何揭开大庆油田秘密的？

2. 日方为什么能获得谈判的主动权？

3. 本案例对开展商务谈判调查有何启示？

❖ 实战训练

若你公司准备建设一个 100 人的多媒体会议室，由你负责该项目的谈判工作。A 公司第一次与你公司作交易，你公司准备购买 A 公司的产品，领导要求你搜集有关的谈判信息，你需要搜集哪些信息？通过哪些渠道搜集？如何对这些信息进行分析、整理？

要求：请你根据搜集来的情报写出 SWOT 分析报告。

任务二　商务谈判人员准备

任务分析

本任务的学习目标是学习和把握谈判小组人员数量的确定、谈判小组成员间相互配合的策略与技巧。能够根据商务谈判人员的思想品德要求，强化职业道德养成训练。

知识准备

动画：谈判团队人员构成

谈判队伍是指参加一场商务谈判的全体人员组成的群体，也称为谈判班子。组织好一支谈判队伍，是进行一场成功谈判的根本保证。

做好谈判队伍的组织工作，要注意解决好两个基本问题：一是谈判配备多少人员；二是各谈判人员之间如何分工配合。

一、谈判人员的配备

一场商务谈判应配备多少人员，应视谈判内容的繁简、技术性的强弱、时间的长短、己方谈判人员谈判能力的高低以及对方谈判人员的多少来具体确定。一个谈判组必须配备一名主谈人，再根据需要配备辅谈人（又叫陪谈人）和翻译。

一般而言，对于较小型的商务谈判，谈判人员多由 3～4 人组成，有时甚至由 1 人全权负责。在配备这些人员时，要注意他们的知识水平、谈判经验和运用策略与技巧的能力能否与谈判任务相适应，并且要求谈判人员政治素质较高，有较强的理解、分析和决策能力。

内容比较复杂的较大型商务谈判，由于涉及的内容广泛，专业性强，资料繁多，组织协调工作量大，所以配备的谈判人员要比小型谈判多一些，有时可达十几甚至几十人。还可根据实际工作需要，把商务谈判组成员分成几个小组，如商务小组、技术小组、法律小组等，负责不同方面的谈判；也可以组织台前和幕后两套班子，“台前班子”主要负责应对谈判以及外商临时提供的技术价格资料；“幕后班子”负责搜集、整理相关资料，为台前班子提供技术支持。

谈判班子要有一个合理的知识结构。一般来说，谈判班子里应配备商务方面的人员、技术方面的人员、法律方面的人员、运筹策划方面的人员、金融方面的人员和翻译人员。各类人员不仅应精通本专业的知识，而且要对其他方面的知识有所了解，如技术人员应懂一些商务方面的知识，商务人员应懂一些金融、法律方面的知识；否则，很难做好各方面人员之间的沟通和协作。

☞ 课堂讨论

刚柔组合

中国和美国签署《关于中国加入世界贸易组织的双边协议》前的最后六天五夜，可以说是中美谈判的一次大较量。为此，中美双方都派出最佳组合，一刚一柔。

中方代表团 23 人，团长石广生部长，以默默耕耘著称；而首席谈判代表龙永图，则一向表示“坚决不对美国的苛刻条件作出让步”；此外，还有外交部、财政部、农业部等国家部委的代表。

美方代表团 13 人，贸易代表巴尔舍夫斯基，当过 18 年的律师，具有丰富的国际经济谈判经验，由于立场及说话态度一向强硬，因此有“铁娘子”之称；白宫首席经济顾问斯珀林，是擅长平衡美国朝野经济利益的经济政策协调人；此外，还有美国国家安全委员会亚洲事务主任、贸易代表法律顾问，以及商务部、财政部等官员。

正是这些谈判代表的努力，使得谈判峰回路转，从而为达成协议奠下了很好的基础。

资料来源：杨群祥．商务谈判理论、实务、案例、实训［M］. 大连：东北财经大学出版社，2012.

问题：双方谈判小组的组建具有哪些可取之处？

二、谈判成员的分工与配合

谈判小组的成员在谈判过程中并不是各行其是，而应该在主谈人员的指挥下，密切配合，既要根据谈判的内容和各人的专长进行适当的分工，明确各人的职责，又要在谈判中按照既定的方案相机而动，彼此呼应，形成目标一致的谈判统一体。

一般来说，谈判中技术人员要对有关商品的技术性能、技术资料、验收办法等条款的完整性和准确性负责，并配合商务人员对同类产品或技术服务的价格进行对比分析。

商务人员负责合同条文、合同价格、运输和保险等条件的谈判，并拟出合同文本，负责对外联络工作，协助做好谈判组成员之间的组织协调工作。

法律人员要对合同条款的合法性、完整性、公正性负责，依照法律法规要求负责合同法律条文的谈判、有关法律文稿的草拟。

运筹策划方面的人员在谈判中起到“参谋长”的作用。即一方面根据国家的政策、法令和企业的实际情况，研究确定谈判的内容、规模、程序和策略；另一方面，负责做好谈判组成员之间的协调工作，加强内部团结。当谈判进入僵局时，还要设法找出解决的办法。

金融方面的人员要对谈判中的支付条款负责，在支付方式、结算货币选择等方面向商务人员提出建议。

翻译人员负责口译和笔译的翻译工作，沟通双方的意图，并根据需要配合己方谈判策略的运用。例如，当己方商务人员发觉刚才的发言不妥时，他可以说：“××译员，我刚才所说的原意是……不知你是否翻译准确。”在这种场合，译员应该立即意识到这是己方所采取的补救措施，即使刚才的翻译没错，也应主动地承担责任，比如说：“对不起，我刚才的翻译不太准确，应该是……才对，请原谅。”

以上各类人员虽然在职责上各有分工，各负其责，但在谈判中绝不能“各人自扫门前雪”，而应该服从主谈人员的指挥，相互配合，彼此呼应，形成一个整体共同作战。

要做好谈判组成员之间的相互配合，关键是要处理好主谈人和辅谈人之间的关系。当主谈人进行发言，阐述己方的立场时，辅谈人一为“参谋”——根据自己掌握的材料和经验，提出参考性意见，二为“卫士”——在对方刁难主谈人时，从不同的角度支持主谈人，反击对方的无理要求。

应该指出，谈判小组成员之间的相互配合，不仅在谈判桌上需要，在其他场合也一样需要，这一点我们的谈判人员以往不太注意。例如，有位领导在和外商谈判前，把谈判组成员介绍给对方时说：“这是小李，刚上任的财务科长，大学毕业没几年，没有什么谈判经验，这次带他来长长见识。”这样一来，对方在谈判中对小李的意见就不重视了。如果换一种讲法：“这是李××先生，本厂的财务科长，负责本厂的资金调度，是一个精力充沛、聪明能干的小伙子。”效果就会大不一样。

三、商务谈判人员的思想品德

商务谈判既是一种具有高度原则性、涉及重大经济利益的紧张思维活动，又是一种充满灵活性、机动性、需要有多方面知识才能完成的社交活动。它是谈判人员政治觉悟、道德品格、智慧能力、勇气耐心的集中体现。我国加入 WTO 后，市场竞争日益激烈，对商务谈判人员的素质要求越来越高。

对商务谈判人员思想品德素质的要求主要表现在以下几个方面。

1. 忠于职守、遵纪守法

商务谈判人员不论是代表国有企业、集体企业、民营企业，还是代表国内其他单位或个人进行谈判，或是代表国家参加国际经贸谈判，都必须忠于职守，遵守党纪国法和职业道德，贯彻执行党和国家的方针政策。在当前市场经济条件下，谈判人员在国内谈判中会遇到形形色色的对手，有些对手往往千方百计地施展各种手段，用金钱、女色等卑劣手段进行诱惑、拉拢。所以，谈判人员必须具备良好的思想品德、灵敏的政治嗅觉，自觉抵制各种腐败思想作风的侵蚀。

2. 百折不挠，意志坚定

要在一场重要谈判中取得预期的结果，无异于赢得一场战斗，需要耗费许多心血。商务谈判人员从接受任务开始，就要用心掌握自己和对方的情况，做好一切谈判准备；而在谈判进行过程中又会风云变幻，出现种种困难和障碍。谈判人员一定要有坚强的事业心和高度的责任心，发挥自己的智慧和能力，百折不挠地去克服一个又一个困难，尽心尽力地完成自己承担的任务。

3. 谦虚谨慎，团结协作

商务谈判需要掌握大量的情况和资料，运用多方面的知识和技能。一个人的知识和能力总是有限的，必须依靠谈判组织中的每一个成员以及幕后顾问团的协作和支持，才能把事情办好。所以，无论个人的经验有多丰富，能力有多强，在过去谈判中起的作用如何卓著，都要虚怀若谷，懂得尊重别人。既尊重领导，又尊重左右和下属；既尊重己方人员，也尊重对方成员。谦虚谨慎，宽厚仁爱，把自己真正置于组织之下、群众之中，认真听取有利于实现谈判目标的各种意见和建议，把谈判组织中各类人员的积极性和主动性充分调动起来，就能够克服谈判中面临的各种困难，不断创造出良好的业绩。

4. 诚实无欺，讲求信誉

诚实无欺，是每一个企业经营的基本原则，也是每个谈判者应具备的道德风范，是树立国家和企业良好信誉的基本前提。企业与企业之间的关系，既是竞争的关系，又是相互协作、相互配合的关系，不择手段、尔虞我诈的种种做法在法制健全的市场经济当中是绝对行不通的，是没有前途的。当然，商场如战场，诚实无欺不等于毫无心计，也不等于把自己的底数和盘托出，把谈判的主动权拱手让人。在商务谈判中，为使交易顺利达成，使用暗示、夸大、假动作、声东击西等策略和技巧还是必需的，但前提是无害人之心。

☞ 课堂讨论

由谁来回答？

国际谈判圈中流传着这样一个真实而有趣的故事。1959 年，苏共中央第一书记、苏联部长会议主席赫鲁晓夫与美国总统艾森豪威尔参加了一次首脑会议。喜好辩论的赫鲁晓夫不时向艾森豪威尔提出一些问题，但是军人出身的艾森豪威尔每被问及时，并不马上回答，而是看着他的国务卿杜勒斯，等杜勒斯把一张张便条递过来之后，他才开始作答。相反，当艾森豪威尔向赫鲁晓夫询问一些问题时，赫鲁晓夫却不假思索像演员背诵台词一样地回答对方。赫鲁晓夫对自己的脑瓜儿和口才非常得意，他在后来撰写的回忆录中指出，他既然是大国的领袖，理所当然地应当知道所有问题的答案，不需要旁人指点他如何回答和回答些什么。赫鲁晓夫同时不无讽刺地问道："究竟谁是（美国）真正的最高领袖？是杜勒斯还是艾森豪威尔？"

然而，国际谈判圈中对此却另有评价：艾森豪威尔作为美国代表团团长，事事要听助手的主意才敢作答当然不足为训，但是在个人弱点和国家利益之间，艾森豪威尔却表现了他的睿智和严肃。艾森豪威尔显然明白，他虽然是第二次世界大战战场上的英雄，又贵为当时美国最高的行政首脑，但在外交谈判桌上，他的经验毕竟不如久经外事沙场的国务卿杜勒斯，更何况他所面对的是另一个超级大国的一位能言善辩、集党政大权于一身的领袖人物。艾森豪威尔在谈判桌上听取自己部下的建议，既表现了他求实认真、沉着稳重的统帅作风，也为他争取了思考问题的时间，避免了回答上的差错。

资料来源：夏国政．经贸谈判指南［M］．北京：世界知识出版社，1999．

问题：在小组商务谈判中，面对对方的提问，一定要由己方的最高负责人来回答问题吗？

任务三　商务谈判物质条件准备

任务分析

本任务的学习目标是掌握谈判的物质条件的准备内容与要求，以及同步业务等程序性知识，能用所学实务知识规范商务谈判物质条件准备中的相关技能型活动。

知识准备

商务谈判物质条件的管理工作主要包括三个方面：谈判场所的选择、谈判会场的布置和食宿安排。从表面上看，这同谈判内容本身联系不大，但事实上不仅联系密切，而且关系到整个谈判的发展前途。针对谈判会场的布置在本书中已进行介绍，可观看动画复习回顾。

动画：谈判会场的布置要点

一、谈判场所的选择

谈判场所的选择包括两个方面：一是国家、地区的选择；二是谈判场所的选择。一般说来，前者应以通信方便、交通便利为首要条件；后者的选择要根据谈判性质而定，正式谈判应选择比较安静和方便的场所，非正式谈判则不受限制。

可供选择的谈判场所有三种类型：买方住地、卖方住地和中间地点。

对谈判人员来说，选择不同的场所会产生不同的影响。谈判专家认为，谈判地点不论设在哪一方都各有利弊。

如果谈判地点设在己方办公室、会议室，其优点为：可避免由于环境生疏带来的心理障碍等（这些障碍很可能会影响谈判的结果），获得额外的收获；己方可借“天时、地利、人和”的有利条件，向对方展开攻势，以求对方让步；可以处理谈判以外的其他事情；便于谈判人员请示、汇报、沟通联系；节省旅途的时间和费用。因此，谈判地点在己方，有利于己方优势的自由发挥。就像体育比赛一样，在己方场地举行谈判活动，获胜的可能性就会更大些。一些谈判学家所做的研究也证明了这一点。美国专家泰勒尔的实验表明：多数人在自己家的客厅比在别人的客厅里更能说服对方。这是因为：人们一种常见的心理状态就是自己的“所属领地”里能更好地释放能量与本领，所以成功的概率就高。这种情况也适用于谈判。

如果谈判地点设在对方熟悉的地方，也有其优越性：

（1）可以排除多种干扰，专心致志地进行谈判。

（2）在某些情况下，可以借口资料不在身边，拒绝提供不便泄露的情报。

（3）可以越级与对方的上级洽谈，获得意外收获。

（4）对方需要负担准备场所等其他事务。

正是由于上述原因，在多轮谈判中，谈判场所往往交替更换，这已是不成文的约定。当然，谈判地点在哪一方还取决于许多其他客观因素，如考察生产过程、施工基地、投资所在地的地理环境等。

有时，中间地点也是谈判的合适地点。如果预料到谈判会紧张、激烈，分歧较大，或外界干扰太大，选择中间地点就是上策。总之，不同的谈判场所具有不同的利弊得失。在选择谈判地点时，通常要考虑谈判双方的力量对比、可选择地点的多少和特色、双方的关系因素等。

不论哪一方做东道主，都不应忽视对谈判具体地点的选择。在某种程度上，它直接影响谈判人员的情绪，影响谈判的效果。

选择环境优美、条件优越的谈判地点，并巧妙地布置会谈场所，使谈判者有一种安全舒适、温暖可亲的心理感受，不仅能显示出己方热情、友好的诚恳态度，也能使对方对己方的诚恳“用心”深表谢意，这就为谈判营造出和谐的气氛，可促使谈判获得成功。

一般来讲，谈判场所要环境幽静，不要过于嘈杂和喧闹，通信设施要完备，要具备一定的灯光、通风和隔音条件。最好在举行会谈的会议室旁边备有一两间小房间，以利谈判人员协商机密事情。医疗、卫生条件及安全防范工作要好。

主要谈判场所应当整洁、宽敞、光线充足，也可以配备一些专门的设施，供谈判人员挂图表或进行计算。除非双方都同意，否则不要准备录音设备。经验证明，录音设备有时对双方都会起到副作用，使人难以畅所欲言。

谈判会场的布置及座位的安排在商务谈判的礼仪中已经介绍，不再赘述。

❖ 实例分析

朝核问题六方会谈的会场

2006 年 7 月 25 日距朝核问题六方会谈重开只有不足 24 小时，北京钓鱼台国宾馆芳菲苑一层大宴会厅上方的 9 盏木制宫灯已全部测试完毕。会场布置已进入收尾阶段，在能容纳千人的会场中央，谈判桌围成一个正六边形，上覆墨绿色台布，六边形谈判桌中间空地上摆放的，不是五颜六色的鲜花，取而代之的是持续时间更久、朴实无华的马蹄莲和绿叶植物，使整个会场的气氛显得更加肃静庄重，与本轮六方会谈的环境似有共通之处。与前三轮会谈一样，作为东道主的中国代表团依然坐在面向正南的位置。从这里看去，会场的全景以及落地窗外的葱翠景致一览无余。美国代表团依旧坐在中国代表团对面。中国代表的西侧依次是韩国、俄罗斯代表团，东侧则是日本和朝鲜代表团。

会场内的布局还是有一些细微变化。首先，各代表团的座席数都增加了。每个代表团主要会谈人员的座位由上次的5个增加到6个，而且主谈人员身后的座席也增加到了15个，分前后两排。大厅两侧也增加了不少沙发，分成四组，各自围成一圈。据工作人员介绍，这是供分组讨论时代表们休息使用的。其次，谈判桌上已整齐地摆放着印有“北京六方会谈”中英文烫金字样的文件夹和大小两种便签，印刷质量比前几轮会谈更加精致。会场上，数米高的门板和落地窗被一遍又一遍地擦拭过，桌上的矿泉水被一丝不苟地摆在同一直线上。管理人员对服务员的发型都提出了严格的要求。所有这些细节，无一不体现出中方为会谈创造良好气氛与对话平台的诚意。

大宴会厅内的音响、灯光、消防、安全等全部准备工作均已在24日晚就绪，会谈现场对外界封闭，实行严密的安保措施。

资料来源：王景山．商务谈判［M］．北京：北京理工大学出版社，2007.

案例分析：朝核问题六方会谈的会场布置有哪些经验可以学习？

二、食宿安排

谈判是一种艰苦复杂、耗费体力、精力的交际活动，因此，食宿安排也是会谈的内容。东道主一方对来访人员的食宿安排应周到细致、方便舒适，不一定要豪华、阔气，按照国内或当地的标准条件招待即可。许多外国商人、特别是发达国家的客商十分讲究时间、效率，反倒不喜欢烦琐冗长的招待仪式。但是，适当组织客人参观游览、参加文体娱乐活动也是十分有益的。它不仅可以调节客人的旅行生活，也是增进双方私下接触、融洽双方关系的一种有益形式，有助于谈判的进行。

任务四　商务谈判方案制定

任务分析

本任务的学习目标是掌握拟订谈判方案应概括的内容与要求、各层次谈判目标的内容与要求、谈判中需要估量的问题等程序性知识，能用所学实务知识规范商务谈判方案制定中的相关技能型活动。

知识准备

谈判方案是指在谈判开始前对谈判目标、谈判议程、谈判对策预先所做的安排。谈判方案是指导谈判人员行动的纲领，在整个谈判过程中起着重要的作用。

一个好的谈判方案必须简明、具体、灵活。谈判方案应尽可能简明，以便谈判人员记住其主要内容与基本原则，能根据方案的要求与对方周旋；但谈判方案简明必须也与谈判的具体内容相结合，以谈判的具体内容为基础，否则会使谈判方案显得空洞和含糊；谈判方案还必须有弹性，使谈判人员能在谈判过程中根据具体情况灵活掌握应用。

谈判方案主要包括谈判目标、谈判议程、谈判策略等方面的内容，如图 5-3 所示。

图 5-3　谈判方案的内容

一、谈判目标的确定

谈判目标指己方参加谈判的目的，一般可分为三个层次：必须达到的目标、可以接受的目标、最高目标。必须达到的目标是指己方在商务谈判中的最低目标；可以接受的目标是指在谈判中可以努力争取或者作出让步的范围，谈判双方的讨价还价拉锯战多在这个范围内展开；最高目标是指己方在谈判中追求的最理想的目标。在谈判过程中，最高目标在必要时可以放弃，可以接受的目标只有在万不得已的情况下才考虑放弃，必须达到的目标则宁肯谈判破裂，也不能放弃。买卖双方谈判目标的相互关系，如图 5-4 所示。

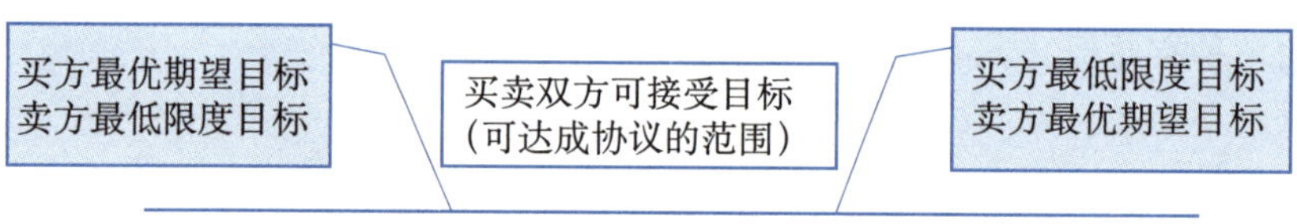

图 5-4　买卖双方谈判目标的相互关系

二、谈判议程的安排

谈判议程即谈判的议事日程。它主要是说明谈判时间的安排和双方就哪些内容展开谈判。

（一）谈判的时间安排

要确定谈判在何时举行，为期多久。若是一系列的谈判需要分阶段进行，还应对各阶段的谈判时间作出安排。

谈判时间的安排是否恰当，有时会对谈判结果产生很大的影响。例如，一个谈判小组在长途跋涉、喘息未定之时，马上投入紧张的谈判，很容易因为舟车劳顿而导致精神难以集中，记忆和思维能力下降而误入对方圈套。所以，应对选择谈判时间给予足够的重视。

一般来说，在选择谈判时间时，要考虑下面几个方面的因素：

1. 准备的充分程度

俗话说“不打无准备之仗”，在安排谈判时间时也要注意给谈判人员留有充足的准备时间，以免到时仓促上阵。

2. 谈判人员的身体和情绪状况

谈判是一项精神高度集中、体力和脑力消耗都比较大的工作，要尽量避免谈判人员在身体不适、情绪不佳时进行谈判。

3. 谈判的紧迫度

尽量不要在自己急于买进或卖出某种商品时才进行谈判；如避免不了，应采取适当的方法隐蔽这种紧迫性。

4. 考虑谈判对手的情况

不要把谈判安排在对对方明显不利的时间进行，因为这样会招到对方的反对，引起对方的反感。

（二）谈判议题的确定

要确定进行谈判的事项，其先后次序以及每一事项所占用的时间。

凡是与本次谈判有关的、需要双方展开讨论的问题，都可以成为谈判的议题。应将与本次谈判有关的问题罗列出来，然后再根据实际情况，确定应重点谈判哪些问题。

安排谈判问题先后顺序的方法是多种多样的。可以先安排讨论一般原则问题，达成协议后，再具体讨论细节问题；也可以不分重大原则问题和次要问题，先把双方可能达成协议的问题或条件提出来讨论，然后再讨论有分歧的问题。应根据具体情况来选择采用哪一种方法。

至于每个问题安排多少时间来讨论才合适，应视问题的重要性、复杂程度和双方分歧的大小来确定。一般来说，对重要的、较复杂的、双方意见分歧较大的问题，安排的时间应该多一些，以便让双方有充足的时间就这些问题展开讨论。

谈判议程的安排与谈判策略、谈判技巧的运用有着密切的联系，从某种意义上讲，安排谈判议程本身就是一种谈判技巧。因此，要认真检查议程的安排是否公平合理，如果发现不当之处，应该提出异议，修改议程。

三、谈判对策的选择

谈判桌上风云变幻，任何情形都会发生，而谈判又是有时间限制的，不容许无限期地拖延谈判日程。这就要求在谈判前应对整个谈判过程中双方可能做出的一切行动作正确的估计，并选择相应的对策。

为了使预计目标更接近实际情况，在谈判开始前，可组织有关人员根据本次谈判的外部环境（如政治、经济、法律、技术、时间、空间等），双方的具体情况（如谈判能力、经济实力、谈判目标等），对谈判中双方的需要、观点，以及对对方某项建议的反应等问题进行讨论，并针对不同的情况选择相应的对策。

当然，任何一种估计都可能是错误的，这就要求我们不仅在分析、讨论问题时，必须以事实为依据，按照正确的逻辑思维来进行决策，而且在谈判过程中，也要注意对谈判对手的观察和对谈判形势进行分析判断，对原定的对策进行印证和修改，结合具体情况灵活运用谈判对策，才能收到理想的效果。

❈ 实例分析

谈判方案示例

甲方：芜湖××科技有限公司（主方）
总经理：×××（组长）
销售总监：×××
财务经理：×××
公关部经理：×××

乙方：安徽××有限责任公司（客方）
总经理：×××（组长）
财务总监：×××
市场总监：×××
技术总监：×××

谈判时间：××××年××月××日

谈判地点：芜湖国际会议中心×号会议室

一、谈判双方公司背景

甲方公司分析（略）

乙方公司分析（略）

二、谈判的主题及内容

1. 经销 MP3、MP4 两种数码电子产品，不同型号的价格、数量，主要是价格的折扣情况。

2. 货物的结算时间及方式。

3. 定金的支付，违约的赔偿问题。

4. 促销措施及奖励。

三、谈判目标

（一）谈判对象

以对我公司（主方）最有利的条件代理经销 MP3、MP4 两种数码电子产品：价格合理，所经销的 MP3、MP4 两种数码电子产品型号符合消费者使用需求。

（二）奖励办法及促销活动方案

1. E3 和 X3 型号的 MP3（不论内存）月销售量达到 200～300 台的，超出部分每台返 3%的现金；月销售量达到 300～350 台的，超出部分每台返 50 元的现金；月销售量超过 400 台的，超出部分每台返 8%的现金。

2. Mini Player 月销售量达到 150～250 台的，超出部分每台返 5%的现金；月销售量达到 250 台以上的，超出部分每台返 80 元的现金。

3. 月销售量持续三个月达到 200 台以上的，除被评为魅力族 4S 形象店之一外，还将受到本公司的额外奖励：现金 5 000 元。

（三）厂家支持

1. 旺季（1—3 月，7—9 月）：9 折优惠，送耳机（充电套装＋精美水杯＋时尚 T 恤）。

2. 国庆、元旦、春节：88 折，送耳机＋充电套装/（精美水杯＋时尚 T 恤）。

3. 淡季：送充电套装＋精美水杯＋时尚 T 恤。

4. 各种型号的 E3、X3 及 Mini Player 送原装耳机及线控。

四、谈判形式分析

（一）我方优势分析

1. 全国75家有名代理经销商排名第37名，×××年度安徽信誉联保金牌单位前10名，安徽守合同重信用企业，信誉好，实力强，公司产品对消费者具有很大吸引力，消费者需求市场大。

2. 作为代理经销商，自由选择权大。我公司作为多家数码电子产品代理经销商，代理经销谁的产品，选择权在我们手中。

（二）我方劣势分析

我方作为数码电子产品代理经销商，在安徽市场中，有多家实力雄厚的公司与我公司进行竞争，比较有名、实力雄厚的数码电子产品代理经销商就有安徽×××科技有限公司、合肥××科技有限公司等。

（三）我方人员分析

×××：洞察力强，看问题比较冷静，擅长沟通谈判艺术，是本次谈判的关键人物。

×××：注重细节，性格开朗，我公司的核心人物之一，具备较强的销售经验。

×××：办事认真负责，有较强的逻辑分析能力，具备较高的管理财务素质。

×××：心思细腻，熟悉国内外相关法律程序，有利于双方合同的规范签署。

（四）客方优势分析

1. 安徽××有限公司，是一家以研发和生产高品质的MP3系列随身听为主的高新企业，是目前国内屈指可数的有自主研发能力的MP3企业之一。经过高速发展，其魅力族MP3正在被越来越多的消费者了解、接受、认可和喜爱，产品已远销日本、瑞典等国家。在2004年度《微型计算机》MP3产品评选中，魅力族E2获得MP3播放器三个编辑推荐奖之一，也是获奖的唯一国产MP3。产品多次获得各类专业媒体的高度评价及相关奖项，“魅力族”这一品牌也被《人民日报》评为“中国消费者十大满意品牌”。

2. 在国内率先采用SIGMATEL3520、飞利浦PNX0102顶级解码芯片，以及KDS的晶振、TDK高精度阻容件、AVX钽电容、GE的塑料等国际一流元件作为产品原材料。

3. 公司拥有强大的研发队伍及先进的技术设备，以高起点的技术及产品定位、准确的市场定位、强劲的创新力，持续保持着高速的成长与发展态势。

（五）客方劣势分析

1. 国内外MP3、MP4品牌竞争激烈。纽曼、苹果、蓝魔、海尔、飞利浦等知名国内外品牌都在与之竞争。中国作为一个拥有13亿人口的大国，最终消费者和潜在的消费者具有强大的吸引力，国内外知名品牌纷纷依托自己产品的优势抢住中国市场，有望在中国市场占有自己的一席之位。

2. 作为国内知名企业，产品的售后服务体系与其他国外知名企业差距大，有待加强，产品维修一般都要到特许或指定维修点。

（六）客方人员分析

×××：统筹全局能力强，思维严密，亲和力强，头脑灵活，是一位合格的将才。

×××：熟悉MP3行业，市场经验丰富，看问题善于抓住本质。

××.×：性格友好，在气氛紧张的时候缓解紧张局面，遇事冷静。

×××：办事果断干练，言辞犀利，雷厉风行，典型的女强人风格，但遇事不冷静。

五、相关产品的资料搜集

（一）××有限公司介绍（略）

（二）××科技有限公司介绍（略）

（三）上述公司相关产品介绍（略）

（四）对方公司产品介绍（略）

六、谈判的方法及策略

（一）谈判方法

把横向谈判和原则型谈判相结合。在谈判过程中，在确定谈判所设计的主要问题后，模拟谈判的议题全部横向展开，多项议题同时讨论。在立场上可以软硬兼施。

（二）谈判策略

1. 突出优势

对对方立场、观点都有初步的认知后，再将自己在此次谈判事项中所占有的优、劣势及对方的优、劣势，进行严密周详的列举，尤其要将己方优势，不管大小新旧，应全盘列出，以作为谈判人员的谈判筹码。而己方劣势，当然也要注意，以免仓促迎敌，被对方攻得体无完肤。

2. 模拟演习

就是将各种可能发生的状况，预先模拟，以免实际遭遇时手忙脚乱，难以控制战局。在了解优、劣后，就要假想各种可能发生的状况，预作策划行动方案。小至谈判座位的摆放都要详加模拟。

3. 底线界清

通常，谈判时，双方都带攻击性，磨刀霍霍，跃跃欲试。双方只想到可以“获得多少”，却常常忽略要“付出多少”，忽略了谈判过程中己方要让步多少，方可皆大欢喜。所以，在谈判前，务必要把己方的底线界清：可让什么？要让多少？如何让？何时让？为何要让？先行厘清，心中有数。否则，若对方咄咄逼人，己方束手无策任由对方宰割，那就失去了谈判的本意。

4. 了解对手

孙子兵法的“知己知彼，百战不殆”众所皆知。谈判前，了解对方的可能策略及谈判对手的个性特质，对谈判的圆满完成将有莫大助益。如果谈判对手喜欢打球，不妨在会谈前寒暄，着意提及，将对方的戒备敌意先行缓和，若有时间，更可邀约一起运动，以培养宽松的谈判气氛。须知球场就是另一张谈判桌，有助于谈判达成。

5. 随机应变。战场状况，瞬息万变，谈判桌上需随机应变。虽说诸葛亮神机妙算，但人算不如天算，总有考虑欠周、失算之处。谈判时，出现对手突有神来一笔、超出己方假设状况时，己方人员一定要会随机应变，见招拆招。实在无法招架、手忙脚乱时，先施缓兵之计，再图谋对策，以免当机立“断”——断了自己的后路。

6. 埋下契机

双方若不能达成相当程度的圆满结果，谈判面临破裂之际，也无须逞一时口舌之快，伤了双方和气。双方若是撕破脸，以后要达成再谈判的境界，虽非不可能，但也要颇费周章、好事多磨了。买卖不成仁义在，双方好聚好散，好为下回谈判埋下契机。

七、谈判的风险及效果预测

（一）谈判风险

1. 对方可能会在谈判中凭其优势地位不肯在价格上让步，我方必须发挥自身优势和经销商的身份迫使其做出让步。

2. 谈判中对手可能会对我方采取各种手段和策略，让我方陷入困境，对此我方必须保持头脑清醒，发挥有耐心的优势，冷静而灵活地调整谈判策略。

（二）谈判效果预测

双方以合理的条件取得谈判的成功，实现双赢，双方能够友好地结束谈判，获得成功，实现长期友好合作。

八、谈判预算费用

谈判预算费用如下：

项目	金额（元）
车费	200
住宿费	1 000
饮食费	1 000
电话费	200
旅游礼品费用	1 000
合计	3 400

九、谈判议程

（一）双方进场

（二）介绍本次会议安排与与会人员

（三）正式进入谈判

1. 介绍本次谈判的商品型号、数量等情况。

2. 递交并讨论代理销售协议。

3. 协商一致货物的结算时间及方式。

4. 协商一致定金的支付，违约的赔偿办法及法律责任。

（四）达成协议

（五）签订协议

（六）预付定金

（七）握手祝贺谈判成功，拍照留念

（八）设宴招待，谈判圆满成功

十、备选方案（略）

资料来源：张玉涛．商务谈判理论与实务［M］．上海：上海交通大学出版社，2018.

案例分析：分析一份完整的商务谈判方案是如何制定的。

项目小结

1. 介绍了商务谈判前调查的目的、要求与内容，并介绍了信息资料的搜集方法与途径。

2. 商务谈判的组织与人员的准备、物质条件的准备及商务谈判方案制定的方法与技巧。

3. 从某种意义上说，谈判准备工作的充分与否将直接影响到谈判能否成功。为了成功地进行商务谈判，必须充分做好谈判前的各项准备工作。

练习与实战演练

一、单选题

1. 谈判小组成员的归属感是指（　　）。

A. 小组成员群体利益的认识　　B. 谈判者个人能力的发挥

C. 小组成员在群体中扮演的角色　　D. 成员自我认识的群体形象

2. 在准备谈判时，你认为应该选择的目标是（　　）。

A. 难度很大的目标　　B. 比较适合的目标

C. 很难实现的目标　　D. 容易实现的目标

3. 你认为谈判目标中的最优期望目标、可接受目标、最低限度目标划分的主要作用是（　　）。

A. 使谈判目标更具有弹性　　B. 保证达成最终协议

C. 使目标制定者心中有数，让步合理　　D. 以应付不同类型的谈判者

4. 在交易中，比较实用和方便的信息获取方式是（　　）。

A. 案头调查　　B. 直接调查

C. 样品调查　　D. 由专门机构提供的付费调查

5. 你认为小组谈判的最大优势是（　　）。

A. 更多人承担责任　　B. 发挥集体优势

C. 合同履约率高　　D. 避免了个人决策

二、思考题

1. 商务谈判前应该做好哪些准备工作？

2. 商务谈判前调查研究的目的是什么？调查研究的内容包括哪些？

3. 假如你是谈判组负责人，怎样选择谈判地点？试说明理由。

4. 谈判目标一般可分几个层次，分别都是什么？

三、实战演练

【实战 1】谈判信息的调查

任务：商务谈判信息调查能力训练。

组织方式：全班按每组 4～6 人组建项目团队，以团队为单位进行。

内容：若你校准备建设 8 个 100 人的多媒体教室，由你负责该项目的谈判工作。A 公司是第一次与你校做交易，你校准备购买 A 公司的产品，领导要求你搜集有关的谈判信息，你需要搜集哪些信息？通过哪些渠道搜集？对这些信息怎样进行分析、整理呢？

时间安排：每组限时 5 分钟陈述、质疑、答辩。

评价方式：各组互评打分，老师评析。

【实战 2】应该听客户的吗？

任务：商务谈判信息调查能力训练。

组织方式：全班按每组 4～6 人组建项目团队，以团队为单位进行。

内容：你和销售部门的同事去深圳拜访客户并争取订单。途中顺便拜访北京、上海和广州的客户，北京的客户告诉你："你们的报价过高。"上海的客户说："我们可以买到比你们的产品更便宜的产品。"广州的客户也说："经销你们的产品利润太小，正在与同类生产商联系经销事宜。"你们所得到的客户们的反应对你们都是不利的，面对这种情况你选择怎么办？为什么？

1. 立即与公司联系、汇报，说明此行计划可能出了问题，望公司给予答复。

2. 按原计划继续拜访深圳客户。

3. 要求公司降低计划价格。

4. 取消去深圳的行动计划，重新制订计划。

时间安排：每组限时 5 分钟陈述、质疑、答辩。

评价方式：各组互评打分，老师评析。

【实战 3】如此安排谈判人员？

任务：商务谈判人员组织能力训练。

组织方式：全班按每组 4～6 人组建项目团队，以团队为单位进行。

内容：某县一饮料厂欲购买意大利橘汁饮料生产技术与设备。派往意大利的谈判小组包括以下 4 名核心人员：该厂厂长、该县主管工业的副县长、县经委主任和县财办主任。

问题：

1. 如此安排谈判人员说明谈判带有何种色彩？

2. 如此安排谈判人员理论上会导致什么样的后果？

3. 应如何调整谈判人员？

4. 作上述调整的主要依据是什么？

时间安排：每组限时 5 分钟陈述、质疑、答辩。

评价方式：各组互评打分，老师评析。

【实战 4】布置谈判场地

任务：商务谈判物质准备能力训练。

组织方式：全班按每组 4～6 人组建项目团队，以团队为单位进行。

内容：若你是某公司的谈判人员，领导安排你布置谈判场地，你需要做哪些工作？

时间安排：每组限时 5 分钟陈述、质疑、答辩。

评价方式：各组互评打分，老师评析。

【实战 5】制定谈判方案

任务：商务谈判方案编写能力训练。

组织方式：全班按每组 4～6 人组建项目团队，以团队为单位进行。

内容：若你是某公司的谈判人员，国外 A 公司是第一次与你公司做交易，准备购买你公司的产品，领导要求你搜集有关的谈判信息，你需要搜集哪些信息？通过哪些渠道搜集？对这些信息怎样进行分析、整理？请你写出一种方案来。

时间安排：每组课后完成，第二次上课提交。

评价方式：各组互评打分，老师评析。

项目六

商务谈判的开局

学习目标

知识目标：了解谈判开局阶段及开局目标。领会开局目标的设计、表达与实现。掌握营造谈判开局气氛的重要性。领会高调气氛、低调气氛与自然气氛的不同表现。掌握营造不同谈判气氛的具体条件。

能力目标：能根据商务谈判任务进行谈判开局的设计。能规范进行商务谈判开场陈述。具备营造良好谈判开局气氛的能力。

动画：汤姆的一天

案例导入

汤姆的一天

A公司有一个客户代表叫汤姆，该公司上午九点钟和CB制造公司的CEO卡特·格林有一个约会。汤姆被任命为和CB公司联系的负责人，他在今后的几个月时间都会在CB公司工作。汤姆感到很荣幸，他暗自希望能够通过这样的工作，被任命到一个更高的职位。因为他是作为A公司的代表到CB公司去工作的。

在一个下着雨的早晨，汤姆要和卡特进行第一次会晤。汤姆在九点零一分的时候赶到了前台，浑身湿漉漉的，上气不接下气地说：“嗨，卡特先生在吗？我们有个约会。”前台冷冷地看了他一眼，说：“卡特先生在等你，请跟我来。”汤姆一手拿着雨伞，一手拿着公文包，进了卡特的办公室。卡特起身出来迎接他，这时卡特看到汤姆手里拿着雨伞，他又把前台叫进来，让她把滴水的雨伞拿出办公室。汤姆发现这位卡特先生穿得比他要正式得多，接着他们就握手了。汤姆随后说：“我花了很大工夫才找到地方停车。”卡特说：“我们公司楼后就有一块公司专用的停车场。”汤姆说：“哦，我不知道。”汤姆拽出一把椅子，坐在卡特的书桌旁边，并打算从公文包中拿出资料。他一边拿资料一边说：“卡特，非常高兴认识你，看来我们将会有很多时间合作，我有一些关于产品方面的主意。”卡特先生停顿了一下，好像拿定了什么主意似的，说：“好吧，我想你还是主要和我们的部门经理凯思女士打交道吧。我现在就叫她进来，你们两个可以开始谈了。”

资料来源：辛诚．商务谈判理论与实务［M］. 北京：中国传媒大学出版社，2010.

➡**案例分析：**

这是汤姆去拜访 CB 公司 CEO 卡特先生的一个过程，请问哪些地方出了问题？

思维导读

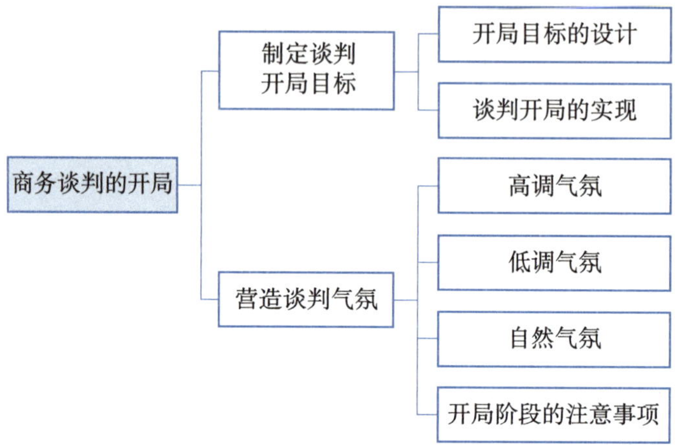

任务一　制定谈判开局目标

任务分析

本任务的学习目标是领会谈判开局目标的设计、表达与实现。能根据商务谈判任务进行谈判开局的设计。能规范进行商务谈判开场陈述。

知识准备

商务谈判的开局，是指谈判双方第一次见面后，在讨论具体、实质性的谈判内容之前，相互介绍、寒暄以及就谈判具体内容以外的话题进行交谈的阶段。谈判开局是双方刚开始接触的阶段，是实质性谈判的序幕。谈判开局的好坏将直接左右整个谈判的格局和前景。

开局阶段所占用的时间较短，讨论的内容除阐明议题与有关程序外，大多与谈判的主题关系不大或根本无关。但是，这个阶段却很重要。“良好的开端是成功的一半。”开局阶段是为整个谈判奠定基础的阶段。经验表明，这个阶段所创造的特定的谈判气氛会对整个谈判过程产生重要的影响和制约作用。谈判者在开局阶段的基本目标和任务就是为谈判创造一个合适的谈判气氛，为后续的谈判工作打下良好的基础。有经验的谈判人员都会充分重视和利用谈判开局，创造对己方有利的谈判气氛，从而引导整个谈判的发展方向和左右整个谈判的格局，最终实现己方的谈判目的。

一、开局目标的设计

开局目标是一种与谈判的终极目标紧密相连而又相互区别的初级目标。开局阶段工作的好坏会引导整个谈判发展的方向，谈判人员对开局目标的设计、表达与实现会对谈判终极目标的最终实现发挥深远的影响。在谈判的开局阶段，谈判人员的基本目标是创造特定的谈判气氛，使谈判各方在开谈之初就密切配合，并且心平气和地来阐述各自的基本立场和观点，从而为谋求一致，达到各自的谈判终极目标利益奠定良好的基础。因此，对各种各样的谈判气氛的设想、选择，就是对开局目标的设计。

（一）开局目标的设计及意义

在商务谈判的开局阶段，一方面，谈判者初次接触，一开始往往存在相互提防与戒备的心理，谈判气氛呈现不活跃的消极状态。另一方面，在整个谈判过程中，谈判人员往往对于表示热情、友好与诚恳、合作的谈判意愿是欢迎的，而对于那些表现出攻击迹象或对抗态度的谈判意愿非常敏感和警惕，并随时准备自卫和反击，客观上要求谈判双方人员在开局之初就做出共同的、积极的努力，创造出一种有利于谈判进展的建设性的谈判气氛。因此，通常情况下，谈判者都把力求实现双方坦诚合作、互谅互让、积极创造和维护融洽的谈判气氛作为谈判开局目标设计的方向。

动画：保留式开局策略

当然，客观上由于谈判双方经济实力和谈判人员能力的不同，以及谈判双方的要求和态度的不同等多种原因，都将可能导致谈判各方对各自开局目标设计的差异性。比如说，谈判双方的经济实力和谈判能力相当，各自又都抱有良好的主观愿望，态度认真坦诚，表现出求大同存小异的意向和态度，彼此都以大局为重，决心共同实现各自的差异化的需要，这就应把创造和谐的谈判气氛作为谈判开局的目标。但是，如果双方经济实力、谈判能力悬殊，且对方企图先发制人，以强凌弱，那么作为弱者的谈判一方就应把平等对话、平等协商的谈判气氛作为谈判开局的目标。

在谈判活动的客观实践中，谈判气氛的类型与特点多种多样，不同的谈判氛围适用于不同的谈判环境。谈判人员应根据实现谈判终极目标利益的需要，结合现实谈判环境条件针对性地设计谈判开局目标，设定有利于实现己方谈判利益的特定的谈判开局气氛，谋取谈判的主动权和控制权，从而引导整个谈判活动朝有利于己方目标和利益的方向发展，最终获得谈判的成功。

（二）开局目标设计的策略方法

从特定的谈判终极目标和具体的谈判环境条件出发，可以采取优势定位法、均势定位法和劣势定位法。谈判开局目标设计的三种策略方法，如图 6－1 所示。

针对优势定位法、均势定位法和劣势定位法分析适用的条件、谈判人员在开局阶段的要求及注意事项的要点，见表 6－1。

1.优势定位法
- 优势定位法是商务谈判的一方在谈判开局阶段把创造平等坦诚、互谅互让的谈判气氛作为己方的开局目标的策略方法。

2.均势定位法
- 均势定位法是商务谈判的双方在谈判开局阶段把创造和谐的洽谈气氛作为双方的开局目标的策略方法。

3.劣势定位法
- 劣势定位法是商务谈判的一方在开局阶段把先追求平等对话、后创造友好气氛作为己方的开局目标的策略方法。

图 6－1　开局目标设计的策略方法

表 6－1　不同定位法的运用

	适用的条件	谈判人员在开局阶段的要求	注意事项
优势定位法	1. 商务谈判双方的实力对比悬殊，我方为强方。 2. 双方谈判的主谈人的谈判能力存在明显差异。 3. 双方本次交易的需求愿望不对等，对方有较急迫的利益要求。	1. 在热烈友好氛围下交往，谈判的东道主应有主人的风度。 2. 态度平和、诚恳、真挚，作为强者的己方不以势压人、倚强凌弱。 3. 在商谈中心议题前交流思想，双方努力适应彼此需要。 4. 建立认真的工作气氛，交谈的内容应带事务性。	1. 主动地创造积极的谈判气氛。 2. 在行为举止上要尽量表现出豁达大度。 3. 引导对方按我方设定的目标思维并采取行动。 4. 密切注意对方的策略定位，谨防对方“反向行动”给我方造成的不利。
均势定位法	1. 商务谈判双方的经济实力相当，主谈人的谈判能力差别不大，双方呈均势状态。 2. 谈判双方各自又都有良好的主观愿望，谈判的态度认真坦诚。 3. 双方已表现出初步的求大同存小异的意向或承诺，决心适应彼此需要。	1. 坚持不让小事、枝节问题改变根本决策或破坏大局。 2. 明确谈判双方的共同利益。 3. 保持谈判双方的均势状态。	1. 清醒认识并保持谈判双方的均势。 2. 努力为实现利益均沾的目标创造和谐气氛。 3. 提防谈判一方打破平衡，恶化谈判气氛的企图。
劣势定位法	1. 商务谈判双方的实力对比悬殊，在经济实力、企业背景、谈判能力等方面，我方均为弱方。 2. 常常以对方为主场谈判，我方为客场谈判。 3. 双方需求不对等，我方需求愿望强烈。 4. 对方已表现出企图先发制人、以强凌弱的态势。	1. 我方只能先追求双方能平等对话。 2. 争取创造友好谈判气氛作为己方的开局目标。	1. 理智地规范己方开局阶段的行为。 2. 情、理、利“三管齐下”，追求双方平等对话。 3. 积极主动地调节对方的言行。

二、谈判开局的实现

开局目标设定和表达之后，还要选择适当的方法，最终实现或基本实现开局目标。同时，在商务谈判后续的各个阶段，还要通过双方的共同努力，努力维护和维持开局目标。

(一) 谈判开局的实现及意义

谈判开局的实现，是谈判者通过运用一定的策略方法，最终形成或实现特定的、适合谈判开局目标要求的谈判开局气氛。任何商务谈判开始时，双方谈判人员的心态，可以说是在有保留的热诚到隐含敌意的幅度内变动。究竟是热诚还是敌意，双方刚一接触便形成的第一印象有重要的作用。在开局阶段，谈判人员在相互交往中，对对方的表情、目光、姿态等动作语言和口头语言做出初步评价，形成对对方的第一印象，它输入谈判人员的大脑，使之受到相应的刺激。这种刺激反过来又会形成不同的情绪，从而决定大脑兴奋的程度、思维活动的频率，并产生不同的心态和情绪。这些心态和情绪又会依其性质的不同反馈回来，使谈判人员在谈判中表现出或信心十足，富于安全感、成就感，或疑虑重重，保持戒备甚至怀有敌意。在一定环境中谈判人员究竟反映出何种情绪，表现出何种心态，完全取决于构成这一环境的各种因素所造成的刺激的性质及刺激信号的强弱。

应该看到，在商务谈判的开局阶段，绝大多数的谈判人员都是抱着通过谈判来达到己方合理收益的目的而相互接触的。理想的、建设性的谈判气氛有助于谈判活动的顺利进行，沉闷冷淡的气氛会给谈判活动的开展增加阻力。可是，要实现开局目标，创造一种理想的、建设性的谈判气氛，则要求所有参加谈判活动的人员，自觉地把自己看作谈判环境的一部分。在商务谈判的全过程，尤其是在开局阶段，及时、准确地揣测对方的心理，巧妙地以恰如其分的信号刺激对方。经双方努力，在谈判的开局阶段就渲染烘托起热烈、友好、诚挚、和谐的谈判气氛，最终实现谈判的开局目标。

☞ **课堂讨论**

开局导入

导入是从步入会场到寒暄结束的这一阶段。导入的时间虽短，但其作用却很大。为了便于双方接触，一般以站立交谈为好。虽然每个人的行为方式、个性特征各不相同，但是从总体要求上应注意以下几个方面：

(1) 入场。径直走向会场，表情自然，以开诚布公、友好的态度出现。

(2) 握手。应掌握握手的力度、时间与方式，亲切郑重。

(3) 介绍。可以自我介绍，也可以由双方的主谈人向对方介绍己方的谈判人员。

(4) 问候、寒暄。语言、语气亲切、和蔼、轻松自如，为创造良好的气氛，可适当谈一些大家都感兴趣的中性话题。

问题：你能掌握正确的开局导入方法吗？

(二) 谈判开局实现的策略方法

在开局阶段，双方谈判人员从见面入座、开始交谈，到话题进入实质性内容之前，要创造出理想的、建设性的谈判气氛，通常选用的策略方法如下。

微课：中性话题实施法

1. 中性话题实施法

中性话题实施法是指以与谈判正题无关又无害的话题开场，促使谈判双方情感上的接近、融洽，实现开局目标的策略方法。中性话题实施法适用于绝大多数的商务谈判场合。谈判开始，为什么适宜于选择中性话题开场？这是因为中性话题的谈论容易引起谈判双方感情的共鸣，给彼此间的续谈提供了方便，便于双方通过语言的交流迅速实现情感上的融洽。商务谈判人员通常选用的中性话题：气候季节、旅途的经历、热门话题、名人轶事、爱好和兴趣、共同熟悉的人员、成功的合作经历、轻松的玩笑等。

❖ 实战训练

演示中性话题的开局

实操演示：开局

甲方：贵公司远道而来，一路辛苦了，想必是第一次来到我们这座城市。

乙方：是啊，** 城市我们闻名已久，今天前来一看果然不同凡响。能和您公司进行合作洽谈我们也深感荣幸。

甲方：好的，下面我们彼此介绍一下各自的生产、经营、财务和商品的情况，您看如何？

乙方：完全可以，如果时间、情况合适，我们可以达成一笔交易，您会同意吧？

甲方：完全同意。我们谈半天如何？

乙方：估计介绍情况一个小时足够了，其他时间谈交易条件，如果进展顺利，时间差不多，行。

甲方：那么，是贵方先谈，还是我方先谈？

乙方：随便，就请您先谈吧。

可见甲乙双方已就进度等方面达成一致意见。

要求：模拟甲乙双方在谈判刚开局时的一段简单交谈，实现顺利开局。可在交谈时利用不同内容的中性话题进行模拟。

动画：一致式开局策略

2. 坦诚实施法

坦诚实施法是指用坦白率直、开诚布公的态度与谈判对方交谈，向对方表露己方的真实意图，以取得对方的理解和尊重，赢得对方的通力合作，实现开局目标的策略方法。

商务谈判的成功，不仅取决于双方在谈判时所处的背景和形势，还取决于谈判者人为制造的交往关系的密切程度。就一般的看法而言，谈判者之间不可能完全相互信任，总会存在猜疑。谈判老手的高明之处不在于企图消除这种猜疑，而是巧妙地利用人所共有的希望他人支持自己的观点、赞同自己的主张的人际交往的心理，创造感情上的相互接近，取得对方的尊重和信任，使对方甘愿从友好的方面进行猜测。坦诚相待正是获得对方理解和尊重的好方法。在谈判双方实力与需求大体对等，或双方原来就有良好的合作关系，以及双方主谈人的性格气质大体相近的情况下，对开局目标的实现通常采用坦诚实施法。

3. 幽默实施法

幽默实施法是指借助形象生动的媒介、风趣幽默的语言风格与对方交谈，以打破对方的戒备心理，引起对方的好感和共鸣，实现开局目标的策略方法。

幽默是具有智慧、教养和道德上优越感的表现。幽默的谈吐是一个人的思想、学识、智慧和灵感在语言运用中的结晶，也是谈判交际语言的"味精"和"润滑剂"。在商务谈判的开局阶段以至其后各阶段采用幽默实施法，可以使谈判气氛轻松活跃，提高双方人员谈判或继续谈判的兴致，或者至少可以使谈判者紧张的情绪得到有效的缓解；可以使冷淡、对立、紧张、一触即发的谈判气氛变为热烈、积极、友好、和谐的谈判气氛；可以使对方不失体面地理解、接纳、叹服你的劝慰，接受你的观点；可以帮助在谈判中已经处于不利的一方巧妙地摆脱困境；可以促使对方形成对你的修养、学识和能力的认同，转变其固有的观念与态度，为进一步的谈判打下基础。

幽默包含多种类别，主要有谑称的幽默，反语的幽默，灰色的幽默，病态的幽默，低级、黄色的幽默。幽默实施法多用谑称的幽默和反语的幽默。幽默实施法适用于多数商务谈判场合。不过，谈判双方以前有过一定的接触，谈判双方人员，尤其是双方的主谈人的素质反差不大，运用这一方法更为适宜。

❖ 实例分析

调低一度

20世纪70年代，日本首相田中角荣为恢复中日邦交正常化到达北京，他怀着紧张的心情在迎宾馆休息。虽然当天北京的气温只有18摄氏度，但田中仍觉得太热。然而，当他一进钓鱼台国宾馆18号楼，连声说："凉快，真凉快啊！"陪同田中的秘书早坂这时已经注意到，放在楼厅古式长条桌上的温度计显示的是17摄氏度，这是田中感到最舒适的温度。同时，身着洁白工作装的服务人员立即端着盘子，将放有冰块的水杯和厚厚的毛巾递给田中。走进房间一看，在不甚显眼的地方，还放有日本岐阜产的"富有柿"、香蕉和银座"木村屋"的带馅面包。午餐时，不仅有中国的美味佳肴，还有新潟县产的"越光"大米饭和柏崎市产的"三年味噌"黄酱汤。乐得田中直说："好吃，好吃！"

田中首相在北京的6天中，同周总理举行了4次会谈。双方本着"求大同，存小异"的原则，以"令人吃惊的坦诚"就各自的基本立场和想法交换了意见，可以说是"一气呵成"地实现了两国邦交正常化。

原来在田中即将决定访华的时候，常驻东京的中国记者就已通过多种途径了解到田中的生活习惯和爱好以及特殊要求。这调低的一度为谈判的顺利进行创造了条件。

资料来源：鲁晓慧．商务谈判［M］．北京：河南科技出版社，2012.

案例分析：此次的中日谈判中，我方是如何营造开局气氛的？根据你的理解，谈谈良好的开局气氛对整个谈判都有哪些作用。

4. 冲击实施法

冲击实施法是指以突然、激烈、令谈判对方意外甚至受窘的交谈方式表达开局目标的策略方法。冲击实施法不是一种常规的开局目标表达方法。这是在商务谈判开局时的某些特殊场合下采用的一种特别的表达方法。

在商务谈判中，绝大多数谈判者在谈判的全过程，尤其在开局阶段都是以尊重人、体谅人、理解人的方式交往，谈判一方在开局阶段就蛮横无理的情形是极个别的。但是有时确实出现了这种情况：商务谈判双方刚一接触，对方非常傲慢，以居高临下之势口出狂言，自命不凡，令人反感；或者对方在谈判一开始就对我方讽刺挖苦，百般刁难，伤害我方的感情。在此情势下，我方若谨行慎言，不厌其烦地述说己方的开局目标，只能助长对方的嚣张气焰。可考虑选用冲击表达法，先是退避三舍，让对方充分表演，然后采用冲击度极强的表达方式，突然拍案而起，开门见山，旗帜鲜明地批驳对方的言行，亮出己方的关键论点。这一方法，常常会弄得对方手足无措，锐气大减。但由于利益所在，对方常会在窘态消失之后，坐下来开始进行真诚的、平等的对话与谈判；我方也可借谈判气氛缓和之机，坦诚地表达己方开局目标。

运用不同开局方法应注意的事项，见表 6-2。

表 6-2 不同开局方法注意事项

中性话题实施法	坦诚实施法	幽默实施法	冲击实施法
1. 选择积极的中性话题，设法避免令人沮丧的话题； 2. 积极主动入题，努力防止开局冷场； 3. 互叙中性话题时间不可太长，应适可而止； 4. 避免在开局阶段就中性话题所涉及的有关内容讨论彼此有分歧的看法。	1. 肯于流露真实的感情和看法； 2. 坦诚要适度； 3. 谈判人员必须努力培养坦诚守信的素质； 4. 注意坦诚可能带来的风险。	1. 运用幽默要合时宜，即要符合谈判的对象、环境、事项； 2. 不要在幽默中加进嘲笑的成分； 3. 笑谈自己，以增加己方的吸引力； 4. 谈判双方人员要有必备的文化素质和相应的气质、修养、风度。	1. 要有突然性和创意性； 2. 不要视对方为敌，避免双方情绪对立； 3. 不要对对方的行为定性； 4. 不要批评其动机。

任务二　营造谈判气氛

任务分析

本任务的学习目标是掌握营造谈判开局气氛的重要性，领会高调气氛、低调气氛与自然气氛的不同表现，掌握营造不同谈判气氛的具体条件，具备营造良好谈判开局气氛的能力。

知识准备

谈判开局气氛是由参与谈判的所有谈判人员的情绪、态度与行为共同影响、共同作用而形成的。任何谈判个体的情绪、态度与行为都可以影响或改变谈判开局气氛；与此同时，任何谈判个体的情绪、思维都要受到谈判开局气氛的影响。由于谈判开局气氛是在谈判开局的很短时间内形成的，而且开局气氛会对整个谈判进程发挥重要的影响作用，因此要求谈判人员要善于运用灵活的策略技巧和有效的开局方法努力营造一种有利于己方的谈判开局气氛，从而控制谈判开局，左右谈判对手，引导整个谈判的进程。

实际上，每一次商务谈判都会表现出独特的谈判气氛。实践中，谈判气氛的表现形态是丰富多样和错综复杂的。一般来说，理论上根据出现于谈判开局阶段的谈判气氛的表现状态，将谈判开局气氛分为三种，即高调气氛、低调气氛与自然气氛。

一、高调气氛

高调气氛是指谈判气氛比较热烈，谈判双方情绪积极、态度主动、愉快因素成为谈判情势主导因素的谈判开局气氛。高调气氛通常会对谈判的开局及谈判的顺利进展发挥积极的促进作用。在这种谈判气氛中，谈判对手往往只注意到他自己的有利方面，而且对谈判前景的看法也倾向于乐观，可见，高调气氛易于促进协议的达成。

（一）高调气氛的表现

高调气氛主要表现为热烈、积极、友好的谈判气氛。谈判双方态度诚恳、真挚，彼此主动适应对方的需要；见面时话题活跃，口气轻松；感情愉悦，常有幽默感。双方显得精力充沛，兴致勃勃；谈判人员服装整洁，举止大方，目光和善；见面热情友好、相互让座，欣然落座，相互问候，互敬烟茶等。双方对谈判的成功充满信心，把谈判成功看作友谊的象征。

（二）营造高调气氛的条件

在什么情况下营造高调气氛，应具体考虑谈判双方的实力对比，谈判双方之间的业务关系和双方谈判人员的个人关系以及谈判者的成交意愿等因素。通常，可以在以下几种情况下营造高调气氛。

1. 己方占有较大优势

如果本方谈判实力明显强于对方，为了使对方清醒地意识到这一点，并且在谈判中不抱过高的期望值，从而产生威慑作用。同时，又不至于将对方吓跑，在开局阶段，在语言和姿态上，既要表现得礼貌友好，又要充分显示出本方自信的气势。

2. 双方有过业务往来，关系很好

这种友好关系应该作为双方谈判的基础。在这种情况下，开局阶段的气氛应该是热烈的、友好的、真诚的、轻松愉快的。本方谈判人员在开局时，语言上应该是热情洋溢的；内容上可以畅叙双方过去的友好合作关系，或两企业之间的人员交往，也可以适当地称赞对方企业的发展和进步；姿态上应该比较自由、放松、亲切。在寒暄结束时，可以这样将话题引入实质性谈判："过去我们双方合作得一直非常愉快，我想，这次我们依然会有一个皆大欢喜的结果，让我们一起开始努力吧！"

3. 双方谈判人员个人之间的关系

谈判是人们相互之间交流思想的一种行为。个人感情会对交流的过程和效果产生很大的影响。如果双方谈判人员有过交往接触，并且还结下了一定的友谊，那么，在开局阶段应该畅谈友谊：可以回忆过去交往的情景，也可以讲述离别后的经历，还可以询问对方家庭的情况，以增进双方

微课：称赞法

之间的感情。一旦双方谈判人员之间建立和发展了私人感情，那么，提出要求、做出让步、达成协议就不是一件太困难的事。

4. 己方希望尽早与对方达成协议

由于己方的成交愿望强烈，希望把握时机，担心失去机会；或者对谈判成交前景判断乐观，希望提高谈判效率，迅速成交，因而全力投入，态度恳切，积极烘托热烈向上的谈判气氛。

动画：高调气氛的称赞法

（三）高调气氛营造方法

营造高调气氛通常有以下几种方法。

1. 感情攻击法

感情攻击法是指通过某一特殊事件来引发普遍存在于人们心中的感情因素，使这种感情迸发出来，从而达到营造热烈、积极的谈判气氛的目的。

2. 称赞法

动画：高先生的称赞法

称赞法是指通过称赞对方来削弱对方的心理防线，从而激发出对方的谈判热情，调动对方的情绪，营造高调的气氛。

采用称赞法时应注意的事项，如图 6－2 所示。

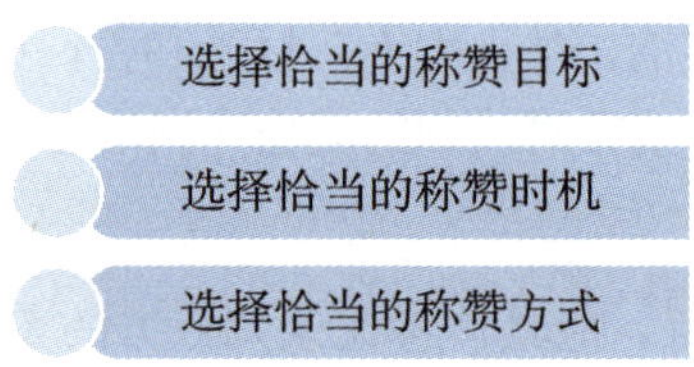

图 6－2　称赞法注意事项

3. 幽默法

幽默法是指用幽默的方式来消除谈判对手的戒备心理，使其积极参与到谈判中来，从而营造高调的谈判气氛。

采用幽默法时应注意的事项，如图 6－3 所示。

微课：幽默法

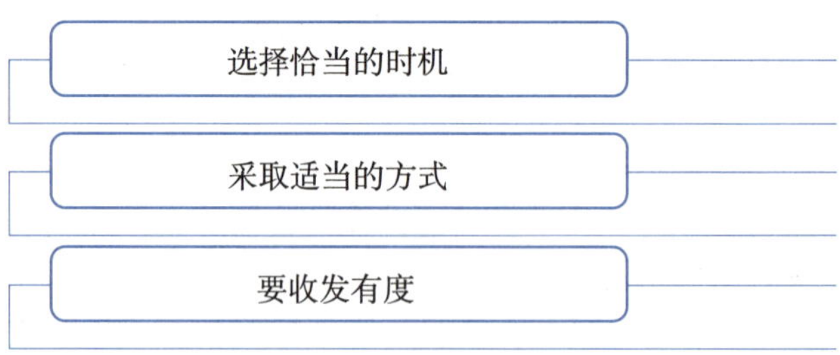

图 6－3　幽默法注意事项

二、低调气氛

低调气氛是指谈判气氛十分严肃、低落，谈判一方情绪消极、态度冷淡，不快因素构成谈判情势的主导因素的谈判开局气氛。低调气氛会给谈判双方都造成较大的心理压力，在这种情况下，哪一方心理承受力弱，哪一方往往会妥协让步。

（一）低调气氛的表现

低调气氛通常表现为以下两种类型。

1. 冷淡、对立、严肃紧张的谈判气氛

谈判双方见面不热情、彼此互不关心；目光不相遇，相见不抬头，相近不握手，企图在衣着、语言、表情、行为等方面以优势因素压倒对方；交谈时语带双关，甚至使用讥讽的口吻等。双方处于明显的戒备、不信任的心理状态和强烈的对立情绪之中，整个开局呈剑拔弩张的局面。这种谈判气氛给整个开局蒙上了一层阴影。这一类型的谈判气氛有时是在法院等第三方参与调解、双方利益严重对立的情况下产生。

2. 松弛、缓慢、旷日持久的谈判气氛

商务谈判中不乏持续性、分阶段性的洽谈。这时，谈判双方人员对谈判已经感到厌倦。谈判人员进入谈判会场姗姗来迟、衣冠不整、精神不振。相见时握手例行公事、不紧不松；面部表情麻木、眼视他方；或入座时左顾右盼，显出一种可谈可不谈的无所谓的态度。对双方谈判的目标不表示信心，对对方的话题不认真倾听，甚至以轻视的口吻发问，双方谈判不断转换话题，处于一种打持久战的氛围之中。

（二）营造低调气氛的条件

在什么情况下营造低调气氛，应具体考虑谈判双方的实力对比和谈判双方之间的业务关系等因素。通常，可以在以下几种情况下营造低调气氛：

（1）己方有讨价还价的砝码，但是并不是占有绝对优势。如果己方谈判实力相对弱于对方，为了不使对方在气势上占上风和轻视己方，谈判人员应做好充分的心理准备并要有较强的心理承受能力，始终显示一种内在的信心和展示一种顽强作战、不屈不挠的斗争精神，也可以向对方表示一定的合作姿态，同时要善于运用己方的砝码迫使对方让步。

（2）双方企业有过业务往来，但本企业对对方企业的印象不佳。这时，开局气氛通常是严肃的、凝重的。己方谈判人员在开局时，语言上在注意礼貌的同时，应保持严谨，甚至可以带一点冷峻；内容上可以对过去双方业务关系表示不满、遗憾，以及希望通过本次交易磋商来改变这种状况，也可以谈谈途中见闻、体育比赛等中性话题；姿态上应该充满正气，注意与对方保持一定的距离。

（三）低调气氛营造方法

1. 感情攻击法

这里的感情攻击法与营造高调气氛的感情攻击法性质相同，即都是以情感诱发作为营造气氛的手段，但两者的作用方向相反。在营造高调气氛的感情攻击中，是激起对方产生积极的情感，使得谈判开局充满热烈的气氛；而在营造低调气氛时，是诱发对方产生消极情感，致使一种低沉、严肃的气氛笼罩在谈判开始阶段。

❖ 实例分析

以退为进的妙用

柯泰伦曾是苏联派驻挪威的全权代表。她精明强干，可谓女中豪杰。她的才华多次在外交和商务谈判上得以展示。有一次，她就进口挪威鲱鱼的有关事项与挪威商人

谈判。挪威商人精于谈判技巧，狮子大开口，开出了一个大价钱。而柯泰伦久经沙场，一下识破了对方的用意。她坚持出价要低、让步要慢的原则。买卖双方坚持自己的出价，谈判气氛十分紧张。各方都拿出了极大的耐心，不肯调整己方的出价，都希望削弱对方的信心，迫使对方做出让步。谈判进入了僵持的状态。

柯泰伦为了打破僵局，决定运用谈判技巧，迂回逼近。她对挪威商人说：“好吧，我只好同意你们的价格啦，但如果我方政府不批准的话，我愿意以自己的工资支付差额，当然还要分期支付，可能要支付一辈子的。”柯泰伦这一番话表面上是接受了对方的价格，但实际上却是以退为进，巧妙地拒绝对方的要求。挪威商人对这样的谈判对手无可奈何。他们怎么能让贸易代表自己出工资支付合同货款呢？他们只好把鲱鱼的价格降下来。

资料来源：辛诚．商务谈判理论与实务［M］．北京：中国传媒大学出版社，2010.

案例分析：谈判开局双方使用了什么样的开局策略？这个案例对我们有什么启示？

2. 沉默法

微课：沉默法

沉默法是以沉默的方式来使谈判气氛降温，从而达到向对方施加心理压力的目的。注意这里所讲的沉默并非是一言不发，而是指本方尽量避免对谈判的实质问题发表议论。采用沉默法要注意以下两点：一是要有恰当的沉默理由。通常人们采用的理由有：假装对某项技术问题不理解；假装不理解对方对某个问题的陈述；假装对对方的某个礼仪失误表示十分不满。二是要沉默有度，适时进行反击，迫使对方让步。

3. 疲劳战术

动画：沉默策略

疲劳战术是指使对方对某一个问题或某几个问题反复进行陈述，从生理和心理上使对手疲劳，降低对手的热情，从而达到控制对手并迫使其让步的目的。一般来讲，人在疲劳的状态下，思维的敏捷程度下降，容易出现错误，热情降低，工作情绪不高，比较容易屈从于别人的看法。采用疲劳战术应注意以下两点：一是多准备一些问题，而且问题要合理，每个问题都能起到使对手疲劳的作用；二是认真倾听对手的每一句话，找出错误记录下来，作为迫使对方让步的砝码。

4. 指责法

指责法是指对对手的某项错误或礼仪失误严加指责，使其感到内疚，从而达到营造低调气氛、迫使谈判对手让步的目的。

三、自然气氛

自然气氛是指谈判双方情绪平稳，谈判气氛既不热烈，也不消沉。自然气氛无须刻意地去营造，许多谈判都是在自然气氛中开始的。这种谈判开局气氛便于向对手进行摸底，因为，谈判双方在自然气氛中传达信息往往要比在高调气氛和低调气氛中传送的信息准确、真实。当谈判一方对谈判对手的情况了解甚少，对手的谈判态度不甚明朗时，谋求在平缓的气氛中开始对话是比较有利的。

营造自然气氛要做到以下几点：注意自己的行为、礼仪；要多听，多记，不要与谈判对手就某一问题过早发生争议；要准备几个问题，询问方式要自然；对对方的提问，能做正面回答的一定要正面回答，不能回答的，要采用恰当方式进行回避。

谈判气氛并非是一成不变的。在谈判中，谈判人员可以根据需要来营造适于自己的谈判气氛。但是，谈判气氛的形成并非完全是人为因素的结果，客观条件也会对谈判气氛有重要的影响，如节假日、天气情况、突发事件等。因此，在营造谈判气氛时，一定要注意外界客观因素的影响。

❖ 实战训练

美国某公司准备直接从我国陕西机械进出口公司进口大批的家庭式割草机，曾经两次小批量进口过此货，这次准备订购 5 种不同规格的割草机。如果你是主谈人员，请选择恰当的谈判气氛，模拟开局谈判。

要求：多方面沟通了解美方的经营能力和订单的数量、金额，并在模拟后分析不足和优点。

四、开局阶段的注意事项

（一）合理运用影响谈判气氛的因素

谈判气氛影响谈判人员的心理、情绪和感觉，从而引起相应的反应。形成洽谈气氛的关键时间是短暂的，可能只有几秒钟，最多也不超过几分钟。实际上，从双方走到一起准备洽谈时，洽谈的气氛就已经形成了，而且将会延续下去，以后很难改变。因为这时，热烈或冷漠、合作或猜疑、友好或防范等情绪已经出现了；行动已经表现出不是轻松便是拘谨。当然，洽谈气氛不仅受最初几秒钟内发生的事情的影响，还受到双方见面之前的预先接触，以及洽谈中的接触的影响。但是，开始见面形成的印象，比初见前形成的印象强烈得多，甚至会很快取代以前的印象。

（二）不要在一开始就涉及有分歧的议题

谈判刚开始，良好的气氛尚未形成，最好先谈一些友好的或中性的话题。如询问对方的问题，以示关心；回顾以往可能有过交往的历史，以密切关系；谈谈共同感兴趣的新闻；幽默而得体地开个玩笑等。这些都有助于缓解谈判开始的紧张气氛，达到联络感情的目的。双方见面后，在涉及谈判有关的话题以前，双方可先作一些随意性的交谈，但也忌讳过多闲聊、离题太远，要服务于谈判目的；在接触谈判话题时，先谈双方容易达成一致的话题，语气要轻松、自然。如果能够在此基础上悉心培养这种感觉，就可能形成积极谋求一致的气氛。不要刚一见面就提出要求，这样很容易使对方的态度即刻变得比较强硬，谈判的气氛随之恶化，双方唇枪舌剑，寸步不让，易使谈判陷于僵局。由此可见，谈判尚未达成必要的气氛之前，不可不讲效果地提出要求，这不仅不利于培养良好的谈判气氛，还会使得谈判基调骤然降温。

（三）心平气和，坦诚相见

谈判之前，双方无论是否有成见，无论身份、地位、观点、要求有何不同，一旦坐到谈判桌前，就意味着双方共同选择了磋商与合作的方式解决问题。因此，谈判之初就应心平气和，坦诚相见，这才能使谈判在良好的气氛中开场，这就要求谈判者抛弃偏见，全心全意地效力于谈判，切勿在谈判之初就产生对抗的心理，这只能阻碍谈判工作顺利进行。

项目小结

1. 商务谈判的开局是商务谈判过程中的一个重要环节。良好的开局将为谈判成功奠定坚实的基础，应该给予高度的重视。开局目标设计的策略包括优势定位法、劣势定位法和均势定位法。

2. 谈判者在开局阶段就要为谈判创造一个合适的谈判气氛，因为开局阶段的谈判气氛对整个谈判气氛的形成和发展具有关键性的作用。谈判的气氛类型复杂多样，一般可以分为高调气氛、低调气氛和自然气氛三种情形。

3. 在谈判开局阶段，双方还需要交换意见、商定谈判议程等。要理解掌握商务谈判的几种策略，并正确使用商务谈判开局的技巧。

一、单选题

1. 在谈判中达成一致意见最理想的话题是（　　）。

A. 单刀直入的话题　　B. 轻松愉快的话题

C. 抓住谈判问题的中心话题　　D. 敏感性的话题

2. 营造良好的商务谈判气氛是（　　）阶段的主要任务。

A. 商务谈判准备　　B. 商务谈判开局

C. 商务谈判磋商　　D. 商务谈判终局

3. 双方谈判人员适当互赠礼品的做法是（　　）。

A. 贿赂　　B. 求助　　C. “润滑策略”　　D. 为了理解

4. 选择赞美目标的基本原则是（　　）。

A. 热情洋溢　　B. 求同存异　　C. 投其所好　　D. 态度真诚

5. 在与没有认真履行合同的谈判对手开始谈判时，应选择（　　）的谈判气氛。

A. 冷淡、紧张　　B. 松弛、缓慢　　C. 自然、舒缓　　D. 热烈、和谐

二、思考题

1. 什么是谈判气氛？谈判气氛对商务谈判活动有什么影响？

2. 采用称赞法应该注意哪些问题？

3. 谈判开局实现的方式主要有哪几种？

三、实战演练

【实战 1】开场白

任务：商务谈判开局能力训练。

组织方式：全班按每组 4～6 人组建项目团队，以团队为单位进行。

内容：谈判开始的一席话称为开场白。谈判开局时，开场白很重要，直接反映主持人的水平和角色。若你是某公司的谈判人员，一次商务谈判交给你主持，你会如何进行开场？

时间安排：每组限时 5 分钟陈述、质疑、答辩。

评价方式：各组互评打分，老师评析。

【实战 2】如何谈索赔最恰当？

任务：商务谈判开局能力训练。

组织方式：全班按每组 4～6 人组建项目团队，以团队为单位进行。

内容：我国某地方进出口分公司在对外经济交流中，涉及一桩小的索赔案，适逢对方的代表来我国走访用户，因此公司领导指示我方某位业务员负责接待。本来这笔索赔案金额很小，经过友好协商是完全可以圆满解决的，但由于我方人员急于求成，在外商刚刚抵达的时候，马上要求外商赔偿我方损失，高兴而来的外商被迎头泼了一盆冷水，因此说话也很不客气，谈判的气氛马上紧张起来。双方针锋相对，寸利必争，会谈效果很不理想。你认为我方业务人员犯了哪些错误？

时间安排：每组限时 5 分钟陈述、质疑、答辩。

评价方式：各组互评打分，老师评析。

【实战 3】这是哪种开局气氛？

任务：商务谈判开局能力训练。

组织方式：全班按每组 4～6 人组建项目团队，以团队为单位进行。

内容：下面是一次谈判开局阶段双方的开场白：

“欢迎你，见到你真高兴！”

“我也十分高兴能再来这里，这地方的风光很美！”

“旅途愉快吗？”

“非常愉快。”

“在途中饮食怎么样？来点咖啡好吗？”

“好的，谢谢你！我很喜欢咖啡！”

请说出这属于什么类型的开局气氛，谈判人员运用了什么样的开局实现方法。

时间安排：每组限时 5 分钟陈述、质疑、答辩。

评价方式：各组互评打分，老师评析。

【实战 4】怎样可以得到贷款？

任务：商务谈判开局能力训练。

组织方式：全班按每组 4～6 人组建项目团队，以团队为单位进行。

内容：你的企业暂时资金紧张，但很有发展前途，需要银行的贷款。而且你想找的那个银行的经理是个很难对付的人，那么，你选择怎么办？为什么？

1. 直接去找他。
2. 在电话中与他商讨这个问题。
3. 将你的详细情况写成文字材料给他。
4. 派工作人员把书面材料送到他那里，并告诉他还要送给其他银行。

【实战 5】如何应对？

任务：商务谈判开局能力训练。

组织方式：全班按每组 4～6 人组建项目团队，以团队为单位进行。

内容：在谈判一开始对方就提出很多苛刻条件，而你希望谈判继续进行下去，但又想改变这样紧张的气氛，你选择怎么做？为什么？

1. 表示理解对方的观点。
2. 直接反驳对方的要求。
3. 转换话题，不提合作的事。
4. 告诉对方，这是后面要讨论的问题。

时间安排：每组限时5分钟陈述、质疑、答辩。

评价方式：各组互评打分，老师评析。

项目七

商务谈判的磋商

学习目标

知识目标：掌握商务谈判价格磋商的顺序，领会报价原则与方法，掌握讨价还价策略，掌握拒绝的技巧，学会商务谈判僵局产生的原因与处理僵局的技巧，掌握常见的让步策略，掌握迫使对方让步的技巧。

能力目标：能够根据商务谈判任务进行谈判报价和讨价还价的设计，能在实际谈判中灵活运用各种策略成功地进行报价与讨价还价，能在实际谈判中有效处理客户的拒绝，能应对谈判的僵局并使对方做出让步。

案例导入

1980年，年仅25岁的比尔·盖茨要与“蓝色巨人”国际商业机器公司进行一次非常重要的谈判。

比尔·盖茨一边思考一边在小卡片上记着：我们的目标是什么？我们要在谈判中获得什么？最好的结果是什么？最坏的结果又会如何？我们的最高要求是什么？我们愿意接受的最低条件是什么？对方想从谈判中获得什么？他们的最低要求会是什么？他们的最高要求又会是什么？什么事情对我们不重要而对他们很重要？什么事情对他们不重要而对我们很重要？

经过一番准备之后，比尔·盖茨决定正式与国际商业机器公司会谈。会谈之前，比尔·盖茨进一步确立了在谈判中使用的策略。

(1) 让对方首先提出一个价格。当讨论价格时，尽量让对方首先提出要约，这会显示出他的态度。

(2) 试着走极端。如果对方不表明他的态度，可以抛出一个极端数字——十分高或十分低。这就会迫使另一个人提出意见来引导你。

(3) 显示出讨价还价的意愿。随着谈判的进行，通过放弃那些你事先已准备放弃并能承担起的条件，来对对方提出的还盘做出回复。

（4）用沉默作为工具。在你阐述了理由之后，就不要再说什么。你的沉默会迫使对方道出一些可能对你方有利的条件。

（5）总是要求得到超过别人给你的条件。当一方希望你能 10 天内付完货款，你应立刻要求 15 天，你可能最终要 12 天付款，这就比最初要求的条件有了进步。

最终，比尔·盖茨按照预期的目标，获得了这次重要谈判的成功，并为后来创建微软王国打下了一定的基础。

资料来源：鲁晓慧．商务谈判［M］. 郑州：河南科技出版社，2012.

➡**案例分析**：上述案例中比尔·盖茨取得谈判成功的原因是什么？

思维导读

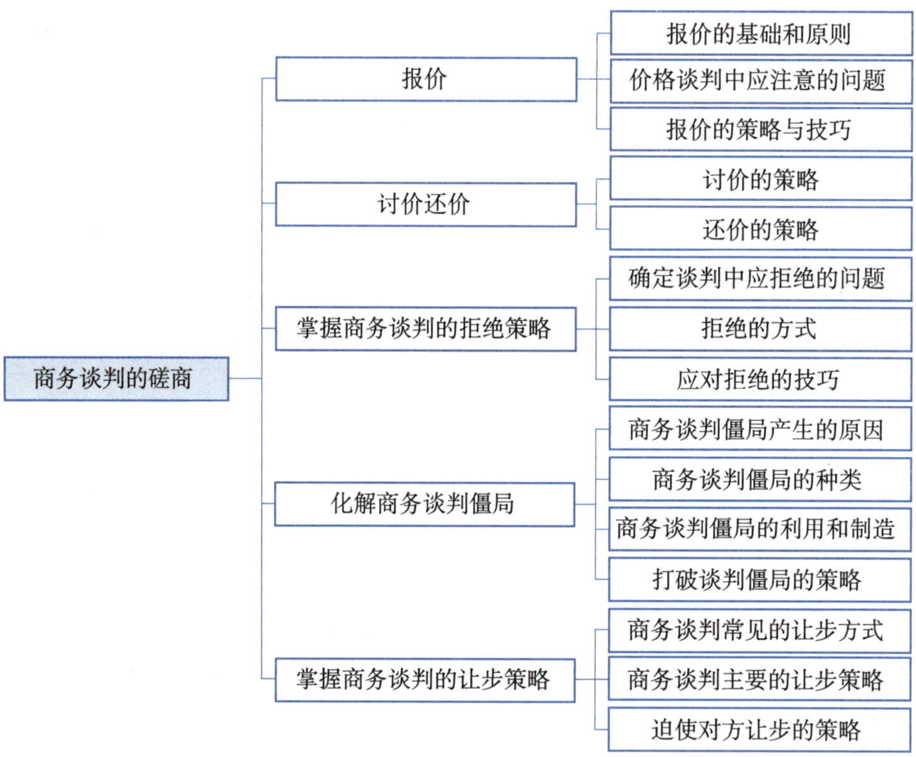

任务一　报价

任务分析

本任务的学习目标是掌握影响价格的因素，报价的基础和原则，报价的策略与技巧，能根据商务谈判任务成功进行谈判报价。

知识准备

价格，是指商品价值的货币表现形式。谈判中的价格往往是买卖双方对商品、服务等可以认可和接受的价格。商务谈判中的价格谈判，实际上就是买卖双方根据自己在谈判中的地位、自己的谈判经验和能力去分割利益的过程。因此，从谈判的角度来讲，价格并不是一成不变的。有时，一元钱的差异也会影响购买者的决定；而有时即使价格非常高也不一定会形成谈判的障碍。

一、报价的基础和原则

商务谈判过程中的价格谈判，是商务谈判的核心。它事关交易双方的切身利益，其实质是交易利益的分割过程，包括初始报价和还价；之后经过多回合的讨价和还价，以及双方不断的坚持和让步；直至逐渐接近双方都可以接受的价格，最终达成交易。报价作为价格谈判的首要环节，对于最终价格的达成具有重要的决定性意义。

报价，亦称开价。这里的报价不仅是指在价格方面的要求，而且是包括价格在内的关于整个交易的各项条件，具体有商品的数量、质量、包装、装运、保险、支付、商检、索赔和仲裁等所有的交易条件，其中价格是其核心条件。报价标志着谈判实质性磋商的正式开始，也标志着谈判者利益要求的“亮相”。报价是价格谈判中十分关键的步骤，在实质上对影响交易的盈余分割和实现谈判目标具有极其重要的意义。

（一）报价的基础

报价绝不是报价一方随心所欲的行为，价格的报出应以影响价格的各种因素、所涉及的各种价格关系以及价格谈判的合理范围为基础。

影响价格的因素是多方面的，直接因素主要有：商品本身的价值、货币的价值以及市场行情。这其中每一个因素又是由许多子因素决定的，并处在相互联系、不断变化之中。其中市场行情和产品成本是报价时应主要考虑的因素。产品成本固然重要，但从对企业有利的角度来看，应以市场行情为标准。因此，报价的根本基础是市场行情。要价过高或过低都会使企业蒙受损失，乃至失去成交的机会。因此，在市场经济条件下，价格是一种复杂的、动态的机制。影响价格的因素分析见表7-1。

表7-1　影响价格的因素分析

影响价格的因素	因素分析
➢市场行情	市场行情是指谈判标的物在市场上的一般价格及波动范围。市场行情是市场供求状况的反映，是价格磋商的主要依据。
➢谈判者的需求情况	由于双方需求不同而造成对利益追求的不同，最终导致谈判价格的不同。需求越迫切，价格让步越大。
➢产品的技术含量	产品的结构、性能越复杂，制造技术和工艺要求越高、越精细，其价格就会越高，该产品核计成本和估算价值就较困难。可供参照的同类产品也越少，价格标准的伸缩性也就越大。
➢货物的新旧程度	货物当然是新的比旧的好，但新的自然价格比较高。“二手”设备、工具等价格相对低廉。

续前表

影响价格的因素	因素分析
➢附带条件和服务	谈判的附带条件，如质量保证、安装调试、免费维修、配件供应等，能提高标的物的价格水平，缓冲价格谈判的阻力。许多附带条件和服务也是产品的组成部分。
➢交货期的早晚	如果一方“等米下锅”，则可能比较忽略价格的高低。实际谈判中，交货期不可以太长，否则可能会吃亏，因为市场是时刻变化的。
➢交易量的大小	大宗交易或一揽子交易，要比小笔生意或单一买卖，更能减少价格在谈判中的阻力。大宗交易中，万元的差额可能算不了什么；而在小额交易中，蝇头小利也会斤斤计较。
➢支付方式	货款的支付方式有很多，如现金结算、支票、信用卡、电子支付、以产品抵偿、一次性付款、分期付款或延期付款等，都有支付成本，对价格产生重要的影响。
➢产品和企业的信誉	产品和企业的良好信誉，是宝贵的无形资产，对价格有重要的影响。产品和企业信誉良好，价格自然就高一些。客户宁肯出高价买名品，也不愿意与不守信誉的企业打交道。
➢销售时机	旺季畅销，供不应求，则价格上扬，此时对价格就不很敏感；淡季滞销，供过于求，只能削价处理，对方更在意价格。

微课：报价中的折中效应

报价还应该充分利用商务谈判中的各种价格关系，积极运用相对价格和积极价格来增强报价的吸引力。

报价不仅要考虑己方的利益，还要考虑报价能被对方接受的可能性，即报价成功的概率。因此报价应在一个合理的范围内，这个范围被称为价格谈判的合理范围，即买方最高可接受的买价与卖方最低可接受的卖价这两个临界点之间所形成的区间。这是交易双方价格谈判的基础。

（二）报价的原则

微课：报价的原则

报价要通过反复分析和权衡，力求把握报价者可能获得的利益与该报价被对方接受的概率之间的最佳结合点，这是报价的最基本原则。因此，报价并非简单地提出己方的交易条件。谈判实践告诉我们，在实际谈判中应坚持以下原则：

1. 开盘价决定了谈判的上限和下限

卖方的开盘价必须是最高价，买方的开盘价必须是最低价。对卖方来讲，开盘价必须是“最高的”；相应的，对买方来讲，开盘价必须是“最低的”，这是报价的首要原则。

首先，若我们为卖方，开盘价为我方的要价确定了一个最高限度。一般来讲，除特殊情况外，开盘价一经报出，就不能再提高或更改了。最终双方成交的价格肯定是在此开盘价格以下。若我们为买方，开盘价则为我方的要价确定了一个最低限度。一般来讲，没有特殊情况，开盘价也是不能再降低的，最终双方成交的价格肯定在此开盘价格之上。

其次，开盘价的高低会影响对方对己方的评价。从人们的观念上来看，“一分价钱一分货”是多数人信奉的观点。因此，开盘价较高，会影响对方对我方提供的商品或劳务的印象和评价。

再次，开盘价越高，让步的余地越大。开盘价较高，能够为以后的讨价还价留下充分的回旋余地，使本方在谈判中更富有弹性，便于掌握成交时机。

最后，开盘价高，最终成交价的水平也就比较高。开盘价的高低往往对最终成交水平具有实质性的影响，因为要价越高，就越有可能与对方在较高的价格水平上进行谈判。

2. 开盘价必须合情合理

开盘价要报得高一些，但绝不是指漫天要价、毫无道理、毫无控制。恰恰相反，报价高的同时必须合乎情理，必须能够讲得通才成。可以想象，如果报价过高，又讲不出道理，对方必然会认为你缺少谈判的诚意，或者被逼无奈而中止谈判；或者也跟着“漫天要价”；或者提出质疑，又无法解释，其结果只好是被迫无条件地让步。在这种情况下，有时即使你已将交易条件降低到比较公平合理的水平上，对方仍会认为尚有“水分”可挤，因而还是穷追不舍。可见，开盘价脱离现实，便会自找麻烦。

3. 报价应该果断、明确、清楚

开盘价的报出要坚定、果断，这样能够给对方留下我方是认真而诚实的好印象。任何欲言又止、吞吞吐吐的行为，必然会导致对方的不良感受，甚至会产生不信任感。同时，开盘报价要明确、清晰而完整，要清楚到足以避免使对方产生误解或曲解的地步，有些总价可附以详细分项价格清单。也可以借助直观的方法报价，如在口头报价的同时，将具体数据和要点在纸上演示给对方，以便对方能够准确地了解我方的期望。实践证明，报价时含糊不清最容易使对方产生误解，从而扰乱本方所定步骤，对己不利。

4. 不对报价做任何主动的解释和说明

只要报价是合理的，没必要对本方所报价格作过多的解释、说明和辩解，因为不管我方报价的“水分”多少，对方都会提出质疑。假如你主动为报价作辩护和说明，对方反而认定你的报价是不合理的，或者说是较勉强的。况且如是在对方还没有提出问题之前，我们便主动加以说明，会提醒对方意识到这是我方最关心的问题，而这个问题有可能是对方尚未考虑过的。因此，有时过多地说明和解释，会使对方从中找出破绽或突破口，向我们猛烈地反击，有时甚至会使我们自己十分难堪，无法收场。只有当对方对你的报价表示不满或要求你进行解释时，你才可对自己的报价进行辩护和说明。

5. 报价时最好不要报整数

因为报出一个带尾数的价格听起来更可信。美国学者麦考·马克在《经营的诀窍——大学里学不到的学问》一书中说：“我不喜欢在谈判时抛出 10 万美元。这样，这种整数价格是世界上最可能被杀的数字，你应该开价 95 500 美元或者是 104 500 美元。你可能会得到更好的结果。”确实，从心理学角度分析，人们对整数价的可信度往往偏低：怎么会不多不少刚好是一个整数？这里面肯定有“水分”！这是每个人都有的普遍心理。

因此，懂得怎样使用价格因素，把握价格导向，对谈判者有着重要的意义。

二、价格谈判中应注意的问题

在实际谈判中，谈判人员要明确，商品满足对方需求的特性是价格最有力的支持，即商品的有用性是价格的后盾。因此在价格谈判时应注意以下几点，如图 7－1 所示。

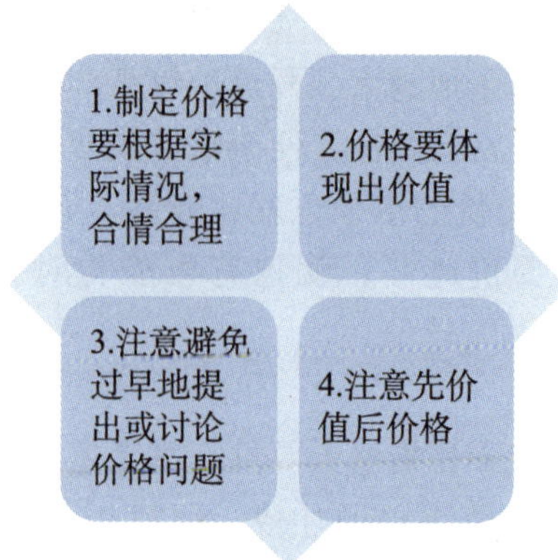

图 7-1　价格谈判注意事项

❖ 实例分析

专家也会犯错

有家跨国公司与盖温联系，请他为公司的高级经理办一次有关谈判问题的两小时研讨会。公司董事长事前约见了他，征询对研讨会讨论主题的意见，盖温简要讲了对于谈判者而言，最不该做的事是接受对方的第一次出价的观点。他深表赞同，说："这个主题好，能使我公司的人受益匪浅。"接下来还谈了一些其他细节，他要盖温放手去做，临别时，盖温提到了报酬问题。董事长问："你想要多少?"盖温说："通常都是一天 1 800 镑。"盖温心想董事长大概会嫌要价太高。哪知董事长回答得很痛快："成！请开发票来。"至今，盖温还是搞不清该要多少劳务费才算适当。

资料来源：辛诚．商务谈判理论与实务［M］．北京：中国传媒大学出版社，2010.

案例分析：盖温失误的地方在哪儿?

三、报价的策略与技巧

商务谈判的报价要讲究一定的策略和技巧，因为本方的利益和立场首先是通过最初的报价来表现的，如果报价策略运用得当，就会使对方更相信报价的合理性，从而在谈判中分得更多的利益。反之，则会失去对方的信任，受到对方的攻击，从而陷入被动境地；或者会助长对方的期望，从而失去可能会获得的利益。可见，报价策略的运用直接影响价格谈判的开局、走势和结果。

在价格谈判中，报价策略和技巧有以下几个方面：

（一）报价时机的选择策略

价格谈判中，报价时机是一个策略性很强的问题。有时，卖方的报价比较合理，但并没有使买方产生交易欲望，原因往往是此时买方正在关注商品的使用价值。所以，在价格谈判中，应当首先让对方充分了解商品的使用价值和为对方带来的实际利益，待对方对此发生兴趣后再来谈价格问题。经验表明，提出报价的最佳时机，一般是对方询问价格时，因为这说明对方已对商品产生了交易欲望，此时报价往往水到渠成。有时，在谈判开始的时候对方就询问价格，这时最好的策略应当是听而不闻。因为此时对方对商品或项目尚缺乏真正的兴趣，过早报价会徒增谈判的阻力。此时首先谈该商品或项目能为交易者带来的好处和利益，待对方的交易欲望被调动起来后再报价。当然，对方坚持即时报价，也不能故意拖延。否则，会使对方感到不尊重甚至反感，此时应善于采取建设性的态度，把价格同对方可获得的好处和利益联系起来。

(二) 报价顺序的选择策略

在商务谈判中谁先报价，这是一个先发制人还是后发制人的策略选择，报价的先后在某种程度上对谈判结果会产生一定的影响，这个问题尤其要引起每一个谈判者的重视。一般情况下，卖方先报价的较多，但在实际谈判中由哪一方先报价不是固定不变的。

微课：报价顺序的选择

1. 先报价的利弊

先报价的有利之处在于：一方面，先报价对谈判的影响较大，它实际上等于为谈判划定了一个框架和基准线，最终协议将在这个范围内达成。比如，卖方报价某型号计算机每台 3 000 元，经过双方磋商之后，最终成交价格一定不会超过 3 000 元这个界线。另一方面，先报价如果出乎对方的预料和设想，往往会打乱对方的原有部署，甚至动摇对方原来的期望值，使其失去信心。比如，卖方首先报价某货物3 000 元一吨，而买方心里却只能承受 1 500 元一吨，这与卖方报价相差甚远，即使经过进一步磋商也很难达成协议，因此，只好改变原来部署，要么提价，要么告吹。此外，先报价也是自信的一种表现，如配合以正统性权力和较充分的理由，往往能取得较理想的结果，尤其对实力较强的一方更加有利。总之，先报价在整个谈判中都会持续地起作用。因此，先报价比后报价的影响要大得多。

但是先报价也有一定的弊端：一方面，对方听了己方的报价后，可以对他们自己原有的想法进行最后的调整。由于己方先报价，对方对己方交易条件的起点有所了解，他们就可以修改原先准备的报价，获得本来得不到的好处。正如上面例子，卖方报价每台计算机 3 000 元，而买方原来准备的报价可能为 3 500 元一台。这种情况下，很显然，在卖方报价以后，买方马上就会修改其原来准备的报价条件，于是其报价肯定会低于 3 000 元。那么对于买方来讲，后报价至少可以使他获得 500 元的好处。另一方面，己方先报价后，对方还会试图在磋商过程中迫使己方按照他们的路子谈下去。其最常用的做法是：采取一切手段，调动一切积极因素，集中力量攻击己方的报价，逼迫己方一步一步地降价，而并不透露他们自己究竟肯出多高的报价。

❖ 实例分析

买古董

一对夫妻在浏览杂志时看到了一座老式座钟非常喜欢。妻子说：“这座钟是不是你见过的最漂亮的一个？把它放在我们的过道或客厅，看起来一定不错吧！”丈夫说道：“的确不错！我也正想找个类似的钟放在家里，不知道多少钱？”研究之后，他们决定要在古董店里找寻那座钟，并且商定只能出 5 000 元以内的价钱。

实操演示：买古董

他们经过三个月的搜寻后，终于在一家古董店的橱窗里看到那座钟，妻子兴奋地叫了起来："就是这座钟，没错，就是这座钟！"丈夫说："记住，我们绝对不能超出5 000元的预算。"他们走近那座钟。"哦喔！"妻子说道："时钟上的标价是7 500元，我们还是回家算了，我们说过不能超过5 000元的预算，记得吗？""我记得，"丈夫说，"不过还是试一试吧，我们已经找了那么久，不差这一会儿。"

夫妻私下商量，由丈夫作为谈判者，争取以5 000元买下。随后，丈夫鼓起勇气，对售货员说："我注意到你们有座钟要卖，定价就贴在座钟上，而且蒙了不少灰，显得有些旧了。"之后，又说："告诉你我的打算吧，我给你出个价，只出一次价，就这么说定。你可能会吓一跳，你准备好了吗？"他停了一下，以增加效果。"你听着——2 500元。"

售货员连眼也不眨一下，说道："卖了，那座钟是你的了。"

资料来源：张玉涛．商务谈判理论与实务［M］．上海：上海交通大学出版社，2018.

案例分析：这位丈夫的第一个反应是什么呢？

2. 先报价与后报价的选择

一般来讲，要通过分析双方谈判实力的对比情况来决定何时先报价。如果己方的谈判实力强于对方，或者与对方相比，在谈判中处于相对有利的地位，那么己方先报价就是有利的。尤其是当对方对本次交易的行情不太熟悉的情况下，先报价的利益更大。因为这样可为谈判先划定一个基准线。同时，由于本方了解行情，还会适当掌握成交的条件，对己方无疑是利大于弊。如果通过调查研究，估计到双方的谈判实力相当，谈判过程一定会十分激烈，那么，同样应该先报价，以便争取更大的影响。如果己方谈判实力明显弱于对手，特别是在缺乏谈判经验的情况下，应该让对方先报价，因为这样做可以通过对方的报价来观察对方，同时也可以扩大自己的思路和视野，然后再确定应对己方的报价作哪些相应的调整。此外，在冲突程度高的谈判场合，"先下手为强"；在合作程度高的场合则无所谓。还有，如果对手是谈判高手，则让对方先报价，以避免让对方剥茧抽丝。

以上仅就一般情况而言，在有些商务谈判中，报价的次序也有一定的惯例。比如，货物买卖业务的谈判，多半是由卖方首先报价，然后买方还价，经过几轮磋商后再告成交。相反，由买方先出价的情况很少。

❖ 实例分析

有个跨国公司的高级工程师，他的某项发明获得了发明的专利权。一天，公司总经理派人把他找来，表示愿意购买他的发明专利，并问他愿意以什么价格转让，他对自己的发明到底值多少钱心中没数，心想只要能卖10万美元就不错了，可他妻子却事先告诉他至少要卖30万美元。到了公司总经理的办公室，因为一怕妻子不高兴，二怕经理不接受，所以胆怯，一直不愿正面说出自己的报价，而是说："我的发明专利在社会上有多大作用，能给公司带来多少价值，我并不十分清楚，还是先请您说一说吧！"这样无形中把球踢给了对方，让总经理先报价。

总经理只好先报价："50万美元，怎么样？"这位工程师简直不敢相信自己的耳朵，直到总经理又说了一遍，这才认识到这是真的，经过一番装模作样的讨价还价，最后以这一价格达成了协议。

资料来源：张玉涛．商务谈判理论与实务［M］．上海：上海交通大学出版社，2018.

案例分析：工程师取得谈判成功的方法是什么？

（三）高报价策略

高价报价方式，也称为西欧式报价法。这种方式被西欧国家和美国的厂商所普遍采用。西欧式报价法与前面谈到的报价原则是一致的，其一般的模式是：首先提出留有较大余地的价格，然后根据买卖双方的实力对比和该笔交易的外部竞争状况，通过给予各种优惠，如数量折扣、报价折扣、佣金和支付条件上的优惠（如延长支付期限、提供优惠信贷等）来逐步软化和接近买方的市场和条件，最终达成成交的目的。实践证明，这种报价方法只要能够稳住买方，往往会有一个不错的结果。

（四）低价报价策略

低价报价方式，也称为日本式报价法。这种方法多被亚洲国家采用。其一般的做法是：将最低价格列在价格表上，以求首先引起买主的兴趣。由于这种低价格一般是以对卖方最有利的结算条件为前提条件的，并且在这种低价格交易条件下，各个方面都很难全部满足买方的需求，如果买主要求改变有关条件，则卖主就会相应提高价格。因此，买卖双方最后成交的价格，往往高于价格表中的价格。日本式报价在面临众多外部对手、竞争激烈时，是一种比较艺术的报价方式。一方面可以排斥竞争对手而将买方吸引过来，取得竞争优势；另一方面，当其他卖主败下阵来纷纷走掉时，买主原有的买方市场的优势就不复存在了，原来是一个买主对多个卖主，谈判中显然优势在买主，而此时，双方谁也不占优势，从而可以坐下来细细地谈，而买主这时要想达到一定的要求，只好任卖主一点一点地把价格抬高才能实现。聪明的谈判人员，是不愿陷入日本式报价的圈套的。避免陷入日本式报价圈套的最好做法就是：把对方的报价内容与其他客商的报价内容进行一一比较，看看它们所包含的内容是否一样，从而判断其报价与其他各客商的报价是否具有可比性。不能只看表现形式，不顾内容实质，只注意最后的价格，在对其报价所包含的内容没有进行认真的分析、比较的情况下，匆忙决策，造成不应有的被动和损失。另外，即使某个客商的报价的确比其他厂商优惠，富有竞争力，也不要完全放弃与其他客商的接触与联系，要知道这样做实际上就是给对方一个持续的竞争压力，迫使其继续做出让步。

一般来说，日本式报价较西欧式报价更具有竞争实力，但它不适合买方的心理，因为一般人总是习惯于价格由高到低、逐步降低，而不是不断地提高。因此，那些谈判高手会一眼识破日本式报价法的计谋，而不至于陷入其制造的圈套。

☞ 课堂讨论

发动机坏了

小王的汽车出了毛病，送到修理厂去修。第二天修理厂打来电话，说是发动机的主要部件有毛病，即使经过修理也使用不了多久，需要换台新发动机。新发动机的价格是 7 000 元，安装费 800 元。小王觉得修这辆旧车花这么多钱，不太合算。他告诉修理厂，决定不修了，干脆卖掉它得了，按现在的车况也许能卖个不错的价格，打算三天后把车提回。当他去修理厂的时候，说已经找到了买主，并对经理说，用卖车的钱再添一点，准备买个二手车。修理厂的经理见小王决心卖车，他不想失去卖发动机的生意，便问要是给他换台发动机，他能出多少钱？小王表示，假如价钱不超过 4 000 元当然还是希望留下自己的车，因为他已经习惯了这台车，不过买台二手车也不错。修理厂经理不想放过送上门的生意，便围绕 4 000 元这个数目开动了脑筋，并对小王说自己手上有台修复了的同型号的发动机，是从别的车上换下来的，性能还非常不错，和小王的车况比较般配，可以以 4 200 元的价格卖给小王，安装费也只要 800 元，只是原来那台有问题的发动机得留下，问小王是否有兴趣。经过讨价还价，最后以 3 800 元成交，修理厂出具保修单，安装费全免，保证发动机在 10 万公里内保修。

资料来源：徐文．商务谈判［M］．2 版．北京：中国人民大学出版社，2012.

问题：

(1) 修理厂的经理为什么能把旧发动机卖给小王？

(2) 修理厂的经理为什么对旧发动机的报价是 4 200 元？

(3) 你得到了什么启示？

任务二　讨价还价

任务分析

本任务的学习目标是掌握讨价方式、讨价次数、讨价策略，掌握还价前的准备、还价方法、还价策略，能够根据商务谈判任务进行谈判的讨价还价。

知识准备

一般情况下，当谈判一方报价后，另一方不会无条件地接受对方的报价，而要进行一场谈判双方的实力、智力和技术的较量，这是谈判双方求同存异、合作、谅解、让步的阶段。因此，这一阶段是谈判双方为了实现其目的，而运用智慧、使用各种策略的讨价还价过程。

一、讨价的策略

讨价是指要求报价方改善报价的行为。

（一）讨价方式

讨价方式，可以分为全面讨价、分别讨价和针对性讨价三种，如图 7－2 所示。

1.全面讨价

常用于价格提出之后对于较复杂的交易的首次讨价

2.分别讨价

常用于较复杂交易对方第一次改善报价之后，或不便采用全面讨价方式的讨价

3.针对性讨价

常用于在全面讨价和分别讨价的基础上，针对价格仍明显不合理和“水分”较大的个别部分的进一步讨价

图 7－2　讨价方式

从讨价的步骤来看，一般第一阶段采用全面讨价，因为正面交锋的战幕刚刚拉开，买方总喜欢从宏观的角度先笼统压价。第二阶段再按价格“水分”的大小分别讨价。第三阶段进行针对性讨价。另外，不便采用全面讨价的，第一步可以按照交易内容的具体项目分别讨价；第二步再按各项价格“水分”的大小分别讨价；第三步进行针对性讨价。具体讨价策略应注意不能任意开始从哪一块讨价。一般规律（即成功的讨价规律）是从“水分”最大的那一块开始讨价，然后再对“水分”中等的那块讨价，最后谈“水分”较小的那块的讨价问题。下面这个例子就能帮助我们很好地理解讨价方式。

实例分析

以低价格买好冰箱

实操演示：严格要求策略——以低价格买好冰箱

美国谈判学家罗伯特有一次去买冰箱，营业员指着罗伯特要的那种冰箱说：“259.5 美元一台。”接着罗伯特导演了一场精彩的“喜剧”。

罗伯特（以下简称罗）：这种型号的冰箱有多少种颜色？

营业员（以下简称营）：共有 32 种颜色。

罗：能看看样品吗？

营：当然可以！（接着立即拿来了样品）

罗：（边看边问）你们店里的现货有多少种颜色？

营：现有 22 种。请问您要哪一种？

罗：（指着样品上有但店里没有的颜色）这种颜色同我厨房的墙壁颜色相配！

营：很抱歉，这种颜色现在没有。

罗：其他颜色与我厨房的颜色都不协调。颜色不好，价钱还这么高，要不便宜一点？否则我就去其他的商店了，我想别的商店会有我要的颜色。

营：好吧，便宜一点。

罗：可这台冰箱有些小毛病！你看这里……

营：我看不出什么。

罗：什么？这毛病尽管小，可是冰箱外表有毛病通常不都要打点折扣吗？

营：……

罗：（打开冰箱门，看了一会儿）这种冰箱带制冰器吗？

营：（她认为罗伯特对制冰器感兴趣）有！这个制冰器每天 24 小时为您冻制冰块，1 小时才 3 美分电费。

罗：这可太糟糕了！我的孩子有轻微哮喘病，医生说绝对不可以吃冰块。你能帮我把它拆下来吗？

营：制冰器是没办法拆下来，它和整个制冷系统连在一起。

罗：可是这个制冰器对我根本没用！现在我花钱把它买下来，将来还要为它付电费，这太不合理了！当然，假如价格可以再降低一点的话……

结果，罗伯特以相当低的价格——不到 200 美元买到了他十分中意的冰箱。

资料来源：李静．商务谈判（理论、实务、案例、实训）［M］．北京：中国传媒大学出版社，2016.

案例分析：请列举罗伯特谈判的技巧。

（二）讨价次数

所谓讨价次数，是指要求报价方改善报价的有效次数，即讨价后对方降价的次数。讨价，作为要求改善报价的行为，不能说只允许一次。究竟讨价可以进行几次，依据讨价方式及心理因素，一般有以下规律：

从全面讨价来分析，一般价格谈判的初始报价都包括一个策略性的虚报部分，同时，报价方又都有愿意保持自己的“良好形象”和与客户的“良好关系”的心理，因此，讨价中对方“姿态性的改善”往往是会做出的。不过，常言道：“事不过三。”讨价一次，当然；讨价两次，可以；若第三次讨价，就可能引起反感了。所以，对于全面讨价，从心理因素的角度，一般可以顺利地进行两次讨价。当然，经过两次改善后的报价，如果还存在明显的不合理，继续讨价仍然完全必要。

从分别讨价来分析，当交易内容按照价格中所含水分分成三类时，就意味着至少可以讨价三次，其中，水分大的、水分中等的又可至少攻击两次，这样算来，按三类分别讨价，实际上可能讨价五次以上。若按照交易的具体项目分为五项时，就意味着至少可以讨价五次，其中有的项目肯定不可能只讨一次价，而是要攻击两次以上，这样算来，按五项分别讨价，实际上可能共讨价八次以上。

从针对性讨价来分析，因为这种讨价一般是在全面讨价和分别讨价的基础上有针对性地进行的，所以，无论从实际出发还是从心理因素考虑，讨价次数基本“事不过三”，即通常一两次而已。

（三）讨价策略

1. 投石问路

在谈判中，当遇到对方固守立场，己方无计可施时，可以采用“投石问路”的技巧。

投石问路的具体运用，是卖方发盘之后，买方不是马上还盘，而是提出种种假设条件下的商品售价问题。既能保持“平等信赖”的气氛，又有利于还价前对卖方情况的进一步掌握。在卖方的回答中搜集可能出现的对己有利的信息，以便及时抓住机会。买方提出的假设条件诸如：假如我们的订货数量加倍或减半呢？假如我们与你们签订一年或更长时期的合同呢？假如我们以现金支付或分期付款呢？假如我们供给你方工具或其他机器设备呢？假如我们在淡季接你们的订单呢？假如我们买下你们的全部商品呢？或同时购买好几种商品呢？这些假设条件，每一条就是一块“石头”，都能使买方进一步了解卖方的商业习惯和动机。卖方面对买主提出的这些相关的问题，想要拒绝回答是很不容易的。所以许多卖主宁愿降低价格，也不愿意接受这种“疲劳轰炸”的询问。卖方在买方提出“石头”后，要仔细考虑后再答复。通常有下述办法成为“投石问路”的对策：

（1）找出买主真正想要购买的东西，因为他不可能做那么多选择、购买那么多商品。

（2）切记不要对“假如”的要求马上估价。

（3）如果买方提出一个“石头”，最好立刻要求以对方订货作为条件。

（4）并不是每个问题都值得回答，你可以要求对方提出“保证”，这可以反过来摸清对方的诚意。

（5）有的问题应该花一段很长的时间来回答，也许比限制买方的截止期还要长些。

（6）反问买方是否准备马上订货。当他了解这点以后，也许就会接受大概的估价。

卖方要将买方所提出的“石头”变成一个很好的机会，如提出种种附加条件反请买方考虑等。

2. 严格要求

严格要求是买卖双方均可运用的技巧。买方对卖方的商品从各个方面进行严格检查，提出卖方交易中的许多问题并要求卖方改善报价，就是买方的严格要求策略。买方严格要求卖方的目的就是为使卖方降低其商品的价格。从心理角度分析，买方精明强干的行为得到表现，可促成卖方重视买方，从而提高买方谈判地位。买方恰到好处地提出问题，是严格要求策略成功的关键。买方的严格要求范围，一般是在商品质量、性能等使用价值方面和成本价格以及运输等方面寻找“弱点”。“严格要求”的方式要采取对比法，即将卖方的商品及其交易条件与其他卖主的商品和交易条件相比较，使卖方不得不承认自己的弱点，按发盘价卖出的可能性很小，从而不得不降低要求。在此基础上买方适当让步，就能使交易取得成功。卖方采取的对策做法通常是保持耐心，寻找对方提问中的漏洞和不实之词，实事求是地加以解释；对于某些难题，有争议的问题，要快刀斩乱麻，直截了当地提出看法；对于不便回答或次要的问题，要适当回避。当对方节外生枝或无理挑剔时，要及时反驳揭露。对买方提出的要求、卖方不宜轻易让步。同时也运用严格要求技巧，向买方提出一些问题和要求，从而加强己方讨价还价力量。

微课：严格要求策略

实操演示：买苹果

3. 抬价压价战术

这种技巧是商务谈判中应用最为普遍、效果最为显著的方法。常见的做法是，谈判中没有一方一开价，另一方就马上同意，双方拍板成交的，都要经过多次的抬价、压价，才互相妥协，确定一个一致的价格标准。所以，谈判高手也是抬价压价的高手。

由于谈判中的“黑箱”，即抬价一方不清楚对方要求多少，在什么情况下妥协，因此这一策略运用的关键就是判定抬到多高才是对方能够接受的。一般地讲，抬价建立在科学的计算，精确的观察、判断、分析基础上，当然，忍耐力、经验、能力和信心也是十分重要的。事实证明，抬高价往往会有令人意想不到的收获。许多人常常在双方已商定好的基础上，又反悔变卦，抬高价格，而且往往能如愿以偿。

抬价作用还在于：卖方能较好地遏制买方的进一步要求，从而更好地维护己方利益。

课堂讨论

美国谈判专家麦科马克列举他参加谈判的一次亲身经历，很好地说明了这一问题。有一次，他代表一家公司交涉一项购买协议，对方开始的开价是 50 万美元，他和公司的成本分析人员都深信，只要用 44 万美元就可以完成这笔交易。一个月后，他开始和对方谈判，但对方却又声明原先的报价有误，现在开价 60 万美元。这反倒使麦科马克先生怀疑自己原先的估计是否正确。直到最后，当他以 50 万美元的价格与对方成交时，竟然感到非常满意。这是因为，他认为是以低于对手要价 10 万美元之差达成了交易，而对方则成功地遏制了他的进一步要求。

问题：请分析交易中抬价压价战术所起的作用。

在讨价还价中，双方都不能确定对方能走多远，能得到什么。因此，时间越久，局势就会越有利于有信心、有耐力的一方。

压价可以说是对抬价的破解，如果是买方先报价格，可以低于预期目标进行报价，留出讨价还价的余地。如果是卖方先报价，买方压价，则可以采取多种方式：

(1) 揭穿对方的把戏，直接指出实质。比如算出对方产品的成本费用，挤出对方报价的水分。

(2) 制定一个不能超过预算的金额，或是一个价格的上、下限，然后围绕这些标准，进行讨价还价。

(3) 用反抬价来回击。如果在价格上迁就对方，必须在其他方面获得补偿。

(4) 召开小组会议，集思广益思考对策。

(5) 在合同没有签订好以前，要求对方做出某种保证，以防反悔。

(6) 使对方在合同上签署的人越多越好，这样，对方就难以改口。

二、还价的策略

所谓还价，是指针对对方返回的交易条件所做出的表明己方交易条件的行为。

(一) 还价前的准备

对方的报价连同主要的合同条款一旦向我方提出之后，我方应立即仔细过目，对其全部内容包括细节部分，都要了如指掌。这些实际上在报价阶段已经做到了，紧接着就从以下两个方面开展工作。

1. 弄清对方为何如此报价

弄清对方为何如此报价，即弄清对方的真正期望。在弄清对方期望这一问题上，要了解怎样才能使对方得到满足，以及如何在谋得我方利益的同时，不断给对方以满足；还要研究对方报价中哪些东西是必须得到的，而哪些是他希望得到但不是非得到不可的；对方报价哪些是比较次要的，而这些又恰恰是诱使我方让步的筹码。这样知彼知己，才能在讨价还价中取得主动。

2. 判断谈判形势

判断谈判形势，是为了对讨价还价的实力进行分析。可采用以下列具体做法来保证我方在还价过程中总的设想和意图得到贯彻。

一是列出两张表。一张包含我方原则上不能做出让步的问题和交易条件，可写成合同条款的形式。另一张则包含我方可以考虑让步或给予优惠的那些具体项目。最好附上数字，表明让步幅度和范围。例如，我方可把对某商品的报价从 25 元作为起始的价格，由此逐渐往上，30 元、35 元、40 元、45 元直到 50 元，并把 50 元定为让步上限，这就形成了一个阶梯式的让步数量范围。

二是列一张问题表，以便会谈中掌握提问的顺序。什么时候该谈什么问题，有时是有一定规律的。例如在进口谈判中，我方往往在其他各项主要合同条款已逐项地同对方拟定之后才抛出价格条款，向对方还价。

（二）还价方法

还价的方法有整体还价、分组还价和逐项还价三种，根据谈判双方的情况具体选择，内容如表 7－2 所示。

表 7－2　还价的三种方法

	具体做法	方法举例
整体还价	整体还价，砍下一截	这是按交易标的总价格“还个价”。假如酒店提出 2 亿元报价，经过一番或几番价格评论，买方提出 1.6 亿元还价，这是整体还价。还价，也可以看成是对方出价的回应价格。
分组还价	分组还价，或降或升	在商务谈判中，根据价格计算的便利，或依据物品的使用性，进行分组还价。假如上例中的酒店，可以分为客房、餐厅、中央空调等若干部分，按照每一部分还价，这就是分组还价。站在买方的角度，就是想使价格再下降若干；从卖方角度考虑，就是要再提高若干价格。
逐项还价	逐项还价，有降有升	比如对餐厅转让价的评价，按桌、椅、灶具、厨具等分别还价，这就是逐项还价。其意义与分组还价相同。

还价的方式应该灵活掌握，根据交易物的具体特征确定还价方式，切不可生搬硬套。商务谈判的实践表明，究竟是整体还价在先，还是分组或者逐项还价在先，这并不存在硬性的规定，可以灵活选择。

（三）还价策略

1. 抛砖引玉

“抛砖引玉”的意思是以粗浅的说法引出深奥的道理，即抛出自己的见解，从而引发深刻精到的高明之见。将它运用到谈判的谋略思想中去，则是采用巧妙的方法，诱使对方说明或暴露自己的真实意图。具体而言，就是一方主动地提出各种问题，但不提供解决的办法，让谈判对手主动去解决。这种谋略一方面可达到尊重对手的目的，使对手感觉到自己是谈判的主角和中心；另一方面，自己又可以摸到对方的底细，从而争取到谈判的主动权。

2. 出其不意

在谈判中，使对方惊奇乃是保持压力、进行讨价还价的较好方法，在短时间里它有一定的震慑力量，甚至会使对方措手不及。运用这一策略可包括以下几方面：

（1）令人惊奇的问题。如新的要求，出乎对方意料的诘问，提出我方所掌握的机密，揭露对方的底细等。

（2）令人惊奇的时间。截止日期、会谈速度的突然改变，惊人的耐心表现等。

（3）令人惊奇的行动。如退出商谈，拖延的战术，感情上的爆发，坚决的反击。

（4）令人惊奇的人物。谈判人员的更换，更高权威者的出现，技术专家、顾问、律师的到场等。

运用出其不意技巧是在对方尚无准备的情况下，打乱其计划或部署，或者是利用对方意想不到的事物，向对方反击，以使局势朝着对我方有利的趋势发展。因此，谈判人员掌握、运用这一策略是比较重要的。最常使用的、收效较好的出其不意方式就是掌握令对方惊奇的事情、信息、资料，在必要时向对方摊牌，迫使对方在事实面前做出让步、承诺和保证。

❖ 实例分析

中国与美国的“入世”谈判

用出其不意此种招数最为奏效的是中国与美国的“入世”谈判，朱镕基总理亲自出马参与谈判，使几近破裂的谈判最终达成协议。对此，龙永图副部长有着生动的回忆。他回忆说：1999 年 11 月 15 日，当中美“入世”谈判几乎再次面临破裂之时，朱镕基总理亲自出面，把最棘手的 7 个问题找了出来要亲自与美方谈。当时，石广生部长担心总理出面谈，一旦谈不好将没有回旋余地，不同意总理出面。总理最终说服了我们。最后，我方决定，由朱总理、钱其琛副总理、吴仪国务委员、石广生部长和龙永图共五位，与美方三位代表谈判。

谈判刚开始，朱总理就对 7 个问题的第一个问题作了让步。当时，龙永图副部有些担心，悄悄地给总理写条子。朱总理没有看条子，又把第二个问题拿出来，又作了让步。龙永图副部又担心了，又给朱总理写了条子。朱总理回过头来对他说：“不要再写条子了！”然后总理对美方谈判代表说：“涉及的 7 个问题，我已经对两个作了让步，这是我们最大的让步。”美国代表经过商量，终于同意与中方达成协议。

资料来源：辛诚．商务谈判理论与实务［M］．北京：中国传媒大学出版社，2010.

案例分析：请分析案例成功的关键点。

微课：假出价策略

但是，运用出其不意策略技巧也要慎重，要充分估计到它可能产生的各种后果。因为运用这一策略既能够使对方措手不及，弄不好也能制造出不信任或恐惧的气氛。它很可能会阻塞双方意见的交流，使双方产生更多的隔阂，甚至使对方丢面子，陷入尴尬的境地。

3. 假出价

假出价是一种不道德的购买技巧。买主利用出高价的手段消除了同行的竞争，取得购买的权利。可是，一旦卖主要卖给他时，他便开始削价了。讨价还价此时才正式开始。

❖ 实例分析

一位准备出国的人想卖掉自己老家的4间房子，买主纷纷前往求购。一位买主静静地观察着：大家报价大约10 000元，最高的报价14 000元，这位买主便出价16 000元，使卖主推掉了其他人。但是，当卖主真正要办理转让手续时，买主突然说：房子墙皮脱落，需要维修，而且对面有厕所，应当把这些不利条件的折价扣除掉。因为卖主早回绝了其他欲购买的人，又急于出国，便不得不以低价把房子卖给了这位买主。

实操演示：
假出价策略

这位买主使用的是"假出价"技巧，以退为进，先挤走其他竞争者，再以附加条件要挟对方，达到目的。

资料来源：辛诚．商务谈判理论与实务［M］．北京：中国传媒大学出版社，2010.

案例分析：请评价买方的谈判技巧效果如何，是否存在一定的道德风险？

这种技巧和抬价技巧可说是大同小异，唯一的差异是：假出价的目的在于消除竞价，排除其他对手，使自己成为卖主的唯一交易对象。它的功效是使一切都出乎卖主的意料，并且使卖主在货物脱手以后还会以一声解脱似的叹息表示感谢，他的东西终于能以这么好的价钱卖出去了。

如何防备对方使诈呢？首先，我们必须认识到有的人是故意假出价。以下方法可以帮助你有效地阻止对方使诈：

要求对方预付大笔定金，使他不敢轻易反悔。

你自己先提出截止日期，逾期不候。

查查买主过去的诉讼记录，假如他曾与这类的诉讼牵涉，你就要提高警惕了。

对于条件过于优厚的交易，要保持怀疑的态度。

在交易正式完成之前，不要丢掉其他买主的名字和地址。

只要办得到，另请第三者在写就的合同上签名作证。

4. 蚕食技巧

蚕食技巧，又称为得寸进尺。"蚕食"是中国古代政治谋略术语，意思是像蚕食桑叶一样，步步为营，得寸进尺。谈判中的"蚕食"是一种渐进的策略技巧。尼尔伦伯格在《谈判的艺术》中是这样界定"蚕食"的："意欲取其尺利，则每次谋其毫厘，一口一口，最后全部到手。"前匈牙利共产党总书记拉科西·马加什把它形象地比喻为"切意大利香肠"。他解释说："你想得到一根意大利香肠，而你的对手把它抓得正牢，这时你一定不要去抢夺。你先恳求他给你薄薄的一片，香肠的主人对此不会介意，至少不会十分认真地计较。第二天，你再请求他给你薄薄的一片，第三天还是如此做。这样，日复一日，一片接着一片，整根香肠就会归你所有。"

所以，谈判中的"蚕食"技巧，西方人也叫"切意大利香肠"。

☞ **课堂讨论**

国外谈判专家的实验证实，这是一个十分有效的谈判战术。实验的内容是：要求家庭主妇支持“安全驾驶委员会”发起一项运动。先要求家庭主妇在请求以立法鼓励安全驾驶的请愿书上签字，结果绝大部分家庭主妇都签了字。然后实验者又要求这些签字的家庭主妇在她们的院子里竖立一块牌子，上面写着“谨慎驾驶”的字样。有55%的主妇同意这样的要求。而没有被要求在请愿书上签字的主妇，只有17%的人同意竖立牌子。可见，一点一点地要求容易实现，积少成多，也能达到同样的目的。

问题：案例中的实验结果说明了什么问题?

资料来源：刘文广．商务谈判［M］. 北京：高等教育出版社，2000.

但这种战术的运用也具有一定的冒险性，如果一方压得太凶，或要求越来越高的方式不得当，反而会激怒对方，使其固守原价，甚至加价，以进行报复，从而使谈判陷入进退维谷的僵局。因此，只能在具备一定条件的情况下，才能采用这一策略。这些条件是：（1）出价较低的一方，有较为明显的议价倾向。（2）经过科学的估算，确信对方出价的“水分”较大。（3）弄清一些不需要的服务费用是否包括在价格之中。（4）熟悉市场行情，一般在对方产品市场疲软的情况下，回旋余地较大。

5. 以退为进

以退为进技巧从表面上看，谈判的一方是退让或妥协，或委曲求全，但实际上退却是为以后更好地进攻，或实现更大的目标。在谈判中运用这一策略较多的形式是，谈判一方故意向对方提出两种不同的条件，然后迫使对方接受条件中的一个。例如，对方购买你的产品，这时你可以提出：“我方出售产品享受优惠价的条件是，批量购买在 2 000 件以上，或者是预付货款 40%，货款分两次付清。”这样，对方享受优惠价就要在两个条件中选择其一。多数人的做法是，先向对方提出温和的要求，然后再提出强硬的要求。在一般情况下，对方要在两者之间选择其一，自然你的温和要求对方就很容易接受了。以退为进技巧如果运用得当，效果十分理想。

运用以退为进技巧要认真考虑后果，这里的退，往往是指提出方的另一条件，但如果不认真考虑退一步的后果，万一退步的后果对你十分不利，即使是能够挽回，也得不偿失。同时，还要考虑退一步时对方的反应是什么，如果你没有把握对方的反应，也不要轻易使用这一方法。

❖ **实战训练**

模仿客户给销售人员打电话询价，事先准备好的答案都是“太贵了”，看销售人员的反应。

要求：1. 教师事先准备好销售公司和产品的信息材料并发给学生。

2. 选一名学生扮演客户，其余同学扮演该公司的销售人员，销售人员之间不能交流。

3. 客户分别给不同的销售人员打电话询价，销售人员报价之后客户的答案是“太贵了”，看销售人员的反应，并做好记录。

4. 公布销售人员答复的情况。
5. 对销售人员的主要答复进行小组讨论。
(1) 为什么这样答复?
(2) 这样答复的优缺点是什么?
(3) 应该掌握哪些讨价还价技巧?
6. 分析小组发言思路是否清晰，对讨论问题的分析是否到位。

任务三　掌握商务谈判的拒绝策略

任务分析

本任务的学习目标是掌握谈判中应拒绝的问题、拒绝的方式、应对拒绝的技巧，能在实际谈判中有效处理客户的拒绝。

知识准备

一、确定谈判中应拒绝的问题

谈判中不仅充满了让步，同时也充满了拒绝。如果说，没有让步就没有谈判的话，那么，没有拒绝不仅没有了让步，同时也就没有了谈判。谈判中总有我们不能做出让步的时候，这时，我们就要学会如何去传递拒绝的信息，让对方觉得舒服。首先，千万不能说抱歉，这个拒绝不是欠对方什么。再者，由于无法满足对方的要求，所以开口的时候一定不要态度强硬。

微课：商务谈判拒绝的策略

在使用拒绝的时候，一定要真诚地处理，应以尊重和理解心情表达出来。同样的一个“不”字，以不同的口吻会说出不一样的效果。“不”，可以说是一切词汇中最具魅力的一个词，它意味着自我、独立、尊严，是拒绝的最高境界。“不”，同样可以说是谈判桌上最具弹性的一个词，不能多用，也不能不用，它可能给你的谈判带来希望，也可能带来灾难。关键在于谈判者巧妙把握说“不”的时机。

二、拒绝的方式

谈判中的拒绝，是一种“技巧”，也是一种“艺术”，是指拒绝对方时，不能板起脸来，态度生硬地回绝对方；相反，要选择恰当的语言、恰当的方式、恰当的时机，而且要留有余地。这就需要把拒绝作为一种手段、一种学问来探究。下面介绍几种商务谈判中常见的拒绝方式。

(一) 借口法

现代企业不是孤立的，它们的生存与外界有千丝万缕的联系。无论是在谈判中，还是在企业的日常运转中，都会碰到一些无法满足的要求。面对对方来头很大；或者过去曾经有恩于你；或者是你非常要好的朋友、来往密切的亲戚，如果你简单地拒绝，那么很可能你的企业会遭到报复性打击，或者背上忘恩负义的恶名。对付这类对象，最好的办法是用借口法来拒绝他们。

例如，上海某合资针织企业的产品销路非常好。有人拿了某领导的批条来找销售经理，要以低于批发的价格购买一大批。销售经理看日近中午，灵机一动，先把来人请进饭厅，招待吃饭，并对来人说："你要的东西数量大，批价低，已经超出我的权限。不过你放心，这件事我马上全力去办。你先吃饭。"饭后，他又对持条人说："你的条子，要我们总经理批，可总经理刚到北京开会去了。你是否先回去，过两天再打电话来问问。"这家伙碰了个软钉子，发不出火，只好怏怏而返。过了两天，此人打电话去问。销售经理告诉说，他向总经理汇报过了，总经理答复：这种大事要开董事会研究。他安慰持条人说他会尽力向董事会争取的，要持条人过两个星期再打电话问情况。持条人一听这么麻烦，心里早就凉了半截。他明白要董事会里那些外国人点头同意是不可能的事，所以再也不打电话问结果了。销售经理巧妙地把对方的注意力从自己身上转移到总经理身上，再转移到外国董事身上，叫他有气也无处发。

（二）问题法

所谓问题法，就是面对对方的过分要求，提出一连串的问题。这一连串的问题足以使对方明白你不是一个可以任人欺骗的笨蛋。无论对方回答或不回答这一连串的问题，也不论对方承认或不承认，都已经使他明白他提的要求太过分了。

例如，在一次中国关于某种农业加工机械的贸易谈判中，中方主谈面对日本代表高得出奇的报价，巧妙地采用了问题法来加以拒绝。中方主谈一共提出了四个问题：不知贵国生产此类产品的公司一共有几家？不知贵公司的产品价格高于贵国某某牌的依据是什么？不知世界上生产此类产品的公司一共有几家？不知贵公司的产品价格高于某某牌（世界名牌）的依据又是什么？这些问题使日方代表非常吃惊。他们不便回答也无法回答。他们明白自己报的价格高得过分了。于是，设法自找台阶，把价格大幅地降了下来。

所以运用问题法来对付上述这种只顾自己利益、不顾对方死活而提出过分要求的谈判对手，确实是灵丹妙药。

实操演示：拒绝技巧中的补偿法

（三）补偿法

所谓补偿法，顾名思义是在拒绝对方的同时，给予某种补偿。这种补偿往往不是"现货"，即不是可以兑现的金钱、货物、某种利益等，相反，可能是某种未来情况下的允诺，或者提供某种信息（不必是经过核实的、绝对可靠的信息）、某种服务（例如，产品的售后服务出现损坏或者事故的保险条款等）。这样，如果再加上一番并非己所不为而乃不能为的苦衷，就能在拒绝了一个朋友的同时，继续保持你和他的友谊。

例如，有一个时期，市场上钢材特别紧张。有个专门经营成批钢材的公司生意非常兴隆。一天，公司经理的好朋友来找他，说急需一吨钢材，而且希望价格特别优惠，要求比市场上的批发价还低百分之十。公司经理因为过去的亲密友谊，实在无法毫不留情地加以拒绝，所以就巧妙地用补偿法来对付这位朋友。他对朋友说，公司经营钢材是以千吨为单位的，无法拆开一吨来给他。不过，总不能让老朋友白跑一趟。所以他提议这位朋友去找一个专门经营小额钢材的公司。这家小公司和他们有业务往来。他可以给这家公司打招呼，以最优惠的价格（毫无疑问，这一"最优惠"的含义是模糊语言。因为再优惠，也不会比市场批发价低百分之十）卖给他一吨。这位朋友虽然遭到了拒绝，但因为得到了"补偿"，他高高兴兴地去找那家小公司，最后以批发价买了一吨钢材。

（四）条件法

直接拒绝对方必然会恶化双方的关系。不妨在拒绝对方前，先要求对方满足你的条件：如对方能满足，则你也可以满足对方的要求；如对方不能满足，那你也无法满足对方的要求，这就是条件拒绝法。

条件拒绝法也常常被国外银行的信贷人员用来拒绝向不合格的发放对象发放贷款。这是一种留有余地的拒绝。银行方面的人绝不能说要求借贷的人"信誉不可靠"或"无还款能力"等，那样既不符合银行的职业道德，也意味着断了自己的财路。所以，银行方面的人总是使用条件法来拒绝不合格的发放对象。拒绝了对方，又让别人不朝你发火，这就是条件法的威力所在。

三、应对拒绝的技巧

作为一名谈判高手，就是能得心应手地处理谈判对方的拒绝的专家。通常面对拒绝时可以采用的应对技巧有直接法、逆转法、区别法、迂回法、追问法六种，不同情况下应对拒绝的处理方法见表 7－3。

表 7－3　应对拒绝的处理方法

拒绝方式	处理方法
直接法	将计就计地利用拒绝，例如对于"没有预算，买不起"的拒绝，可用"所以才要您买这个商品，以增加贵公司的销售额"的方法，加上其他公司的成功例子更有效果。
逆转法	仔细听对方说明，然后逆转地说："虽说如此，但是却有很多可利用之处！"仔细考虑其反对的真意，将反对当作质疑，认真应答。
区别法	对客户的拒绝，仔细作说明，令其接受。例如对于"因为价格相同"，可说明："我们会尽力做售后服务，请放心。"举出其他同行公司所没有的优点，使其接受。
迂回法	暂时不管其拒绝，而是讨论别的话题，以此对应其拒绝的方法。要有丰富的商品知识，并对商品及自己有自信。
追问法	对客户的反对，反问"何故呢?""为什么?"以客户叙说的理由为中心说服之，只是不可以变成逼问的语调。平时便要考虑对应话术，对每个反对理由做准备，不要仅限于当时的回答。

❖ 实战训练

客户拒绝小测试

模拟客户拒绝场景下，如何恰当应答。

1. 如果客户说："我没时间！"

那么你应该说："我理解。我也老是时间不够用。不过只要 3 分钟，您就会相信，这是个对您绝对重要的议题……"

2. 如果客户说："我现在没空！"

那么你就应该说："先生，美国富豪洛克菲勒说过，每个月花一天

实操演示：客户拒绝小演示

时间在钱上好好盘算，要比整整30天都工作来得重要。我们只要花25分钟的时间，麻烦您定个日子，选个您方便的时间。我星期一和星期二都会在贵公司附近，所以可以在星期一上午或者星期二下午来拜访您!”

3. 如果客户说：“我没兴趣。”

那么你就应该说：“是，我完全理解，对于一个谈不上相信或者手上没有什么资源的事情，您当然不可能立刻产生兴趣，有疑虑有问题是十分合理自然的，让我为您解说一下吧，星期几合适呢?”

4. 如果客户说：“我没兴趣参加!”

那么你就应该说：“我非常理解，先生，要您对不晓得有什么好处的东西感兴趣实在是强人所难，正因为如此，我才想向您亲自报告或说明，星期一或者星期二过来看您，行吗?”

5. 如果客户说：“你把资料寄给我怎么样?”

那么你就应该说：“先生，我们的资料都是精心设计的纲要和草案，必须配合人员的说明，而且要对每一位客户分别按个人情况再做修订，等于是量体裁衣。所以最好是找星期一或者星期二过来看您，您看是上午还是下午比较好?”

6. 如果客户说：“抱歉，我没有钱!”

那么你就应该说：“先生，我知道只有您才最了解自己的财务状况，不过，现在做个全盘规划，对将来才会最有利。我可以在星期一或者星期二过来拜访您吗?”

7. 如果客户说：“目前我们还无法确定业务发展会如何。”

那么你就应该说：“先生，我们行销要担心这项业务日后的发展，您先参考一下，看看我们的还贷方案优点在哪里，是不是可行，我是星期一还是星期二过来比较好?”

8. 如果客户说：“要做决定的话，我得先跟合伙人谈……”

那么你就应该说：“我完全理解，先生，我们什么时候可以跟您的合伙人一起谈?”

9. 如果客户说：“我们会再跟你联络!”

那么你就应该说：“先生，也许您目前不会有什么太大的意愿，不过，我很乐意让您了解，要是能参与这项业务，对您会大有裨益……”

10. 如果客户说：“说来说去，还是要推销东西……”

那么你就应该说：“我当然是很想销售东西给您了，不过要是能带给您让您觉得值得期望的，才会卖给您，关于这一点，我们要不要一起讨论研究看看？下星期一我来看您，还是您觉得我星期五过来比较好……”

11. 如果客户说：“我要先好好想想。”

那么你就应该说：“先生，其实相关的重点我们不是已经讨论过了吗？容我直率地问一问：您顾虑的是什么?”

12. 如果客户说：“我再考虑考虑，下星期给你电话……”

那么你就应该说：“欢迎您来电话，先生，你看这样会不会更简单些？我星期三下午晚一点的时候给您打电话，还是您觉得星期四上午比较好?”

13. 如果客户说：“我要先跟我太太商量一下……”

那么你主应该说：“好，先生，我理解，可不可以约夫人一起来谈谈？约在这个周末，或者您喜欢的哪一天……”

要求：一位同学扮演客户，另一同学扮演业务员。针对客户的拒绝进行模拟应答。

任务四 化解商务谈判僵局

任务分析

本任务的学习目标是掌握商务谈判僵局产生的原因和种类，掌握商务谈判僵局的利用和制造，以及打破谈判僵局的策略。能在实际商务活动中应对谈判的僵局。

知识准备

商务谈判僵局是指在商务谈判过程中，双方对所谈问题的利益要求差距较大，各方又都不肯作出让步，导致双方暂时因不可调和的矛盾而形成的对峙，使谈判处于不进不退的僵持局面。谈判僵局出现的原因在于来自不同企业、不同国家或地区的谈判者，在商务谈判中双方观点、立场的交锋是不可避免的。当利益冲突变得不可调和时，僵局便出现了。僵局出现以后，必须迅速处理，否则就会对谈判顺利进行产生影响。出现僵局不等于谈判破裂，但它严重影响谈判的进程，如不能很好地解决，就会导致谈判破裂。要突破僵局，必须对僵局的性质、产生原因等进行透彻的了解和分析，正确地加以判断，从而采取相应的策略和技巧，选择有效方案，突破僵局，使谈判双方重新回到谈判桌前来。

一、商务谈判僵局产生的原因

在谈判过程中，僵局随时都可能发生，任何谈判主题都有可能引发分歧与对立。僵局的产生是由其中一个或几个因素共同作用而形成的。归纳起来，主要有以下几个方面的原因。

微课：商务谈判的僵局

（一）谈判一方故意制造谈判僵局

这是一种带有高度冒险性和危险性的谈判战略，即谈判一方为了试探出对方的决心和实力而故意给对方出难题，以混淆视听，甚至引起争吵，迫使对方放弃自己的谈判目标而向己方目标靠近。使谈判陷入僵局，其目的是使对方屈服，从而达成有利于己方的交易。

通常情况下，谈判者往往不愿冒使谈判陷入僵局的风险，因为制造僵局往往会改变谈判者在谈判中的形象和处境。如果运用得当可能会获得意外的成功；如果运用不当，其后果则不堪设想。因此，除非谈判人员有较大把握和能力控制僵局，否则不要轻易采用这一方法。

（二）双方立场观点对立争执导致僵局

在讨价还价的谈判过程中，如果双方对某一问题各持己见和主张，出现意见分歧，那么，越是坚持各自的立场，双方之间的分歧就会越大。这时，双方的真正利益被这种表面的立场所掩盖，谈判变成了一种意志力的较量，当冲突和争执激化和互不相让时，便会出现僵局。

经验证明，谈判双方在立场上关注越多，就越不能注意调和双方利益，也就越不可能达成协议。如果谈判双方都不想做出让步，或以退出谈判相要挟，这就更增加了达成协议的困难。因为人们最容易在谈判中犯立场观点性争执的错误，这也是形成僵局的主要原因。

（三）沟通障碍导致僵局

沟通障碍就是谈判双方在交流彼此情况、观点，洽商合作意向、交易条件等问题的过程中，可能遇到因主观与客观的原因所造成的理解障碍。

由于双方文化背景的差异，一方语言中需要某些特别表述的内容难以用另外一种语言准确表述出来而造成误解。

☞ 课堂讨论

某跨国公司总裁访问一家中国著名的制造企业，商讨合作发展事宜。中方总经理很自豪地向客人介绍说："我公司是中国二级企业……"此时，翻译人员很自然地用"Second Class Enterprise"来表述。不料，该跨国公司总裁闻此，原本很高的兴致突然冷淡下来，敷衍了几句便起身告辞。在归途中，总裁抱怨道："我怎么能同一个二流企业合作?"可见，一个小小的沟通障碍会直接影响到合作的成功。

资料来源：鲁晓慧．商务谈判［M］．郑州：河南科技出版社，2012.

问题：如何化解沟通障碍产生的僵局?

（四）谈判人员的偏见或成见导致僵局

偏见或成见是指由感情原因所产生的对对方及谈判议题的一些不正确的看法。由于产生偏见或成见的原因是谈判人对问题认识片面，即用以偏概全的办法对待别人，因而很容易引起僵局。

谈判人员对信息的理解受其职业习惯、受教育的程度以及某些领域的专业知识所制约。有时从表面上看，谈判人员对对方所讲的内容似乎已完全理解，但实际上这种理解却常常是主观、片面的，甚至与信息内容的实质完全相反。

（五）环境的改变导致僵局

当谈判的外部环境，如价格、通货膨胀等因素发生变化时，谈判的一方不愿按原有的承诺签约，也会导致谈判陷入僵局。

（六）谈判双方用语不当导致僵局

谈判双方用语不当，造成感情上的强烈对立，双方都感到自尊心受到伤害，因而不肯作丝毫让步，谈判便会陷入僵局。

（七）谈判中形成"一言堂"导致僵局

谈判中的任何一方，不管出于何种欲望，如果过分地、滔滔不绝地论述自己的观点而忽略了对方的反应和陈述的机会，必然会使对方感到不满与反感，造成潜在的僵局。

（八）谈判人员的失误导致僵局

有些谈判者想通过表现自我来显示实力，从而使谈判偏离主题；或者争强好胜，提出独特的见解令人诧异；或者设置圈套，迷惑对方，使谈判的天平向着己方倾斜，以实现在平等条件下难以实现的谈判目标。但是在使用一些策略时，因时机掌握不好或运用不当，也往往导致谈判过程受阻及僵局的出现。

（九）谈判人员的强迫手段导致僵局

谈判中，人们常常有意或无意地采取强迫手段而使谈判陷入僵局。特别是涉外商务谈判，由于不仅存在经济利益上的竞争，还会有维护国家、企业及自身尊严的斗争。因此，某一方越是受到逼迫，就越是不会退让，谈判的僵局也就越容易出现。

（十）谈判人员素质低下导致僵局

俗话说："事在人为。"谈判人员素质的高低往往成为谈判能否顺利进行的决定性因素。无论是谈判人员工作作风方面的原因，还是谈判人员知识经验、策略技巧方面的不足或失误，都可能导致谈判陷入僵局。

（十一）利益合理要求的差距导致僵局

许多商务谈判，即使双方都表现出十分友好、坦诚与积极的态度，但是如果双方对各自所期望的收益存在很大差距，那么谈判就会搁浅。当这种差距难以弥合时，合作必然走向流产，僵局便会产生。

❖ 实例分析

合理要求的差距

某世界橡胶业跨国公司自恃拥有世界上最先进的工艺技术，它在世界各地设立合资企业，都要求占有51%以上的股份，并声称非此就不转让技术。近百年来，它的这种方针一直没有改变。20世纪90年代初，该公司很有兴趣来华投资，并选择我国某主要轮胎公司作为合作对象，拟在中国设立合资企业。但当中方根据自己在国内市场的地位，提出中方必须占51%以上的股份时，该公司宁愿放弃中国这位最好的合作伙伴。当然，这种合理要求的差异也不一定不可以通过谈判来弥合。另一家跨国公司是世界电气领域的领导者，它同中国企业谈判建立合资企业时，原本也坚持这种控股政策，后来通过反复沟通，不断增进彼此了解，双方认识趋于一致，即要致力于长期合作，着眼于长期利益。于是，外方最终同意在合资企业中只要拥有30%的股份，而不影响其先进技术向合资企业的转移。

当然，谈判就此暂停乃至最终破裂都不是绝对的坏事。谈判暂停，可以使双方都有机会重新审慎地回顾各自谈判的出发点，既能维护各自的合理利益又注意挖掘双方的共同利益。如果双方都逐渐认识到弥补现在的差距是值得的，并愿采取相应的措施，包括作出必要的进一步妥协，那么这样的谈判结果也真实地符合谈判原本的目的。即使出现了谈判破裂，也可以避免非理性的合作——这种合作不能同时给双方都带来利益上的满足。有些谈判似乎形成了一胜一负的结局，实际上失败的一方往往会以各种方式来弥补自己的损失，甚至以各种隐蔽方式挖另一方墙脚，结果导致双方都得不偿失。

案例分析题：如何化解因为利益合理要求的差距导致的谈判僵局?

谈判破裂并不总是以不欢而散而告终的。双方通过谈判，即使没有成交，但彼此之间加深了了解，增进了信任，并为日后的有效合作打下了良好基础，这也并非坏事。可以说，在双方条件相距甚远的情况下，一场未达成协议的谈判也可能带来意外收获。只要冷静地、审慎地看待谈判结果，就会发现达成协议并非是谈判的唯一目标，在许多情况下，即使谈判没有成功，也会为谈判者带来收获，当然这不是直接的收获，而是间接的收获，从这一点看，经过长时间的谈判，最终未能达成协议不一定就是坏事，有时倒是有意义的好事。

二、商务谈判僵局的种类

商务谈判的僵局可以分为策略性僵局、情绪性僵局和实质性僵局三种，如图 7－3 所示。

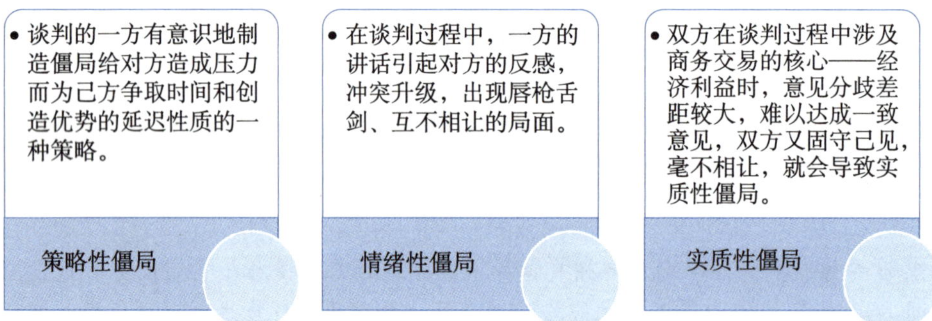

图 7－3　商务谈判僵局的种类

三、商务谈判僵局的利用和制造

（一）僵局的利用

1. 僵局能够促成双方的理性合作

谈判实践中，很多谈判人员害怕僵局出现，担心由于僵局而导致谈判暂停乃至最终破裂。谈判暂停，可以使双方都有机会重新审慎地回顾各自谈判的出发点，既能维护各自的合理利益又能注意挖掘双方的共同利益。

2. 僵局可以改变谈判均势

有些谈判者的要求，在势均力敌的情况下是无法达到的。为了取得更有利的谈判条件，便利用制造僵局的办法来提高自己的地位，使对方在僵局的压力下不断降低其期望值。当己方的地位提高而对方的期望值降低以后，最后采用折中方式结束谈判，己方便取得了更有利的条件。这是那些处于不利地位的谈判者利用僵局的动机所在。谈判的弱者在整个谈判过程中处于不利地位，没有力量与对方抗衡，为了提高自己的谈判地位，便采用制造僵局来拖延谈判时间，以便利用缓兵之计来达到自己的目的，这是可以理解的。

（二）僵局的制造

谈判者要利用僵局，就需要制造僵局，制造僵局的基本原则是利用己方所制造的僵局给己方带来更大的利益。谈判僵局出现以后会有两种结果：打破僵局继续谈判或谈判破裂。

1. 制造僵局的一般方法

制造僵局的一般方法是向对方提出较高的要求，要对方全面接受己方的条件。对方可能只接受己方的部分条件，即做出少量让步后便要求己方做出让步。己方此时如果坚持自己的条件，以等待更有利的时机的到来，而对方又不能做出更大的让步时，谈判便陷入僵局。

2. 制造僵局的基本要求

谈判者制造僵局的基本做法是向对方提出较高的要求，但这一高要求绝不能高不可攀。因为要求太高，对方会认为是没有谈判诚意而退出谈判。因此，目标的高度应以略高于对方所能接受的最不利的条件为宜，以便最终通过己方的让步仍以较高的目标取得谈判成功。同时，对己方要求的条件，要提出充分的理由说明其合理性，以促使对方接受己方提出的要求。

四、打破谈判僵局的策略

谈判出现僵局，就会影响谈判协议的达成，这是谈判人员都不愿看到的。因此，在双方都有诚意的谈判中，尽量避免出现僵局。但是，谈判本身又是双方利益的分配，是双方的讨价还价，僵局的出现也就不可避免。因此，仅从主观愿望上不愿出现谈判僵局是不够的，也是不现实的，必须正确认识、慎重对待、认真处理好这一问题，掌握好处理谈判僵局的策略与技巧，从而更好地争取主动，为谈判协议的签订铺平道路。

（一）用语言鼓励对方打破僵局

当谈判出现僵局时，可以用话语鼓励对方："看，许多问题都已经解决了，现在就剩这一点了。如果不一并解决，那不就太可惜了吗？"这种说法，看似很平常，实际上却能鼓励人，发挥很大的激励作用。

叙述旧情，强调双方的共同点。也就是通过回顾双方以往的合作历史，强调和突出以往合作中的共同点和合作的成果，以此来淡化彼此的对立情绪，以达到打破僵局的目的。

（二）采取横向式的谈判打破僵局

当谈判陷入僵局，经过协商而毫无进展，双方的情绪均处于低潮时，可以采用避开该话题的办法，换一个新的话题与对方谈判，以等待高潮的到来。横向谈判是回避低潮的常用方法。由于话题和利益间的关联性，当其他话题取得成功时，再回过头来谈陷入僵局的话题，化解僵局便会比以前容易得多。

把谈判的面散开，先撇开有争议的问题，改谈另一个无争议的问题，而不是盯住一个问题不放，不谈妥誓不罢休。例如，在价格问题上双方互不相让，出现僵局，可以先暂时搁置一旁，改谈交货期、付款方式等其他问题。如果在这些议题上对方感到满意了，再重新来讨论价格问题，阻力就会小一些，商量的余地也就更大些，从而弥合分歧，使谈判出现新的转机。

（三）寻找替代的方法打破僵局

俗话说得好，"条条大路通罗马"，在商务谈判上也是如此。谈判中一般存在多种可以满足双方利益的方案，而谈判人员往往简单地采用某一方案，当这种方案不能为双方同时接受时，僵局就会形成。

在寻找替代方案的过程中，也可以对一个方案中的某一部分采用不同的替代方法。

（1）另选谈判的时间。例如，彼此再约定好重新谈判的时间，以便讨论较难解决的问题，因为到那时也许会有更多的资料和更充分的理由。

（2）改变售后服务的方式。例如，建议减少某些烦琐的手续，以保证日后的服务。

（3）改变承担风险的方式、时限和程度。在交易的所得所失不明确的情况下，不应该讨论分担的问题，否则只会导致争论不休。同时，探讨如何分享未来的损失或者利益，可能会使双方找到利益的平衡点。

（4）改变交易的形态。使互相争利的斗争改变为同心协力、共同努力的合作。让交易双方的老板、工程师、技工彼此联系，互相影响，共同谋求解决的办法。

（5）改变付款的方式和时限。在成交的总金额不变的情况下，加大定金，缩短付款时限，或者采用其他的付款方式。

微课：打破僵局的策略——休会策略

（四）运用休会策略打破僵局

休会策略是谈判人员为控制、调节谈判进程，缓和谈判气氛，打破谈判僵局而经常采用的一种基本策略。它不仅是谈判人员为了恢复体力、精力的一种生理需求，而且也是谈判人员调节情绪、控制谈判过程、缓和谈判气氛、融洽双方关系的一种策略技巧。谈判中，双方观点产生差异、出现分歧是常有的事，如果各持己见、互不妥协，往往会出现严重僵持以至谈判无法继续的局面。这时，提出休会是一个较好的缓和办法。谈判的双方把休会作为一种积极的策略加以利用，可以达到以下目的：

（1）仔细考虑争议的问题，构思重要的问题。

（2）进一步对市场形势进行研究，以证实自己原来观点的正确性，思考新的论点与自卫方法。

（3）召集各自谈判小组成员，集思广益，商量具体的解决办法，探索变通途径。

（4）检查原定的谈判策略及战术。

（5）研究讨论双方可能作出的让步。

（6）决定如何应对对手提出的要求。

（7）分析价格、规格、时间与条件的变动。

（8）阻止对手提出尴尬的问题。

（9）缓解体力不支或情绪紧张。

（10）应付谈判出现的新情况。

（11）缓和谈判一方的不满情绪。

谈判会场是正式的工作场所，容易形成一种严肃而又紧张的气氛。当双方就某一问题发生争执，各持己见，互不相让，甚至话不投机、横眉冷对时，这种环境更容易使人产生一种压抑、沉闷的感觉和烦躁不安的情绪，使双方对谈判继续下去都没有兴致。在这种情况下，可暂时停止会谈或双方人员去游览、观光、出席宴会、观看文艺节目，也可以到游艺室、俱乐部等地方娱乐，让紧绷的神经松弛一下，缓和一下双方的对立情绪。这样，在轻松愉快的环境中，大家的心情自然也就放松了。更重要的是，通过游玩、休息、私下接触，双方可以进一步熟悉、了解，消除彼此间的隔阂；也可以不拘形式地就僵持的问题继续交换意见，寓严肃的讨论和谈判于轻松活泼、融洽愉快的气氛之中。这时彼此心情愉快，人也变得慷慨大方，谈判桌上争论了几个小时无法解决的问题、障碍，也许就会迎刃而解了。

休会后，双方再按预定的时间、地点坐在一起时，会对原来的观点提出新的、修正的看法。这时，僵局就会较容易被打破。

休会策略一般用在下述情况：

（1）当谈判出现低潮时。此时人们的精力往往呈周期性变化，经过较长时间的谈判，谈判人员会感到疲惫、工作效率低下，这时最好提议休会，以便休息一下，养精蓄锐，以利再战。

（2）在会谈出现新情况时。谈判中难免出现新的或意外的情况和问题，使谈判局势无法控制。这时可建议休息几分钟，以研究新情况，调整谈判策略。

（3）当谈判出现僵局时。在谈判双方进行激烈交锋时，往往会出现各持己见、互不相让的局面，使谈判陷入僵局。这时，比较明智的做法是休会，双方可以冷静下来，客观地分析形势，及时地调整策略。等重新谈判时，会谈气氛就会焕然一新，谈判就有可能顺利进行。谈判各方可借休会之机，抓紧时间研究一下自己一方提出的交易方案对方可否承受，对方态度强硬的真实意图是什么，自己在哪些方面应继续坚持、哪些问题可以暂时放在一边不谈，己方准备提出哪些新的方案，等等。分析思考后重新谈判，提出对方可以接受的方案，从而打破僵局。

（4）当谈判出现一方不满时。有时谈判进展缓慢、效率很低、拖拖拉拉，谈判一方对此不满。这时，可提出休会，经过短暂休整后重新谈判，可改善谈判气氛。

（5）当谈判进入某一阶段的尾声时。这时双方可借休会之机，分析研究这一阶段所取得的成果，展望下一阶段谈判的发展趋势，谋划下一阶段进程，提出新的对策。

反过来，如果谈判的一方遇到对方采用休会缓解策略，而己方不想休会时，破解的方法如下：

（1）当对方因谈判时间拖得过长、精力不济要求休会时，应设法留住对方或劝对方再多谈一会儿，或再谈论一个问题，因为此时对方精力不济，容易出差错，意志薄弱者容易妥协，所以延长时间就是胜利。

（2）当己方提出关键性问题，对方措手不及，不知如何应付，情绪紧张时，应拖住对方继续谈下去，对对方有关休会的暗示、提示佯作不知。

（3）当己方处于强有力的地位，正在使用极端情绪化的手段去激怒对方，摧毁其抵抗力，对方已显得难以承受时，对对方的休会提议可装作不知、故意不理，直至对方让步，同意己方要求。

休会一般先由一方提出，只有经过双方同意，这种策略才能发挥作用。怎样取得对方同意呢？首先，提建议的一方应把握好时机，看准对方态度的变化，讲清休会时间。如果对方也有休会的要求，很显然会一拍即合。其次，要清楚并委婉地讲清需要。一般来说，参加谈判的人员都是有修养的，如东道主提出休会，客人出于礼貌，很少拒绝。最后，提出休会建议后，不要再提出其他新问题来谈，先把眼前的问题解决了再说。

（五）利用调解人调停打破僵局

在政治事务中，特别是国家间、地区间的冲突中，由第三者出面作调解人进行斡旋，往往会获得意想不到的效果。商务谈判也完全可以运用这一方法来帮助双方有效地消除谈判中的分歧，特别是当谈判双方进入立场严重对峙、谁也不肯让步的状态时，找到一位调解人来帮助调解，有时能很快使双方立场出现松动。

当谈判双方严重对峙而陷入僵局时，双方信息沟通就会发生严重障碍，彼此互不信任，互生偏见甚至敌意，而有些谈判又必须取得成果，不能中止或破裂。如索赔谈判，如果此时由第三者出面斡旋，既可以为双方保全面子，又使双方感到公平，信息交流很快变得畅通起来。调解人在充分听取各方解释、申辩的基础上，能很快找到双方冲突的焦点，分析其背后所隐含的利益分歧，据此寻求弥合这种分歧的途径。谈判双方之所以自己不能这样做，主要还是"不识庐山真面目，只缘身在此山中"。

商务谈判中的调解人主要是由谈判者自己挑选的。不论是哪一方，它所确定的调解人应该是对对方熟识，为对方所接受的，否则就很难发挥其应有作用，因此这就成了谈判一方为打破僵局而主动采取的措施。在选择调解人时不仅要考虑其能否体现公正性，而且还要考虑其是否具有权威性。这种权威性是使对方逐步受调解人影响，最终转变强硬立场的重要力量。而主动运用这一策略的谈判者就是希望通过调解人的作用，将自己的意志转化为调解人的意志来达到自己的目的。

利用调解人调停常用的方法有两种：调解和仲裁。调解是请调解人拿出一个新的方案让双方接受。由于该方案照顾了双方的利益，顾全了双方的面子，并且以旁观者的立场对方案进行分析，因而很容易被双方接受。但调解只是一种说服双方接受的方法，其结果没有必须认同的法律效力。当调解无效时可请求仲裁。仲裁的结果具有法律效力，谈判者必须执行。但当发现仲裁人有偏见时，应及时提出；必要时也可对他们的行为提起诉讼，以保护自己的利益不受侵害。需要说明的是，由法院判决也是处理僵局的一种办法，但很少使用。因为一是法院判决拖延的时间太长，这对双方都是不利的；二是通过法院判决容易伤害双方的感情，不利于以后的交往。因此，除非不得已，否则谈判各方均不愿把处理僵局的问题提交法院审理。

当出现了比较严重的僵持局面时，彼此间的感情可能都受到了伤害。因此，即使一方提出缓和建议，另一方在感情上也难以接受。在这种情况下，最好寻找一个双方都能够接受的中间人作为调解人或仲裁人。

（六）更换谈判人员或者由领导出面打破僵局

谈判中出现了僵局，并非都是双方利益的冲突，有时可能是由谈判人员本身的因素造成的。双方谈判人员如果互相产生成见，特别是主要谈判人员，在争议问题时，对他方人格进行攻击，伤害了一方或双方人员的自尊心，必然引起对方的怒气，会谈就很难继续进行下去，使谈判陷入僵局。即使是改变谈判场所，或采取其他缓和措施，也难以从根本上解决问题。形成这种局面的主要原因，是双方或一方在谈判中不能很好地区别对待人与问题的关系，由对问题的分歧发展为双方个人之间的矛盾对立。

由于谈判人员的性格、年龄、知识水平、生活背景、民族习惯、随便许诺、随意践约、好表现自己、对专业问题缺乏认识等因素造成的僵局，虽经多方努力仍无效时，可以征得对方同意，及时更换谈判人员，消除不和谐因素，缓和气氛，这样有可能很快打破僵局，保持与对方的友好合作关系。这是一种迫不得已的、被动的做法，必须慎重。

然而在谈判陷入僵局时调换谈判人员有时并非因为他们的失职，而是一种自我否定的策略，通过调换人员向对方表示：以前己方提出的某些条件不能算数，原谈判人员的主张欠妥。因而在这种情况下调换人员也常蕴涵了向谈判对方致歉的意思。

临阵换将，把自己一方对僵局的责任归咎于原来的谈判人员——不管他们是否确实应该担负这种责任，还是莫名其妙地充当了替罪羊的角色——这种策略为自己主动回到谈判桌前找到了一个借口，缓和了谈判场上对峙的气氛。不仅如此，这种策略还含有准备与对手握手言和的暗示，成为己方调整、改变谈判条件的一种标志，同时也向对方发出新的邀请信号：我方已做好了妥协、退让的准备，贵方能否也做出相应的灵活表示。

谈判双方通过谈判暂停期间的冷静思考，若发现双方合作的潜在利益要远大于既有的立场差距，那么调换人员就成了不失体面、重新谈判的有效策略，而且在新的谈判氛围中，在经历了一场暴风雨后的平静中，双方都会更积极、更迅速地找到一致点，消除分歧，甚至做出必要的、灵活的妥协，僵局由此而可能得到突破。但是，必须注意两点：第一，换人要向对方作婉转的说明，使对方能够予以理解；第二，不要随便换人，即使出于迫不得已而换，事后也要向换下来的谈判人员做一番思想工作，不能挫伤他们的积极性。

在有些情况下，如协议的大部分条款都已商定，却因一两个关键问题尚未解决而无法签订合同，这时，己方也可由地位较高的负责人出来参与谈判，表示对僵持问题的关心和重视。同时，也是向对方施加心理压力的表示，以迫使对方放弃原先较高的要求，在接下来的谈判中做出一些妥协，以利于尽快达成协议。

（七）从对方的漏洞中借题发挥打破僵局

谈判实践表明，在一些特定的形势下，抓住对方的漏洞，小题大做，会给对方一个措手不及。这对于突破谈判僵局会起到意想不到的效果，这就是所谓的从对方的漏洞中借题发挥，这种做法有时被看作是一种无事生非、有伤感情的做法。然而，对于谈判中对方某些人的不合作态度或试图恃强欺弱的做法，运用从对方的漏洞中借题发挥的方法做出反击，往往可以有效地使对方有所收敛。相反，不这样做反而会招致对方变本加厉的进攻，从而使己方在谈判中进一步陷入被动局面。事实上，当对方不是故意为难己方，而己方又不便直截了当地指出对方的不合作态度时，采用这种旁敲侧击的做法，往往可以使对方知错就改、主动合作。

（八）利用"一揽子"交易打破僵局

所谓"一揽子"交易，即向对方提出谈判方案时，好坏条件搭配在一起，像卖"三明治"一样，要卖一起卖，要同意一起同意。

往往有这种情况，卖方的报价包含了可让与不可让的条件。所以还价时，可采用把高档价与低档价夹在一起还价的做法。如把设备、备件、配套件三类价均分出 A、B、C 三个方案，这样报价时即可获得不同的利润指标。在价格谈判时，卖方应视谈判气氛、对方心理再妥协让步。作为还价的人也应同样如此，即把对方货物的价格分成三个档，还价时取设备 A 档价、备件 B 档价、配套件 C 档价，而不是都为 A 档价或 B 档价。其优点在于有吸引力，具有平衡性，对方易于接受，可以起突破僵局的作用。尽管在一次还价总额高的情况下该策略不一定有突破僵局的作用，但仍不失为一个合理还价的好理由。

（九）有效退让打破僵局

达到谈判目的的途径是多种多样的，谈判结果所体现的利益也是多方面的，有时谈判双方对某一方面的利益分割僵持不下，就轻易地让谈判破裂，这实在是不明智的。他们没有想到，其实只要在某些问题上稍做让步，而在另一些方面就能争取到更好的条件。这种辩证的思路是一个成熟的商务谈判者应该具备的。

例如，在从国外购买设备的合作谈判中，有些谈判者常常因为价格分歧不欢而散，诸如设备功能、交货时间、运输条件、付款方式等尚未涉及，就匆匆地退出了谈判。事实上，购货一方有时可以考虑接受稍高的价格，只是在购货条件方面向对方提出了更多的要求，诸如增加设备的若干功能，或缩短交货期，或除在规定的年限内提供免费维修外还希望供货方保证在更长时间内免费提供易耗品，或希望分期付款等。因此，当谈判陷入僵局时，谈判人员应有这样的认识：如果促使合作成功所带来的利益大于坚守原有立场而让谈判破裂所带来的好处，那么有效退让就是双方谈判者应该采取的策略。

微课：打破僵局的策略——场外沟通

（十）适当馈赠打破僵局

谈判者在相互交往的过程中，适当地互赠些礼品，会对增进双方的友谊、沟通双方的感情起到一定的作用，这也是普通的社交礼仪。西方学者幽默地称之为“润滑策略”。每一个精明的谈判者都知道：给予对方热情的接待、良好的照顾和服务，对于谈判往往产生重大的影响。它对于防止谈判出现僵局是一个行之有效的途径，这就等于直接明确地向对方表示“友情第一”。

所谓适当馈赠，就是说馈赠要讲究艺术，一是要注意对方的习俗，二是要避开贿赂之嫌。有些企业为了达到自身的利益乃至企业领导人、业务人员自己的利益，在谈判中把送礼这一社交礼仪改变了性质，使之等同于贿赂，不惜触犯法律，这是错误的。

动画：走廊外交

（十一）场外沟通打破僵局

谈判会场外沟通亦称“场外交易”“会下交易”。它是一种非正式谈判，双方可以无拘无束地交换意见，达到沟通、消除障碍、避免出现僵局之目的。对于正式谈判出现的僵局，同样可以用场外沟通的途径直接进行解释，消除隔阂。

1. 采用场外沟通策略的时机

谈判双方在正式会谈中，相持不下，即将陷入僵局。彼此虽有求和之心，但在谈判桌上碍于面子，难以启齿。

当谈判陷入僵局，谈判双方或一方的幕后主持人可借助于非正式场合进行私下商谈，从而缓解僵局。

谈判双方的代表因为身份问题，不愿在谈判桌上让步以打破僵局，但可借助私下交谈打破僵局，这样就不会牵扯身份问题。例如，谈判的领导者不是专家，但实际作决定的却是专家。在非正式场合，专家就可以不因身份问题而出面，打破僵局。

谈判对手在正式场合严肃、固执、傲慢、自负。这样，在非正式场合给予其恰当的恭维（因为恭维别人不宜在谈判桌上进行），就有可能使其做出较大的让步，使僵局被打破。

谈判对手喜好郊游、娱乐。这样，在谈判桌上谈不成的东西，在郊游和娱乐场合就有可能谈成，达成有利于己方的协议。

2. 运用场外沟通应注意的问题

第一，谈判者必须明确，在一场谈判中用于正式谈判的时间是不多的，大部分时间都是在场外度过的，必须把场外活动看作是谈判的一部分，场外谈判往往能得到在正式谈判中得不到的东西。

第二，不要把所有的事情都放在谈判桌上讨论，而是要通过一连串的社交活动讨论和研究问题的细节。

第三，当谈判陷入僵局，就应该离开谈判桌，举办多种娱乐活动，使双方无拘无束地交谈，促进相互了解，沟通感情，建立友谊。

第四，借助社交场合，主动和非谈判代表的有关人员（如工程师、会计师、工作人员等）交谈，借以了解对方更多的情况，往往会得到意想不到的收获。

第五，在非正式场合，可由非正式代表提出建议、发表意见，以促使对方思考，因为即使这些建议和意见很不利于对方，对方也不会追究，毕竟讲这些话的不是谈判代表。

（十二）以硬碰硬打破僵局

当对方通过制造僵局，给己方施加太大压力时，妥协退让已无法满足对方的欲望，此时，己方应采用以硬碰硬的办法向对方反击，让对方自动放弃过高的要求。比如，揭露对方制造僵局的用心，让对方自己放弃所要求的条件，使谈判得以进行下去；也可以离开谈判桌，以显示己方的强硬立场。如果对方想与己方谈成这笔生意，他们会再来找己方，这时，对方的要求就会改变，谈判的主动权就掌握在了自己的手里。如果对方不来找己方也不可惜，因为继续同对方谈判，只能使自己的利益降到最低点，这种谈判，谈成还不如谈不成。

微课：打破僵局的策略——以硬碰硬

谈判陷入僵局时，如果双方的利益差距在合理限度内，即可明确表明自己已无退路，希望对方让步，否则情愿接受谈判破裂的结局。前提是：双方利益要求的差距不超过合理限度。只有在这种情况下，对方才有可能忍痛割舍部分期望利益、委曲求全，使谈判继续进行下去。相反，如果双方利益的差距太大，只靠对方单方面的努力与让步根本无法弥补差距时，就不能采用此策略，否则就只能使谈判破裂。当谈判陷入僵局而又实在无计可施时，以硬碰硬策略往往成为最后一个可供选择的办法。在作出这一选择时，己方必须要作最坏的打算，否则就会显得茫然失措。切忌在毫无准备的情况下盲目滥用这一做法，否则只会吓跑对方，自己将一无所获。另外，在谈判过程中，如果运用这一策略而使僵局得以打破，己方就要兑现各项承诺，与对方签订协议，并在日后的执行中，充分合作，保证谈判协议的顺利执行。

商务谈判僵局处理的成功与否，取决于谈判人员的经验、直觉、应变能力等综合素质。从这个意义上讲，僵局突破是谈判的科学性与艺术性结合的产物。在分析、研究及制造谈判策略方面，谈判中的科学成分多一些；而在谈判策略具体运用上，谈判的艺术成分多一些。在具体谈判实践中，最终采用何种谈判策略应该由谈判人员根据当时当地的谈判背景与谈判形势来确定。一种谈判策略可以有效地运用于不同的谈判僵局之中，但一种策略在某次僵局突破中运用成功，并不意味着在其他同样类型的谈判

动画：农机公司与销售公司的谈判

僵局中也适用。只要僵局构成因素稍有差异，包括谈判人员的组成不同，各种谈判策略的使用效果都有可能迥然不同。关键还在于谈判人员的素质、谈判能力和己方的谈判实力，以及实际谈判中的个人及小组的力量发挥情况。那些应变能力强、谈判实力强，又知道灵活运用各种策略与技巧的谈判者一定能够成功应对、处理所有的谈判僵局，进而实现谈判目标。

任务五　掌握商务谈判的让步策略

任务分析

本任务的学习目标是掌握商务谈判常见的八种让步方式，商务谈判主要的让步策略和迫使对方让步的策略，能在实际的商务谈判中争取让对方做出更大的让步。

知识准备

一、商务谈判常见的让步方式

谈判本身就是一个讨价还价的过程，也是一个理智的取舍过程，没有舍也就没有取。所以在商务谈判过程中，要根据谈判环境和条件做出合适的决定，适当取舍，才有可能使谈判达成协议。正因为如此，谈判让步的方式、技巧和策略才显得尤为重要。让步的具体方式多种多样，在具体的应用过程中，要根据实际情况灵活选择，切忌一成不变地选择一种模式，可以说，让步是一个需要十分谨慎的问题。常见的让步方式，见表 7-4 所示。

表 7-4　常见的让步方式

让步类型	预定让价	第一次让步	第二次让步	第三次让步	第四次让步
坚定型	100	0	0	0	100
等额平均型	100	25	25	25	25
递增型	100	15	20	30	35
小幅度递减型	100	35	30	20	15
中等幅度递减型	100	40	30	20	10
大幅度递减型	100	75	20	0	5
反弹式	100	80	20	−10	10
一次性	100	100	0	0	0

以上让步类型是假设的卖方让步类型，不同的让步方式其影响和结果也是不一样的，下面对上述八种让步类型逐一说明：

（1）坚定型让步方式（0、0、0、100）。这种方式能让对方一直以为没有什么妥协的希望，如果买方意志薄弱，可能早就放弃讨价还价了，而一个坚强的买主则会坚持不懈，不达目的决不罢休，继续迫使对方让步，如果卖方承受不了买方持续不断的让步要求，那么，买方最终会达成目的，当然买卖双方都要冒形成僵局的危险。

(2) 等额平均型让步方式(25、25、25、25)。这种方式每次让步的额度是一样的。假如买方耐心地等待,这种让步类型将会鼓励他继续期待进一步的让步。当他争取到的第二次让步金额与第一次相同时,他有理由这样推测:如果再争取一下,说不定可以再争取到25元的让步,果然,他的预期实现了。至此,过去的经验告诉他,他完全可以再争取一步。

(3) 递增型让步方式(15、20、30、35)。这种让步方式不是明智之举,往往会造成卖方较大的损失。因为这种方式会导致买方相信:只要坚持住,更大的让步在后面,卖方的"水分"会越挤越多,从而使买方的期望值随着时间的推移而越来越大,要求也会越来越高。所以,这种让步方式要谨慎使用。

(4) 小幅度递减型让步方式(35、30、20、15)。这种让步方式表明卖方的立场会越来越强硬,展示出卖方愿意妥协,但是防卫严密,不会轻易让步。同时告诉买方,可挤的"水分"是越来越少了。

(5) 中等幅度递减型让步方式(40、30、20、10)。这种让步方式表示出较强的妥协意愿,不过同时也暗示买方,卖方的让步空间是有限的。在谈判的前期,这样做有提高买方期望的风险。但是随着让步幅度的逐渐缩小,卖方会逐渐趋向于一个坚定的立场,这样风险也就逐渐变小了,此时,聪明的买主会意识到进一步让步是不可能的了。

(6) 大幅度递减型让步方式(75、20、0、5)。这种让步方式的潜在危险是比较大的,因为一开始就做出较大的让步,将会大幅度提高买方的期望值。不过随后的让步幅度大幅降低会很快冲淡这个效果,让买方知道,即使再进一步的讨论也是于事无补。第三次让步时做出了无利可让的假象,这样有可能打消对方进一步要求己方让步的期望,最后又让出小利,既显示了己方的诚意,又会使谈判对手难以拒绝签约,往往收效不错。

(7) 反弹式让步方式(80、20、-10、10)。这是一种大幅度递减但又有价格反弹的让步类型,这种让步类型是从第六种类型变化而来的,第三次的轻微涨价即价格反弹,表现出卖方更坚定的立场,或者说是对买方坚持要求让步的一种对抗或反攻。第四次又作出了不小的让步,将会使买方喜出望外而感到特别珍贵。

(8) 一次性让步方式(100、0、0、0)。即一次让到位,这是一种极其危险的让步方式。因为这种让步类型会对买方产生极强的影响和刺激。一开始做出如此大的让步,会使买方把期望值大大提高。然而,紧接着就是卖方拒绝再次让步,这往往会使买方难以接受和理解,如果争取不到新的让步,谈判僵局难以避免。因此,这种让步方式要尽量少用。

以上就是实际谈判中有可能用到的八种让步类型。从实际的运用情况来看,采用比较多的让步类型是第四种和第五种让步类型,因为这两种类型对让步的一方来说可以说是步步为营,使买方的期望值逐步降低,较适应一般人的心理。第六种和第七种让步类型需要较高的艺术技巧和冒险精神,如果运用得好,可以少做让步,迅速达成交易,但如果运用不好,往往会使自己做出更大的让步甚至造成谈判僵局。第二种和第八种让步类型实际采用较少,而第一种让步方式基本上不采用。

在商务谈判过程中,让步是客观存在的,也是不可避免的。在某种意义上,让步是谈判成功的保障,换句话说,没有让步就没有成功的谈判。实际上,谈判往往是双方或多方讨价还价的过程。不同的让步方式给对方传递不同的信息,选择、采取哪种让步方式,取决于这几个因素:谈判对手的谈判经验、准备采取什么样的谈判方针和策略、期望让步后对方给予己方何种反应。

实战训练

缓退还是急退？

谈判前的卖方都会计划一个可接受的最低价格，但他们在谈判中所开出的价格却都要比最低价格高出许多，而这个高出来的差额即是他们在讨价还价中所能做出的最大程度的让步。现在假设卖方将出售品以 390 元作为可接受的最低价格，但他的最初报价是 450 元，他的最大让价幅度是 60 元。在这种情况下，将采取怎样的让步方式来达到谈判目标？

(1) 0—0—0—60

(2) 15—15—15—15

(3) 8—13—17—22

(4) 22—17—13—8

(5) 26—20—12—20

(6) 49—10—0—1

(7) 60—0—0—0

要求：请选择合适的让步方式，并说明理由。

二、商务谈判主要的让步策略

（一）互惠式让步策略

互惠式让步策略是指以本方的让步换取对方在某一问题上的让步。是否采取这种策略与我们在商务谈判议题时所采取的方式有关。

要采取互惠式的让步策略，需要谈判者有开阔的思想和视野，从谈判实践来看，可以采用以下两种方式进行：一是当本方提出让步时，需向对方表明我们做出的这个让步是与公司领导的指示、与公司政策相矛盾的，即为了做出这个让步我们做出了不小的牺牲，因此，贵方也需在某些问题上给予回报；二是把本方的让步和对方的让步直接联系起来。即向对方表明，双方目前只在某个问题上有障碍，在其他方面已达成一致，所以我们应彼此让步共同解决。两种方式相比较，第一种方式更容易取得成功，因为它不但言之有理，而且言之有情；第二种方式则显得直来直去，比较生硬。

（二）给予远期利益，换取近期优惠

谈判中的让步实际上是给对方一定的利益。利益有两种：一种是现实近期的利益，比如一个人饿了，有人给他一个馒头，他就立刻可以解决饥饿问题，从而现实地满足了他对食物的需求和渴望；另一种是期待远期的利益，同样的例子，有人许诺过几天再给他食物，对这个人来讲，他得到的利益是未来的利益，但从心理上讲，他已部分地得到满足。

在实际的商务谈判中，直接给对方的让步是一种现实的利益。我们也可以通过给予对方期待的满足或未来的满足，而避免现实谈判中要求我们在某一问题上做出让步。比如：我们可以向对方表示保持与我方的业务来往将能给对方带来长期的利益；向对方说明远期

利益和近期利益的关系。如果对方是一个有远见的商人，他是会取远利而弃近惠的，从而保证眼前的谈判得以顺利进行。

三、迫使对方让步的策略

对于谈判人员来讲，谈判中的利益可以分为三个部分：一是必须坚持的利益；二是应该争取的利益；三是可以放弃的利益。特别是第一部分的利益，在商务谈判中并非可以轻易获得，往往需要经过曲折的谈判过程才能迫使对方让步。以下是可以迫使对方让步的一些策略：

（一）先苦后甜策略

该策略又称吹毛求疵策略，是一种先用苛刻的虚假声势让对方产生焦虑、压抑、无望等心理，从而大幅度降低对方的期望值，继而在随后的谈判中逐步给予对方优惠或让步。该策略首先用“苦”降低了对方的期望值，然后用“甜”出其不意地满足了对方的心理需要，因而很容易获取理想的谈判结果。

（二）激进策略

这里所说的激进策略，是指在谈判过程中充分利用情绪的作用，采取情绪爆发的方式逼迫对方让步。一般情况下，当人们突然面临激烈的冲突时，往往惊慌失措，不知如何是好，在大多数情况下，人们会逃避冲突和压力。

在实际的谈判过程中，情绪爆发的方式有两种：一种是情不自禁地爆发；另一种是有目的地爆发。尤其是第二种方式需要注意，它是谈判人员为了达到自己的谈判目的而有意识地进行情绪发作，或者说是情绪“表演”。在该策略中所说的情绪爆发是指后者。

在谈判过程中，当双方在某一问题上相持不下时，就要敏锐地抓住对方言语、行为、态度上的不妥之处，突然情绪爆发，严厉斥责对方无理、有意制造僵局、没有谈判的诚意。脾气的大小应视当时的谈判环境和气氛而定，总之，要起到震慑对手的作用。在一般情况下，如果对方不是谈判经验丰富的专家，在这突如其来的激烈冲突和巨大压力下，往往会手足无措，动摇自己的信心和立场，从而重新调整自己的谈判方针和目标，做出某些让步。

当然，在运用这一策略时，要十分谨慎，必须把握住时机和态度，否则可能会起到相反的作用，甚至导致谈判破裂。

（三）车轮战术策略

车轮战术是指在谈判桌上的一方遇到关键问题或与对方有无法解决的分歧时，借口自己不能决定或其他理由，转由他人进行谈判。这里的他人指上级或者是同伴、合伙人、亲属、朋友等。不断更换自己的谈判代表，有意延长谈判时间，消耗对方精力，促使其做出让步。

一个谈判代表与对方谈了一段时间后，找理由换一个新的谈判代表，新的谈判代表上场后，可以借故抹掉前任所做出的让步，要求重新开始讨论；过一段时间再更换一名谈判代表。这样可以使对方处于不利的地位，因为他要复述过去争论的话题，要了解新的对手，就会消耗许多精力，从而出现失误或纰漏，有助于实现己方的需求。

（四）利用竞争，坐收渔利策略

在商务谈判中有意地制造和利用竞争永远是逼迫对方让步的最有效武器和策略。谈判的一方存在的竞争对手较多，那么其谈判实力将大大减弱。因为对买主而言，它可以把所有的卖主请来，同他们商量成交的条件，利用卖方之间的竞争各个击破，为自己创造有利的条件。该策略成功的基础是制造竞争，卖方的竞争越激烈，买方的利益就越大。所以，在实际的商务谈判中，我们要有意地制造和保持对方的竞争对手，即使对方实际上没有竞争对手，我们也要巧妙地制造假象来迷惑对手，从而有效地逼迫对手让步。

制造竞争的方法有很多，诸如：邀请多家卖方参加投标，有效利用他们之间的竞争取胜；邀请主要的卖主参与谈判，同时向他们报出底价，作为与他们要价的筹码，通过这几家卖主的彼此之间的竞争，促使他们降低条件。当对方采用该策略时，我们的对策是根据其变化而采取相应的策略。

❖ 实例分析

实操演示：利用竞争，坐收渔利

美国有位谈判专家想在家中建一个游泳池，建筑设计的要求非常简单：长 30 米，宽 15 米，有水过滤设备，并且在 6 月 1 日前建好。谈判专家在游泳池的造价及建筑质量方面是个外行，但这难不倒他。在极短的时间内，他不仅使自己从外行变成了内行，而且还找到了质量好、价格便宜的建造者。

谈判专家先在报纸上登了想要建造游泳池的广告，具体写明了建造要求，结果有 A、B、C 3 位承包商来投标，他们都交给他承包的标单，里面有各项工程的费用及总费用。谈判专家仔细地看了这 3 张标单，发现所提供的温水设备、过滤网、抽水设备、设计和付钱条件都不一样，总费用也有差距。

接下来的事情是约这 3 位承包商来他家里谈，第一个约好早上 9 点，第二个约好早上 9 点 15 分，第三个约好早上 9 点 30 分。第二天，3 位承包商如约而来，他们都没有得到主人的马上接见，只得坐在客厅里彼此交谈着等候。

10 点钟的时候，谈判专家出来请第一个承包商 A 先生到书房去商谈。A 先生一进门就宣称他的游泳池一向是造得最好的，好的游泳池的设计标准和建造要求他都符合，顺便还告诉谈判专家 B 先生通常使用陈旧的过滤网，而 C 先生曾丢下许多未完的工程，而且他现在正处于破产的边缘。接着谈判专家同 B 先生进行谈话，从他那里了解到其他人提供的水管都是塑胶管，他所提供的才是真正的铜管。C 先生告诉谈判专家，其他人使用的过滤网都是品质低劣的，并且不能彻底做完，拿到钱以后就不管了，而他则绝对保质保量。

谈判专家通过静静地倾听和旁敲侧击地提问，基本弄清了游泳池的建筑设计要求及 3 位承包商的基本情况，发现 C 先生的价格最低，而 B 先生的建筑设计质量最好，最后他选中了 B 先生建游泳池，而只能给 C 先生提出的价钱。经过一番讨价还价之后，双方终于达成了一致。

资料来源：李静．商务谈判（理论、实务、案例、实训）[M]. 北京：中国传媒大学出版社，2016.

案例分析：谈判专家利用了哪种谈判策略赢得了谈判的胜利？

（五）虚拟假设策略

所谓虚拟假设，首先是分析利害，然后给对方分析可能发生的结果，迫使对方选择让步。其实这种策略经常运用。比如，当匪徒挟持人质和警察对峙时，警方经常会这样说："如果你们放人投降，你们最多被判处 1～2 年的徒刑，否则的话，后果将远比这严重。"这就是典型的虚拟假设策略。

（六）声东击西策略

声东击西策略在军事战争中经常运用，指当敌我双方对垒时，我方为了有效打击敌人，故意造成一种从某一方向进攻的假象，借以迷惑对方，然后攻击其另一方向，从而出奇制胜。这种战术策略同样可适用于商务谈判中。在商务谈判中，一方出于某种需要而有意识地将会议的议题引到另一方面，借以分散对方的注意力，从而达到自己的目的。实际的谈判案例和结果也证明，只有更好地隐藏自己真正的利益需要，才能更好地实现目标，尤其是在你不能完全信任对方的情况下更是如此。

如果你就某个问题想先让对方让步，就可以采用声东击西的策略，故意把这一问题轻描淡写地一笔带过，相反，你可以强调不重要的部分，从而给对方造成错觉，起到了很好地隐藏自己真正利益的目的，这样你也很容易实现自己的目标。其实就是采取障眼法，作为缓兵之计，把主要问题先搁下来，以便抽出时间对有关问题做更深入的了解。

（七）先斩后奏策略

该策略亦称"人质策略"，即"先成交，后谈判"。对于实力较弱的一方而言，往往可以通过一些巧妙的办法使交易已成事实，然后在随后的谈判中摊牌，逼迫对方让步。该策略的本质是先让对方付出代价，并以这些代价作为"人质"，从而扭转自己实力较弱的局面。

实操演示：房地产商与广告公司的谈判

该策略在实际的商务谈判过程中通常的做法有：卖方先取得买方的预付金，然后寻找理由提价；买方先获得了卖方的预付产品，然后提出推迟付款；买方取得货物之后，通过各种原因要求降价。该策略在实际的运用过程中要十分谨慎，因为一旦以上做法无正当的理由，即可被视为缺乏商业道德，导致谈判中止。

（八）红白脸策略

红白脸策略又称双簧戏，是谈判桌上常见的进攻策略。一般在使用之前，应仔细地规划和排练。重要的问题在于选择角色。"白脸人"必须真正具有进攻性和威慑力，使人望而生畏并易于被人激怒；而"红脸人"必须善于逢场作戏，处事圆滑，十分机智。如果物色的人不适当，就会使对方一眼看穿，那就成为笑料了。当谈判气氛明显充满敌意，对方死守一点而决不让步时，"白脸人"就要出场。情节十分简单，他大发雷霆，尽力指责和诋毁对手，把气氛搞得十分紧张。而其他人则一言不发或者不知所措，观察对方的反应寻找解决问题的办法。然后"红脸人"走出来试图缓和局面，他虽然劝阻自己的同伴，但是也要平静而明确地指出，这一场闹剧之所以出现完全是对方的态度所引起的。当"白脸人"发怒后，对方一般会被激怒，而后又会感到自己的做法有失情理。"红脸人"使大家冷静下来，并说得那位怒气冲冲的"白脸人"变得收敛。如果"白脸人"善于做戏，他可以做出明显出于无奈的道歉，然后面带愠色继续谈判。通过这样的反复，实力对比会发生很大变化。双簧戏之所以有可能成功，就在于它利用了人们避免冲突的心理弱点。当然，并不是所有的人都惧怕冲突，所以要因人而用。

需要指出的是，在谈判中，充当强硬角色的在耍威风时应有理，切忌无理辩三分，此外，两个角色配合要默契。

实例分析

2004年4月21日，第15届中美商贸联委会仅用了4个半小时的会谈时间，便就美国对华高科技出口、知识产权保护等重要议题达成共识。

从美国贸易代表办公室公布的双方谈判结果来看，中方做出了不少重大让步，如中方承诺无限期延长原定在2004年6月1日强制实施的无线局域网加密标准的实施时间。中方做出的这些让步和妥协是十分必要而且也是非常值得的，因为，作为世界上最大的发展中国家，中国要发展自己的高新技术，就需要学习和模仿他国的技术，如果不愿意在当前付出相应的代价，那么国家以后的高新技术发展就会受到更大的阻碍。

中方还在知识产权保护方面进行了许多让步。这些让步使得这次会谈又达成了一项重要协议，即中国承诺在2004年底以前，将把更多的知识产权侵害列入刑事处罚调查之中，其中包括进口、出口、销售盗版产品，甚至网络盗版也将被列入刑事处罚。过去，美国经常抱怨中国在知识产权保护方面的力度不够，现在中国的这些做法显然让美国看到了中国人的决心和合作诚意。面对中方做出的这些让步，美方也同意在知识产权的作价上适当考虑中国市场的承受能力。这就意味着西方发达国家的公司有可能适当降低知识产品的售价，扩大同中国公司技术合作的范围和深度，以利于中国消费者以比较合理的代价来学习和使用这些知识产品，最终通过合理价格扩大知识产品的市场。中美双方达成这项协议无疑促进了中国同所有西方发达国家更加深入和广泛的合作，这不仅有利于中国知识产权环境的优化，而且也利于发达国家知识产品的市场开拓和推广。

中国实际上是采取了一种“退一步，是为了进两步”的策略，暂时的妥协是为了更长远利益的实现，局部的让步是为了整体利益的平衡。

资料来源：鲁晓慧．商务谈判［M］. 郑州：河南科技出版社，2012.

案例分析题：中方在让步时遵循了什么原则？

项目小结

1. 价格磋商阶段是谈判的关键阶段，是谈判双方展示谋略和运用谈判技巧的最佳阶段，包含报价、讨价还价等多项内容。整个价格谈判的过程，就是在特定的商务谈判系统中谈判主体之间分配物质利益与需要的过程，价格谈判中双方的实力、谈判者的态度和行为，准备工作以及所运用的策略技巧对讨价还价的成败至关重要。

2. 商务谈判中的拒绝策略，以及如何有效地应对拒绝。

3. 商务谈判僵局的处理是商务谈判中的重要内容。有关商务谈判僵局产生的原因、谈判僵局处理原则、谈判僵局的作用和制造以及打破谈判僵局的策略，我们要认真掌握，以便日后碰到僵局时懂得如何处理。

4. 商务谈判的让步也是商务谈判的重要环节，我们要掌握常见的让步方式、主要让步策略、迫使对方让步的策略等，在实际的商务谈判中争取让对方做出更大的让步。

练习与实战演练

一、单选题

1. 报价起点策略是指（　　）。

A. 卖方开价要高　　B. 卖方开价要低

C. 卖方漫天要价　　D. 买方胡乱杀价

2. 决定能否打破僵局的最重要因素是（　　）。

A. 双方实力　　B. 市场环境　　C. 人员素质　　D. 交易条件

3. 严格要求策略最适合在商务谈判的（　　）运用。

A. 开局阶段　　B. 磋商阶段　　C. 结束阶段　　D. 准备阶段

4. 谈判中，一方首先报价后，另一方要求报价方改善报价的行为被称作（　　）。

A. 要价　　B. 还价　　C. 讨价　　D. 议价

5. 在下列让步模式中，如果有 80 元的让步空间，对卖方来说，最适宜的让步模式是（　　）。

A. 0—0—0—80　　B. 35—26—16—3

C. 20—20—20—20　　D. 45—30—0—5

二、思考题

1. 什么是讨价？讨价的方式有哪些？

2. 常用的拒绝技巧有哪些？

3. 说明商务谈判僵局的种类。

4. 试分析让步的几种基本方式。

三、实战演练

【实战 1】报总价还是分项报价？

任务：商务谈判价格磋商能力训练。

组织方式：全班按每组 4～6 人组建项目团队，以团队为单位进行。

内容：你正准备对有意向购买你公司空调系统的某公司报价，你会采取哪一种方式？

（1）在报价单上逐项列明每一种设备的价格。

（2）在报价单上只粗略地将整套设备区分为数类，并标明每类的价格。

（3）只报整套设备的总价格，避免分项报价。

时间安排：每组限时 5 分钟陈述、质疑、答辩。

评价方式：各组互评打分，老师评析。

【实战 2】留住自己的谈判力

任务：商务谈判价格磋商能力训练。

组织方式：全班按每组 4～6 人组建项目团队，以团队为单位进行。

内容：你们从某家真空管制造厂购进了一批真空管，但这批真空管不符合你们的品质控制检验要求。于是你们又将这批真空管送到自己的检修车间进行矫正加工。此时你将如何与该真空管制造厂进行谈判？

（1）要求该厂将你的加工费在你所赊欠的账款中扣掉，并警告该厂以后所运交的真空管一定要符合规格要求。

（2）将你的加工费在赊欠中扣除，并付清欠款。

（3）付清欠下的全部账款，但要求该厂保证以后的产品一定要符合规格要求。

说明：如果你采取上面三种对策中的第一种，但该厂坚持要求你付清全部账款。其所持的理由是：你要的加工费太高，而且不符合要求的产品应送回该厂检验，必要时可以更换产品。面对这种情况你该怎么办？

（4）再度拒绝付款，并坚持所收的加工费是合理的，而且必须在欠款中予以扣除。

（5）警告该厂，如果再坚持付清全部的账款，以后将断绝往来。

时间安排：每组限时5分钟陈述、质疑、答辩。

评价方式：各组互评打分，老师评析。

【实战3】“双赢”的讨价还价

任务：商务谈判价格磋商能力训练。

组织方式：全班按每组4～6人组建项目团队，以团队为单位进行。

内容：水木年华公司业务员李莉去石材店采购板材，相中了橱窗里陈列的“将军红”大理石板材。她走进商店问价钱，老板心里知道，进价是180元/平方米，但没有告诉她售价，只是给她倒了一杯茶。

李莉开始为买“将军红”打埋伏，说她想要“黑珍珠”石材。“这里有很漂亮的黑色大理石。”老板边说边请她看样品。李莉又改口，说想要更厚一点的，老板说他也有更厚一点的大理石。至此，李莉决定为那批“将军红”与老板讨价还价。她再次问了价钱。老板说300元。“这太贵了，”李莉开始还价，她出价200元。“260元。”老板说。“谢谢！”李莉边说边朝门口走去，老板怕失去这桩生意，最终以210元/平方米的价格卖给了李莉一批石材。这笔业务老板赚了近17%，比预期15%的毛利率多了两个百分点，最终皆大欢喜。试分析该谈判成功的直接原因是什么。

时间安排：每组限时5分钟陈述、质疑、答辩。

评价方式：各组互评打分，老师评析。

【实战4】如何摆脱无意义的争论？

任务：商务谈判僵局处理能力训练。

组织方式：全班按每组4～6人组建项目团队，以团队为单位进行。

内容：在一次谈判时，对方翻来覆去地强调他的立场，你觉得这样下去浪费时间，而且容易形成僵局。你决定提议跳过这个问题，你如何提议？为什么？

（1）提议让对方提出新的解决方案。

（2）告诉对方如果对方继续谈论同样的问题，你就退出谈判。

（3）自己提出新方案。

（4）提议休会。

（5）指责对方偏离主题。

时间安排：每组限时5分钟陈述、质疑、答辩。

评价方式：各组互评打分，老师评析。

【实战 5】谈判磋商实战训练

任务：商务谈判让步能力训练。

组织方式：全班按每组 4～6 人组建项目团队，以团队为单位进行。

内容：请利用购物之机到无标价的商场进行下述两项实践：

（1）询价、讨价与还价。

（2）以探测货主的临界价格为目的，有意识地使用相关策略与技巧讨价还价。

在迫使对方让步的策略中，你最喜欢哪种策略？为什么？

时间安排：每组限时 5 分钟陈述、质疑、答辩。

评价方式：各组互评打分，老师评析。

项目八

商务谈判的终结

学习目标

知识目标：了解商务谈判终结的判断方法，掌握有效结束谈判的策略，掌握商务谈判合同的特点和主要条款。

能力目标：能根据谈判进程判断商务谈判是否应该终结。具备根据商务谈判任务签订谈判合同的能力。

案例导入

科恩在日本的一次谈判

动画：科恩在日本的一次谈判

美国著名谈判大师荷伯·科恩年轻时曾受一家经营外贸业务的公司雇用，他听到大亨们满嘴是异国的故事，也决心去当一回谈判代表。他介绍说：我习惯每星期五去见我的上司，三番五次请求他："给我个好机会去打一仗吧。派我出去，让我当一回谈判代表吧！"我烦得上司受不住了，最后终于同意。上司说："好吧，科恩，我要派你去东京跟日本人打交道。"我太高兴了，兴奋地对自己说："这可是我的一次好机会，命运在召唤，我要扫清日本人，然后向其他国家进军。"一周之后，我乘上去东京的飞机，参加为期 14 天的谈判。我带了有关于日本人的精神和心理的书籍，一直对自己说："一定要把这桩买卖做好。"飞机在东京着陆了，我第一次以小跑走下舷梯。舷梯下有两位日本代表热情地迎接我，并向我客气地躬身敬礼，我很高兴。两位日本人帮我顺利地通过了海关，然后陪我坐上一辆大型豪华轿车，我舒舒服服地倚在锦绒座背上，他们却笔直地坐在两把折叠椅上，我非常感激。在轿车行驶途中，其中一位代表问道："请问，你懂这儿的语言吗？"我答道："你是指日语吧？"他说道："对，就是我们日本语言。"我说："噢，不懂，但是我想学几句，我随身带了一本字典。"他的同伴问道："你是否关心你返回的乘机时间？我们可以安排车子送你到机场。"我心里想："多么体谅别人呀！"我从口袋里掏出返程机票给他们看，以便让他们知道什么时间开车送我到机场。当时我并不知道他们因此就知道了我的截止期，而我却不知道他们的截止期。他们没有立即开始谈判，而是先让我领略一下日本的文化。我的游览花费了一周多的时间，他们甚至给我安排了一次坐禅英语课。每晚有4个半小时，他们都陪着我进餐和欣赏文艺节目。每当我要求开始谈判时，他们总是说："有的是时间，有的是时间，别着急。"直到第12天，谈判总算开始了，但又提前结束，以便能打高尔夫球。第13天又开始谈，又是提前结束，因为要举行告别宴会。最后在第14天早上，我们才恢复了认真的谈判，正当我们深入到问题的核心时，轿车开来了，要接我去机场。我们全部挤进车里，继续商谈条款，正好轿车到达飞机场时，我们达成了交易协议。

这次谈判干得怎样？显而易见，匆忙中签订的协议，自然是对日本人有利。多少年来，科恩的上司一直把这次谈判看作"日本人自从珍珠港事件后的第一个重大胜利"。为什么出现大溃败呢？是因为日本人知道了科恩的截止期，而科恩不知他们的。由于他们正确地预料到科恩不会让自己空手返回，所以他们一直不做让步。此外，科恩表现出的焦急也说明他把返回日期看作是神圣不可改变的，好像这是从今以后由东京起飞的最后一趟班机了。

资料来源：刘文广．商务谈判．北京：高等教育出版社，2005.

➡**案例分析：** 日本商人运用了谈判的哪种策略取得了谈判的成功？

思维导读

- 商务谈判的终结
  - 商务谈判终结判断
    - 商务谈判结束的判定标准
    - 商务谈判结束的方式
    - 商务谈判结果
  - 学会结束谈判的方法与策略
    - 促进交易达成的条件
    - 有效结束谈判的策略
    - 结束谈判的技术准备和谈判后管理
  - 合同签订及担保
    - 合同的概念和特征
    - 谈判合同的特征
    - 谈判合同的总体构成
    - 合同的签约过程
    - 合同担保

任务一　商务谈判终结判断

任务分析

本任务的学习目标是掌握商务谈判结束的判定标准、洞察并把握住谈判结束的契机，为结束谈判做好周密的准备。具备根据谈判进程判断商务谈判是否应该终结的判断能力。

知识准备

一、商务谈判结束的判定标准

商务谈判何时结束？是否已经到了签订协议的时机？这是商务谈判结束阶段极为重要的问题。作为一名谈判者，只有准确地判定谈判结束的时机，才能运用好结束阶段的策略。一般而言，商务谈判结束可以从以下三个方面判定。

（一）从谈判涉及的交易条件来判定

这个方法主要是从谈判所涉及的交易条件的解决状况来分析判定整个谈判是否进入终结。谈判的中心任务是交易条件的洽谈，在磋商阶段双方进行多轮谈判，临近结束阶段要考察交易条件经过多轮谈判之后是否达到以下三条标准，如果已经达到，那么就可判定谈判结束。

1. 分析交易条件中尚存在的分歧

首先，从数量上看，如果双方已达成一致的交易条件占据绝大多数，所剩的分歧数量仅占极小部分，就可以判定谈判已进入结束阶段。量变会导致质变，当达到共识的问题数量已经大大超过分歧数量时，谈判性质已经从磋商阶段转变为结束阶段，或者说成交阶段。其次，从质量上看，如果交易条件中最关键最重要的问题都已经达成一致，仅剩余一些非实质性的无关大局的分歧点，就可以判定谈判已进入结束阶段。

2. 考察对方交易条件是否符合己方最低交易条件

如果对方认同的交易条件已经符合己方最低交易条件，谈判自然进入终结阶段。因为双方已经出现在最低限度达成交易的可能性，只有紧紧抓住这个时机，然后继续努力维护并加以改善这种状态，才能实现谈判的成功。己方当然还想争取到一些更好的交易条件，但是己方已经看到可以接受的成果，这无疑是值得珍惜的宝贵成果，是不能轻易放弃的。如果能争取到更优惠的条件当然更好，但是考虑到各方面因素，此时不可强求最佳成果而重新形成双方对立的局面，使有利的时机丢掉。因此，当谈判交易条件符合己方最低交易条件时，就意味着终结阶段的开始。

3. 考察双方在交易条件上的一致性

谈判双方在交易条件上全部或基本达成一致，而且个别问题如何做技术处理也达成共识，可以判定终结阶段的到来。首先，双方在交易条件达成一致，不仅指价格，还包括对其他相关的问题所持的观点、态度、做法、原则都有了共识。其次，个别问题的技术处理也应使双方认可。因为个别问题的技术处理如果不恰当、不严密、有缺陷、有分歧，就会使谈判者在协议达成后提出异议，让谈判重燃战火，甚至达成的协议被推翻，使前面的劳动成果付之东流。因此，在交易条件基本达成一致的基础上，个别问题的技术处理也达成一致意见，才能判定谈判终结的到来。

（二）从谈判时间来判定

时间判定有以下三种标准：

1. 双方约定的谈判时间

在谈判之初，双方一起确定整个谈判所需要的时间，谈判进程完全按约定的时间安排，当谈判已接近规定的时间时，自然进入谈判终结阶段。按约定时间终结谈判会使双方都有紧迫感，促使双方提高工作效率，避免长时间地纠缠一些问题而争辩不休。如果在约定时间内不能达成协议，一般也应该遵守约定的时间将谈判告一段落，或者另约时间继续谈判，或者宣布谈判破裂，双方再重新寻找新的合作伙伴。

2. 单方限定的谈判时间

由谈判一方限定谈判时间，随着时间的终结，谈判终结。在谈判中占有优势的一方，或是出于对本方利益的考虑需要在一定时间内结束谈判；或是还有其他可选择的合作者，请求或通告对方在己方希望的时限内终结谈判。

3. 形势突变的谈判时间

本来双方已经约定好谈判时间，但是在谈判进行过程中形势突然发生变化，如市场行情突变、外汇行情大起或大落、公司内部发生重大事件等，谈判者突然改变原有计划，比如，要求提前终结谈判。这是由于，谈判的外部环境在不断发展变化，谈判进程不可能不受这些变化的影响。

（三）从谈判策略来判定

谈判过程中有多种多样的策略，如果谈判策略实施后决定谈判必然进入终结，这种策略就叫终结策略。终结策略对谈判终结有特殊的导向作用和影响力，它表现出一种最终的冲击力量，具有终结的信号作用。常见的终结策略有以下几种：

1. 最后立场策略

谈判者经过多次磋商之后仍无结果，一方阐明己方最后的立场，讲清只能让步到某种条件，如果对方不接受，谈判即宣布破裂；如果对方接受该条件，那么谈判成交。这种最后立场策略可以作为谈判终结的判定。一方阐明自己的最后立场，成败在此一举，如果对方不想使谈判破裂，只能让步接受该条件。如果双方并没有经过充分的磋商，还不具备进入终结阶段的条件，一方提出最后立场就含有恫吓的意味，让对方俯首听从，这样并不能达到预期目标，反而过早地暴露己方最低限度条件，使己方陷入被动局面，这是不可取的。

微课：折中进退策略

2. 折中进退策略

折中进退策略是指将双方条件差距之和取中间条件作为双方共同前进或妥协的策略。例如，谈判双方经过多次磋商互有让步，但还存在遗留问题，而谈判时间已消耗很多，为了尽快达成一致实现合作，一方提出一个比较简单易行的方案，即双方都以同样的幅度妥协退让，如果对方接受此建议，即可判定谈判终结。

3. 总体条件交换策略

双方谈判临近预定谈判结束时间或阶段时，以各自的条件做整体一揽子的进退交换以求达成协议。双方谈判内容涉及许多项目，在每一项目上已经进行了多次磋商和讨价还价。经过多个回合谈判后，双方可以将全部条件通盘考虑，做“一揽子交易”。例如，涉及多个内容的成套项目交易谈判、多种技术服务谈判、多种货物买卖谈判，可以统筹全局，总体一次性进行条件交换。这种策略从总体上展开一场全局性磋商，使谈判进入终结阶段。

二、商务谈判结束的方式

一般而言，商务谈判结束的方式有三种：成交、中止、破裂，如图 8－1 所示。

微课：商务谈判结束的方式与结果

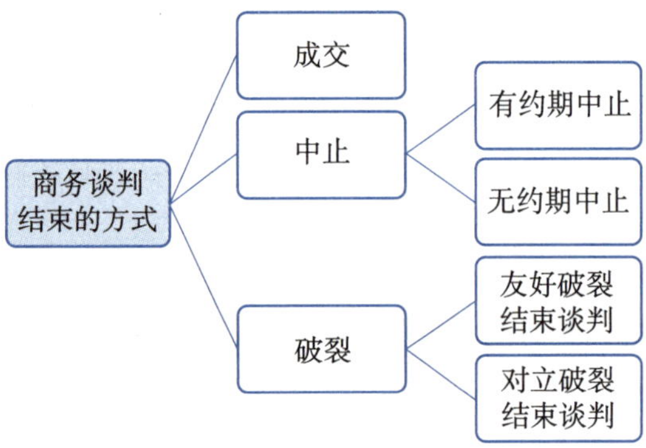

图 8－1　商务谈判结束的方式

三、商务谈判结果

商务谈判结果可以从两个方面看：一是双方是否达成交易；二是经过谈判双方关系发生何种变化。这两个方面是密切相关的，根据这两个方面的结果联系起来分析，可以得出六种谈判结果。

（一）达成交易并改善关系

这是最理想的一种结果。双方谈判目标顺利完成，并且实现交易，双方关系在原有基础上得到改善，促使今后进一步的合作。这既实现了眼前利益，又为双方长远利益发展奠定了良好基础。要想实现这种结果，双方首先要抱着真诚合作的态度进行谈判，同时谈判中双方都能为对方着想并做出一定的让步。

（二）达成交易但关系没有变化

这也是不错的谈判结果。双方谈判的结果是达成交易，但是双方关系并没有改善也没有恶化。因为双方力求此次交易能实现各自利益，并且没有刻意去追求建立长期合作关系，也没有太大的矛盾造成不良后果，双方平等相待，互有让步，实现交易成功。

（三）达成交易但关系恶化

虽然达成交易，但是双方付出了一定的代价，双方关系遭到一定的破坏或是产生不良影响。这种结果从眼前利益来看是不错的，但是对今后长期合作是不利的，或者说是牺牲双方关系换取交易成果。这是一种短期行为，“一锤子买卖”，对双方长远发展没有好处，但为了眼前的切实利益而孤注一掷也可能出于无奈。

（四）没有成交但改善了关系

俗话说“买卖不成仁义在”，这为双方下次的成功合作奠定了良好的基础。因为虽然谈判没有达成协议，但是双方的关系得到了极大的改善。

（五）没有成交关系也没有变化

这是一次毫无结果的谈判，双方既没有达成交易，也没有改善或恶化双方关系。这种近乎平淡无味的谈判，没有取得任何成果，也没有造成任何不良后果。双方都彬彬有礼地坚持己方的交易条件，没有做出有效的让步，也没有激烈的相互攻击，在今后的合作中也有可能进一步发展双方关系。

（六）没有成交且关系恶化

这是最差的结果，谈判双方在对立的情绪中宣布谈判破裂。双方既没有达成交易，又使原有关系遭到破坏；既没有实现眼前的实际利益，也对长远合作关系造成不良的影响。这种结果是谈判者不愿意看到的；所以应该避免这种结果出现。当然在特殊情况下，出于对己方利益的保护，对己方尊严的维护，坚持己方条件不退让，并且反击对方的高压政策和不合理要求，虽然使双方关系恶化，也是一种迫不得已的做法。

☞ 课堂讨论

男孩买西瓜

一位法国人有一个小农场，种的是西瓜。经常有人打来电话，要订购西瓜，但每一次都被他拒绝了。有一天，来了一位小男孩，约有十二岁，他说要订购西瓜，被农场主回绝了，但小男孩却不走，农场主做什么，他都跟着走，在农场主身边，他就谈自己的故事，一直谈了一个小时。农场主听完小男孩的故事后，开口说：“说够了吧？那边那个大西瓜给你好了，一个法郎。”“可是，我只有一毛钱。”小男孩说。“一毛钱？”农场主听了便指着另一个西瓜说：“那么，给你那边那个较小的绿色的瓜，好吗？”“好吧，我就要那个，”小男孩说：“请不要摘下来，我弟弟会来取，两个礼拜以后，他来取货。先生，你知道，我只管采购，我弟弟负责运输和送货，我们各有各的责任。”

动画：男孩买西瓜

问题：男孩是如何成功地结束这场谈判的？

任务二　学会结束谈判的方法与策略

任务分析

本任务的学习目标是把握成交的条件，掌握各种有效结束谈判的策略、商务谈判结束的方式以及结束谈判的技术准备和谈判后管理等内容，能够灵活运用商务谈判结束环节的各种策略有效结束谈判。

知识准备

作为一名成功的谈判者，不仅要准确地判定谈判结束的时机和标准，更重要的是要掌握有效结束谈判的策略，这对一次商务谈判的成功有至关重要的影响。

一、促进交易达成的条件

任何一名谈判者都想让自己负责的谈判任务有个圆满的结局，使协议得以顺利达成。那么，促进交易达成的条件有哪些？概括来讲，促进交易达成的条件主要有下述几个方面。

（一）让对方信任自己和自己所代表的公司

在商务谈判过程中，谈判双方彼此的印象对谈判结果有很大的影响。作为一名出色的谈判者，要想尽办法让对方信任自己和自己所代表的公司。因为没有这种信任，不管你们公司的产品多么吸引人，也不管你的谈判口才有多好，都很难取得满意的谈判效果。所以说，企业的信誉、个人的信誉以及产品的声誉都要力求卓越，可以说，它们是促成商务谈判成功结束的三个基础条件。

（二）让对方充分了解企业的产品及产品的价值

一名出色的谈判者，应该让对方充分了解自己企业产品的一些重要信息，比如说该产品的优点、特性、产地、生产背景等。因为一旦对方不了解你的产品，他就很可能拒绝在合同上签字，当然这也说明有些必要工作你没做好。

（三）准确把握时机

俗话说："机不可失，失不再来。"但是对于商务谈判而言，对待这句古训要有理性的认识。一味地迷信这句古训，会导致谈判人员处在过分紧张的状态，因为他们害怕失去成交的机会。在商务谈判过程中，要时刻保持清醒的头脑，审时度势，在恰当的时机果断出手。

（四）为谈判议程做出精心安排

对于一次谈判任务，要通盘考虑整项谈判工作，应该知道下一步怎么做。一旦对方提出不同建议，应该知道如何处理。尤其是谈判的开始阶段和最后阶段可能是问题较多的阶段，要认真考虑，精心安排。

二、有效结束谈判的策略

对于商务谈判人员而言，要准确把握谈判结束的时机，除此之外，还应该掌握有效结束谈判的策略。在实际的商务谈判过程中，有许多结束谈判的策略，但是要知道，这些策略并不是适用于各种交易谈判。在实际的谈判过程中，应结合自身偏好和谈判整体情况来选择合适的结束谈判的策略。概括来讲，主要有下述几种结束谈判的策略。

微课：有效结束谈判的策略

（一）优待结束法

1. 样品试用促使对方签约

这种结束法在实际的商务谈判中运用较多，即谈判一方提供一批廉价的或免费的样品让对方使用。这种方法的成交率可能是出人意料的。我国某知名企业允许谈判人员把机器留给顾客使用 10 天，在此期间，让谈判人员随时关注顾客的反应，其结果出乎意料得好。谈判人员说："这完全是组织方式的问题，在产品试用期间，还可以帮助顾客维修他们原有的一些机器设备，很受顾客的欢迎。"但是这种方法也有弊端：因为一旦公司允许提供样品试用，谈判人员可能就节省了很多精力，这会使谈判人员日渐懒惰。

2. 让利促使对方签约

当对方对大部分交易条件不太满意，而且谈判价格确实相对较高时，谈判人员可以考虑这种方法，即适当减价或采用回扣等方式，让利给对方。有时为了使对方尽早地付款或大批量订货，也可以通过让利的方法使谈判圆满结束。比如，谈判人员向对方承诺：你们若能把履约的时间提前一个月，我们将让利 3%给你们。这往往可以使谈判提前圆满结束。

（二）诱导结束法

1. 诱导对方同意你的看法，迫使对方成交

这种方法要求谈判者以逻辑推理的方法思考，使对方对你所提出的问题总是不自觉地给予肯定的回答，从而有利于协议的签订。

2. 诱导对方提出反对意见，从而导致尽快成交

在实际的商务谈判中，经常碰到这样的情况：当对方对产品已经很感兴趣，但是对于是否购买又迟疑不决。一般情况下，导致这种情况的原因有很多，比如对方还有一些疑问，或对方无权作出决定，或是想更全面地与同类产品比较等，但不管对方因为什么原因，机智地向对方提出问题才是发现真正原因的最好方法。谈判到了最后阶段，对方常常会说："我还要再考虑一下。"你可以这样接着说："您尽可以认真地考虑，不过您还有什么不明白的问题吗？"此时，会使对方说出真正原因或者使对方尽快签约。

（三）比较结束法

1. 有利的比较结束法

即把对方放在很高的地位的成交法。这种成交法比较常用的交易语言是："这种型号的产品××企业已经订货了，我们发现大企业刚开始时总是购买 5 部，所以我们也将为你们登记订购 5 部。像你们这样的大企业在市场上呼风唤雨，对于这种能够促进提高贵公司地位的产品，您怎么能错过呢？"

2. 不利的比较结束法

即把对方放在相对不高的地位的成交法。使用这种方法时，谈判者往往要列举出对方一些令人遗憾的事情。比如，对方拖延谈判，断断续续，并因此导致了谈判成本的增加和企业的损失。一般而言，这种成交方式多用于保险业。这种成交法比较常用的交易语言是："你们推迟一天，就有被竞争者抢先的危险。千万不要像××企业一样，本来在竞争中处于有利地位，就是因为拖延谈判被别人抢了先。"当谈判到了最后的阶段，用这种成交法是非常有分量的。

（四）循序渐进结束法

1. 四步骤程序法

这种方法在现实的商务谈判中运用较多。主要包括：尽可能地总结和强调对方与己方看法的一致点；引导对方同意己方的观点，从而使双方的观点一致；把所有尚待解决的问题和有争议的问题先放一边，暂不讨论；与对方共同讨论一些亟待解决的重大问题。如果对方有不同的看法，可以放到最后讨论。实践证明，这整套方案有利于尽快结束洽谈。

2. 分阶段决策法

为了使双方尽快达成一致，谈判双方应该把亟待解决的问题分为几个部分，然后分几个阶段逐一讨论每一个问题。到了最后阶段时，解决了最后一个问题，谈判也就随之结束了。

（五）虚拟成交结束法

虚拟成交结束法又分为两种方法：

1. 假设性成交法

即假设对方已经完全同意，或者对方对大部分交易条件较满意，但又迟疑是否马上作出决定，因此，成交就成了当务之急。这种方法非常简便有效。即使对方阻止你，你还可以使用其他的成交法，不会受到什么损失。假设性成交法的具体方式，一是可以直接或间接地向对方表示成交的意向。比如，你可以拿出合同或订单，向对方表示："请不要错过这次机会，现在就签约吧！现在订货，我们将给你们很大的优惠并保证能尽早供货。"用类似话语，向对方展示己方的成交诚意，如果对方没有制止你，那么谈判就结束了。二是可以呈请对方签字。即把自己拟定的合同或者是双方研究过的合同要点，逐一向对方解释一遍，然后呈请对方签字，往往能获得不错的结果。

2. 自信必然成交法

如果你希望谈判对手能够很顺利地在合同上签字，你必须要有这么一种信心：你的产品和交易条件恰好符合对方的意愿。也就是说，作为一名出色的谈判者，必须要乐观、自信。如果经过你的一番介绍，对方的回答是肯定的，你一定要稳住阵脚，尽量避免讨论急于成交的事项。越是希望对方订货，越是要小心谨慎，说话语速要慢一些，多停顿一些。如果经过你的一番介绍，对方的回答是否定的，你也不应一筹莫展，而是应该通过讨论的方式、谈判语调的变化、姿态和仪表的改变向对方显示出最后一定能成交的信心。但是，此时一定要注意，切忌向对方提出一些有损于个人尊严和人格的请求，比如，"求求你，帮帮我的忙吧""我们做了这么多年的交易，不看僧面看佛面，可怜可怜我吧！"等这样的话语。

（六）趁热打铁结束法

在一次商务谈判中，肯定会不止一次遇到高潮和低潮，如果谈判双方能够利用第一次高潮就达成交易，那是再理想不过了，这样谈判双方都可以节省很多的时间。其实，在第一次谈判高潮时，双方做出决定的可能性最大，双方洽谈的思路和要点也最清晰。一般来说，第一次谈判高潮所经历的时间往往很长，因为谈判双方都怕遭到对方的拒绝，所以双方都不敢贸然诱导对方做出最终决定，而只是希望在谈判过程中，对方会表示出签约的意向。如果双方都不声不响，无所表示，谈判双方会以为时机还不成熟，结果把本来经过努力可以成交的机会错过了。所以，有经验的谈判者会这样说："我们不能总是把成交机会留给明天。"谈判者必须善于察言观色，抓住可以成交的瞬间机会，趁热打铁，从而及早结束谈判。

三、结束谈判的技术准备和谈判后管理

（一）全面检查交易条件

当即将达成交易的会谈开始之前，谈判者有必要从整体上对谈判所涉及的交易条件进行全面的检查。主要包括：首先应该清楚还有哪些问题没有得到解决；对合同所涉及的交易条件，尤其是己方所期望成交的交易条件进行最后的检查，同时，应该明确自己对各种交易条件准备让步的限度；针对合同所涉及的交易条件决定选取何种结束谈判的战术；最后应合理安排交易记录事宜。

对交易条件检查的时间和方式应该取决于对应谈判的性质和规模。有时可能被安排在谈判结束前的休息时间里进行；有时需要专门安排一个正式的会议来讨论；必要时需要企业领导来主持。但是不管检查的形式怎样，这个阶段正是谈判者必须做出抉择的时刻，因此，最后对合同所涉及的交易条件进行全面检查就显得尤为重要。

（二）确保交易条款准确无误

在实际的商务谈判中，对于谈判双方而言，共同的困难就是如何保证谈判双方对谈判所涉及的内容有一致的理解。国家或地区的差异、语言的差异、个人文化背景的差异等因素都有可能引起误会。所以，在交易即将达成时，务必保证谈判双方对彼此同意的条款有一致的认识和理解。以下几个方面是在实际的商务谈判中最容易出现问题的地方，谈判者必须谨慎对待。

1. 交易价格方面的问题

交易价格方面的问题包括：价格是否包括各种税款或其他法定的费用；在合同商议期间，如果行市价格发生改变，成交价格是否随之变动；对于合同价格并不包括的条款是否应明确说明；涉外交易中是否考虑汇率的变化等。

2. 索赔的处理

索赔的处理条款包括：索赔的范围有哪些、索赔的法律依据是否根据谈判双方的背景而进行变动、索赔的处理是否排除未来的法律诉讼。

3. 合同履约方面的问题

合同履约方面的问题包括：对"履约"是否有明确的解释、对于合同的履行是否可以分阶段进行、是否相应地作了规定。

上述的这些问题适用于各种谈判。对于上述问题及相关问题，谈判双方应彻底检查，务必保证双方能够真正理解。

（三）谈判后的管理

谈判后的管理分为谈判总结、资料管理和关系维护三个方面，如图 8－2 所示。

微课：谈判后的管理

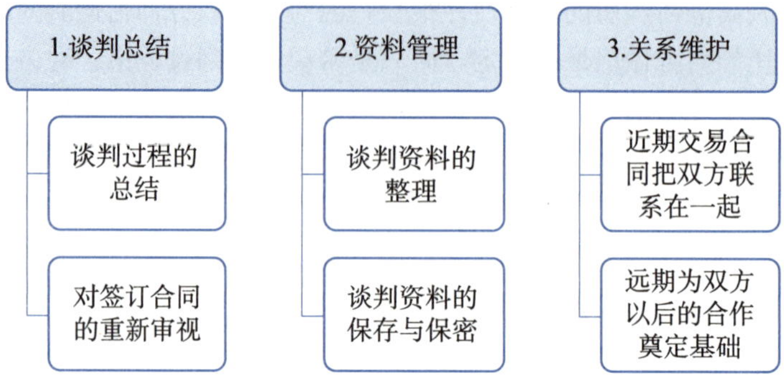

图 8－2　谈判后管理

任务三　合同签订及担保

任务分析

本任务的学习目标是掌握商务谈判中合同的特征、内容、签订过程与担保。具备根据商务谈判任务签订谈判合同的能力。

知识准备

一、合同的概念和特征

我国法律界认为，合同又称契约，具有广义和狭义之分。广义的合同泛指双方或多方当事人之间订立发生一定权利、义务关系的协议；狭义的合同专指“当事人之间设立、变更、终止民事关系的协议”。合同具有以下法律特征：

（1）合同是一种民事法律行为。

（2）合同是当事人之间设立、变更、终止民事法律关系的协议。

（3）合同是在当事人平等基础上达成的协议。

合同一旦依法成立，在当事人之间便产生如下法律约束力：

（1）当事人必须全面地、适当地履行合同中约定的各项义务。

（2）合同依法成立以后，除非通过双方当事人协商同意，或者出现了法律规定的原因，可以将合同变更或解除外，任何一方当事人都不得擅自更改或解除合同。

（3）当事人一方不履行或未能全部履行合同义务时，便构成违约行为，要依法承担民事责任。另外，当事人有权利请求法院强制其履行义务，并支付违约金或赔偿损失。

二、谈判合同的特征

谈判合同由于涉及其当事人、客体、内容及纠纷的解决等因素，因而无论在内容上还是在表现形式上都有其独有的特征，主要表现在以下几个方面，如图 8－3 所示。

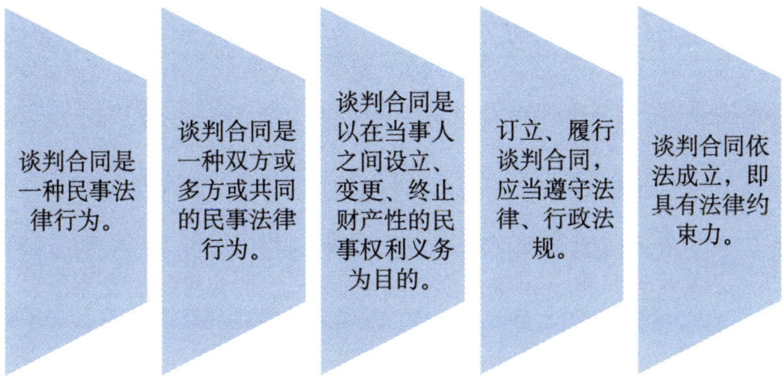

图 8－3　谈判合同的特征

三、谈判合同的总体构成

谈判合同的格式与一般文章一样，由标题部分和行文部分组成，行文部分则又因文章的起承转合而相应地切分为开头部分、正文部分和结尾部分三个行文层次，这三个层次又可叫作约首、条款和约尾。约首、约尾和合同的其他各项条款一样，也是书面合同的组成部分，具有法律或行政约束力。标题即为合同名称。约首包括需方、供方的单位名称（简称甲方、乙方），签订合同的日期、地点及此项经济活动的目的等，订约日期、地点不一定要放在约首，也可以放在约尾。约尾实际上是合同的补充条款或是为了工作方便而提供的信息，一般包括下列内容：

（1）本合同一式×份，供方×份，需方×份，或供需方上级各×份。

（2）合同规定生效和作废的条件与日期。一般规定合同有效期×年，自合同签订之日起生效，×年×月×日作废或履行完毕时作废；或限期前×月另行协商续订；或根据计划协商续订，或根据生产需要协商续订。

（3）双方单位的地址、电话、电报挂号。

（4）双方单位盖章。盖单位章或合同专用章。

（5）法定代表人及经办人签名盖章。

❖ 实例分析

某美国公司向深圳出口了一套电视机生产设备，安装后，调试的结果一直不理想，一晃到了圣诞节，美国专家都要回家过节。这样一来，生产设备均要停止工作，玻璃熔炉也要保温维护。美方人员的假期是法定的，而中方生产停顿是需要付出经济代价的，两者无法协调。

美方人员走后，中方专家自己着手研究技术问题，经过一周的日夜奋战将问题最大的玻壳成型机调试好了，可以生产出合格的玻壳了。三周后美方人员过完节回来看见工厂仓库的玻壳，十分惊讶。当中方告知是自己调试好设备并顺利生产的真实情况后，美方人员转而大怒，认为中方人员不应动设备，应该对此承担责任。美方人员对中方负责对外签约的贸易公司提出严正交涉："以后对该工厂的生产设备将不再承担任何责任，如果影响美方电视机生产设备的回收货款还要向中方提出索赔。"

资料来源：张玉涛．商务谈判理论与实务［M］. 上海：上海交通大学出版社，2018.

案例分析：

1. 如何看待美方人员的意见？如何看待中方人员自己调试设备的行为？
2. 中方公司代表面对美方的立场应如何回答？
3. 为什么在履约过程中会出现问题？应如何防止此类问题的发生？

四、合同的签约过程

合同的签订过程，也是双方当事人对合同内容进行相互协商、谈判取得一致意见的过程。这个过程概括起来，一般要经过订约提议（要约）和接受提议（承诺）两个主要步骤。

（一）要约

要约是当事人一方以缔结合同为目的，向对方提出签订合同的建议、要求或一种意思的表示。提出要约的一方称要约人，对方称为受约人，又称承诺人。要约人在提出要约时，除表示订立合同的愿望外，还必须提出合同的主要条款，以供对方考虑是否同意要约。要约中，一般还要指明等待答复的期限。要约通常有书面方式和口头方式。

（二）承诺

承诺即接受要约，是受约人同意要约的意思表示。根据《民法典》合同编的规定，承诺生效时合同成立。承诺人就要承担合同规定的义务。承诺也是一种法律行为。对要约的修改、部分同意或者附有条件的接受，则不能认为是接受承诺，而应当看作是拒绝原要约而提出的新要约，这是因为它改变了原提议的内容。

五、合同担保

（一）概念

合同担保是指合同双方当事人的一方或第三方以确保合同的切实履行为目的，应另一方要求而采取的保证措施，这是促使合同得以全面履行的法律手段。担保方式为保证担保、抵押担保、质押担保、留置权担保和定金担保五种。

（二）谈判合同担保的主要形式

谈判合同担保的主要形式见表 8-1。

表 8－1　合同担保的主要形式

合同担保的主要形式	担保的相关法律规定
保证担保	指保证人和债权人约定，当债务人不履行债务时，保证人按照约定履行债务或者承担责任的行为。常见的类型有一般保证和连带责任保证。
抵押担保	指债务人或第三人不转移对财产的占有，将该财产作为债权的担保；债务人不履行到期债务或者发生当事人约定的情形，债权人有权依法以该财产折价或者以拍卖、变卖该财产的价款优先受偿。
质押担保	质权是指债务人或者第三人将其动产或权利凭证移交债权人占有，作为债权的担保，当债务人不履行到期债务或者发生当事人约定的实现质权的情形时，债权人以该动产或权利折价或者以其拍卖、变卖所得的价款优先受偿的权利。
留置权担保	留置权是依照合同规定，当事人一方对已经被占有的他方的财产，由于他方不履行合同而采取的扣留措施。留置权担保形式，在运用时必须有明文规定，不得随便使用。
定金担保	定金担保是指合同的一方为了证明合同的成立和确保合同的履行，向对方预先支付的一定的金额。如果给付定金的一方不履行合同，则失去定金的所有权，无权要求偿还定金。接受定金的一方如不履行谈判合同，按照对等原则，则应当双倍偿还定金。

❖ 实战训练

A 公司与 B 公司就一批产品进口已磋商完毕，由 A 公司执笔制定合同，然后交 B 公司确认，双方共同修改通过。

要求：教师需事先准备好谈判协议的相关背景资料并发给学生。学生每六人为一组，其中三人为 A 公司谈判人员，另外三人为 B 公司谈判人员。由 A 公司执笔起草商务谈判合同，然后交 B 公司确认。B 公司审核合同，提出修改意见，A 公司重新修改。双方展示商务谈判签约礼仪。对拟写商务谈判合同进行展评，评价合同是否完整、严谨、合理、可行。总结谈判合同中存在的问题，发现签约流程是否齐全、礼仪是否规范。

项目小结

1. 商务谈判的结束是商务谈判中的重要内容，但也是谈判者最容易忽视又最容易出问题的阶段。掌握商务谈判结束的判定标准、洞察并把握住谈判结束的契机，为结束谈判做好周密的准备。

2. 把握成交的条件，掌握各种有效结束谈判的策略、商务谈判结束的方式以及结束谈判的技术准备和谈判后管理等内容，灵活运用商务谈判结束环节的各种策略。

3. 掌握商务谈判中合同的特征、内容、签订过程与担保。

练习与实战演练

一、单选题

1. 商务谈判协议成立的首要条件是（　　）。

A. 合法　　B. 平等　　C. 互利　　D. 有偿

2. 折中进退策略，是指谈判双方到后期仍存在立场和条件的差距，取（　　）作为双方妥协的标准，以解决残余议题谈判，促使谈判成交。

A. 中间条件　　B. 上限条件　　C. 下限条件　　D. 综合条件

3. 谈判人员注意力最差的阶段是（　　）。

A. 开局　　B. 实质性谈判　　C. 结束　　D. 准备

4. 谈判合同的担保形式之一是（　　）。

A. 标的担保　　B. 价格担保　　C. 房产抵押担保　　D. 定金担保

5. 商务合同又称为经济合同，它是（　　）的具体体现。

A. 谈判要求　　B. 谈判结论　　C. 谈判报价　　D. 谈判条例

二、思考题

1. 如何从谈判涉及的交易条件来判定谈判结束？
2. 促进交易达成的条件主要有哪些？
3. 谈判后的管理主要需要做哪些工作？
4. 合同担保的主要方式有哪些？

三、实战演练

【实战 1】促成谈判成交

任务：商务谈判终结能力训练。

组织方式：全班按每组 4～6 人组建项目团队，以团队为单位进行。

内容：北京华茂公司与深圳大宇公司就支付方式的问题进行了积极的磋商。对此，华茂公司提出了一个方案：可以采用分期支付方式支付货款，双方签订合同后先支付总货款的 70%，待大宇公司收到货物后，再支付余下的 30%货款。但大宇公司觉得该方案中的预付款过高，希望对方能够再降低一些。虽然双方未就协议达成最终的一致，但谈判气氛已经较前有所缓和，双方都希望能够尽快成交。

要求：如果你是华茂公司的谈判人员，你将采用什么方法来促成谈判成交？请两组同学分别扮演双方主谈，模拟当时可能发生的情况。

时间安排：每组限时 10 分钟陈述、质疑、答辩。

评价方式：各组互评打分，老师评析。

【实战 2】客户的最后要求

任务：商务谈判成交能力训练。

组织方式：全班按每组 4～6 人组建项目团队，以团队为单位进行。

内容：速达电子公司的一个客户有个奇怪的习惯，每次客户公司的业务人员和速达电子公司谈妥所有条件后，客户公司的经理就会出面要求再给两个点的优惠。速达电子公司应该怎么办？

时间安排：每组限时 5 分钟陈述、质疑、答辩。

评价方式：各组互评打分，老师评析。

【实战 3】谁应偿还这笔欠款？

任务：商务合同纠纷谈判能力训练。

组织方式：全班按每组 4～6 人组建项目团队，以团队为单位进行。

内容：2018 年 6 月，某汽车制造厂（供方）与某木材公司所属的木材厂（需方，为非独立核算单位）签订了一份购销一辆汽车的合同（木材厂用的是木材公司的合同专用章），价款 20 000 元，分期付款。合同签订后，木材厂提走汽车，由木材公司付款 15 000 元给汽车制造厂，后木材厂以不使用这辆汽车为由要求退货，汽车制造厂不同意。2018 年 7 月，木材厂因欠胶合板厂货款，将汽车给胶合板厂作抵押，胶合板厂提走汽车后，闲置未用，向木材厂提出退货，汽车制造厂供销科科长李某出面介绍，又将该汽车卖给某木器厂，木器厂随即付款 15 000 元给木板厂，抵偿木材厂对胶合板厂的欠款。2018 年 11 月，该木材厂与另一木材厂合并为木材总厂，汽车制造厂与木材总厂为 5 000 元的欠款发生纠纷，提起诉讼。谁应偿还这笔欠款？

时间安排：每组限时 5 分钟陈述、质疑、答辩。

评价方式：各组互评打分，老师评析。

【实战 4】谁来承担责任？

任务：商务合同纠纷谈判能力训练。

组织方式：全班按每组 4～6 人组建项目团队，以团队为单位进行。

内容：个体运输户张某于 2015 年与吕家庄机砖厂达成口头协议，订购该厂机砖 100 万块。张某拉走 80 万块砖并付清货款后，又预付了货款 2 万元，准备以后陆续提货。吕家庄机砖厂系该村农民李某承包，承包期限为 2015 年一年。2017 年 1 月待张某派车去取货时，李某承包期限已满。吕家庄村委会按与李某所签承包合同的规定期限，派人接替了李某管理该厂，不准张某再从该厂拉砖。张某多次找李某索要预付货款，李某表示个人无力偿还，张某无奈，向人民法院提起诉讼。假如李某无力偿还债务，吕家庄村委会是否应当承担连带责任？

时间安排：每组限时 5 分钟陈述、质疑、答辩。

评价方式：各组互评打分，老师评析。

【实战 5】撰写谈判合同文本

任务：商务谈判合同撰写能力训练。

组织方式：全班按每组 4～6 人组建项目团队，以团队为单位进行。

内容：假若你校准备建设 8 个能容纳 100 人的多媒体教室，由你负责该项目的谈判工作。A 公司第一次与你校作交易，你校准备购买 A 公司的产品。双方经过谈判后准备签订合同，由你方拟定，请结合相关知识撰写谈判合同文本。

时间安排：各组课下经调查后完成合同文本，课堂上每组限时 5 分钟陈述、质疑、答辩。

评价方式：各组互评打分，老师评析。

项目九

商务谈判的沟通技巧

学习目标

知识目标：掌握商务谈判中有声语言的沟通技巧，学会书面语言的表达技巧。

能力目标：能在商务谈判中灵活运用各种谈判沟通技巧。

案例导入

针锋相对的开场白

中国“入世”谈判，在1992年的知识产权谈判阶段，原准备出席谈判的对外经贸部领导突然因病不能出席，中方经过慎重考虑，派出了曾任北京市副市长、时任对外经贸部副部长的吴仪，她的出马，令所有人刮目相看。她那机智灵活又不失尊严、原则的谈判风格为中美之间长期矛盾——多次谈判但无实质进展的知识产权谈判打开了突破口，其中最为著名的一次谈判是吴仪与美国谈判代表梅西的交锋。

美方谈判首席代表梅西开场就给中国代表团一个下马威。连起码的外交寒暄都没有，上来就是一句“我们是在与小偷谈判”。中方主帅吴仪反应机敏，马上回应说：“我们是在同强盗谈判，看看你们博物馆里陈列的那些物品，有多少是从中国掠夺的。”双方一开始就拉开了剑拔弩张之势。这样的谈判开场白堪称经典，古今中外少见。

资料来源：于忠荣．商务谈判名家示范．济南：山东人民出版社，1995.

➡**案例分析：**

1. 你认为双方开场白有何特点？为什么能成为谈判经典？

2. 一个优秀的谈判人员应该具备哪些能力？语言表达会对谈判过程和结果产生怎样的影响？

思维导读

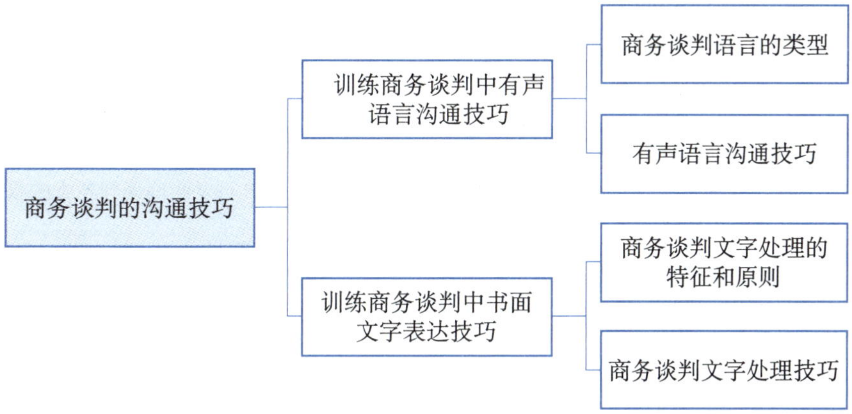

任务一　训练商务谈判中有声语言沟通技巧

任务分析

本任务的学习目标是掌握倾听的技巧、说话（叙述）的技巧、提问的技巧、回答问题的技巧、说服的技巧、电话洽谈的技巧，能够在商务谈判中取得主动权与胜利。

知识准备

作为一门艺术，商务谈判各种策略的实施都需要沟通。很多成功的商务谈判都是谈判双方出色运用沟通技巧的结果。我们学习商务谈判沟通技巧，就是为了成功地运用语言沟通、行为语言沟通、文字沟通等多种沟通方式来更好地实现商务谈判的目的。

一、商务谈判语言的类型

（一）按照语言的表达方式分类

按照语言的表达方式不同，商务谈判语言可以分为有声语言、行为语言和书面语言。有声语言是指通过人的发音器官来表达的语言，一般理解为听、说、问、答的语言。行为语言是指通过人的形体、姿态等非发音器官来表达的语言，一般理解为身体语言，也称为体态语言或无声语言（前面已经介绍，不再赘述）。书面语言，是指用文字记载下来供“看”的语言，它在有声语言的基础上形成，使听说的语言符号系统变为“看”的语言符号系统。书面语是在口语的基础上产生的，是口语的加工形式。事实上，不管是生活中还是商务谈判中，这些语言沟通方式都是相辅相成的。

（二）按照语言的表达特征分类

按照语言的表达特征不同，商务谈判语言可以分为专业商务语言、法律语言、外交语言、文学语言、军事语言等，如图 9－1 所示。

1.专业商务语言

- 在商务谈判过程中使用与业务内容有关的一些专用或专门术语。谈判业务不同，专业语言也不同。但是不管哪种谈判业务，商务谈判语言都要求谈判者表现出诚信、庄重，睿智而不圆滑，善辩而不显无赖。

2.法律语言

- 商务谈判业务所涉及的有关法律规定用语。法律语言的运用，可以明确谈判各方的权利与义务、权限与责任等。

3.外交语言

- 外交语言是具有缓冲性和模糊性的一种语言。过分使用外交语言会让对方感到无合作诚意。

4.文学语言

- 文学语言是具有明显文学特征的语言。运用文学性语言能够更清楚地说明问题，并起到调节气氛的作用。

5.军事语言

- 军事语言指谈判中带有命令性特征的语言，适时运用军事语言可以起到稳定情绪、提高自信的作用。

图 9－1　语言表达类型

☞ 课堂讨论

清晰表达的技巧

谈判大师迈克尔·唐纳森在说到如何进行商务谈判时告诉我们一些具体的方法，以促使我们掌握清晰表达的技巧：使用短句；使用简单的词；避免专门术语和缩写；句子要完整；每段紧扣一个中心；整个谈话应有开头、发展和结束语；要准确。

问题：你会在谈判中运用这些技巧吗？

二、有声语言沟通技巧

有声语言沟通是人们最熟悉的一件事，人生下来就开始发出信息与外界沟通，人人几乎每天都在与他人沟通。

在商务谈判中也是如此，沟通是谈判的基础。虽然我们在日常生活中经常进行沟通，也积累了不少的经验，但不是每个谈判者都能掌握语言沟通技巧并运用自如的。

影响谈判语言运用的因素可以说多种多样，但作为谈判语言仍要求具备一些基本要求。即无论在何种因素条件下，谈判者都应使用文明用语，词语清晰易懂，语句流畅大方。商务谈判中有声语言的沟通可以分为听、说、问、答、说服与电话的沟通，具体如下：

（一）倾听的方法与技巧

倾听是人们交往活动的一项重要内容。据专家调查，人在醒着的时候，至少有三分之一的时间是花在听上，而在特定条件下，倾听所占据的时间会更多。谈判就是需要更多倾听的交际活动之一。“多听少说”是一个谈判者应具备的素质和修养。通过听，可以发掘材料，获得信息，了解对方的动机、意图并预测对方的行动意向。从某种意义上讲，“听”比“说”的重要性更大。

所谓“听”，不只是指“听”的动作本身，更重要的是指“听”的效果。听到、听清楚、听明白这三者的含义是不同的。听到是指外界的声音传入听者的耳朵里，被听者所感觉到；听清楚是指外界的声音准确无误地被传入听者的耳朵，没有含糊不清的感觉；听明白是指听者对听到的内容能予以正确的理解。谈判中的有效倾听就是指要能够完整地、准确地、正确地、及时地理解对方讲话的内容和含义。

在听的方面经常存在的问题是，有听的动作，但听的结果却不能令人满意。一系列的试验表明，听对方讲话的人仅能记住不到百分之五十的讲话内容，而且其中只有三分之一的讲话内容按原意听取了，三分之一被曲解地听取了，另外三分之一则丝毫没有听进去。而且，不同的人对于自己听取的三分之一的理解也是不同的。倾听的原则如图 9-2 所示。

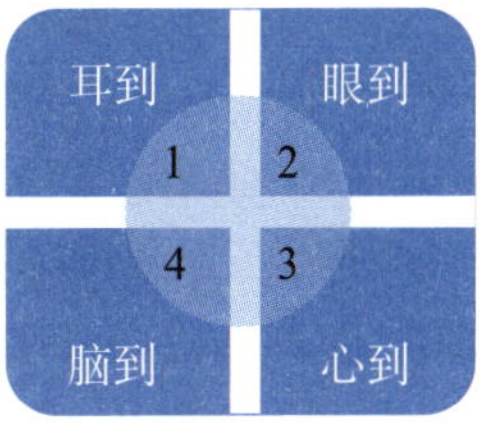

图 9-2　倾听的原则

1. 倾听的障碍

一般人在倾听中常犯的错误有以下几种：

(1) 急于发表自己的意见，常打断对方的讲话。好像不尽早反对，就表示了自己的妥协。

(2) 当谈论的不是自己所感兴趣的事时，不注意去听。

(3) 心中有先入为主的印象，如对某人的看法不佳。

(4) 有意避免听取自己认为难以理解的话。

(5) 听人讲话及思考的速度大约是讲话速度的四倍，所以在听他人讲话时常会分心思考别的事情。

(6) 容易受外界的干扰而不能仔细地去听。

(7) 根据一个人的外表和说话的技巧来判断是否听他讲话。

(8) 急于记住每件事情，反而忽略了重要的内容。

(9) 当对方讲出几句自己所不乐意听的话时，拒绝再听下去。

(10) 有的人喜欢定式思维，不论别人说什么，他都用自己的经验去联系，用自己的方式去理解。这种方式使人难以接受新的信息，不善于认真倾听别人说什么，而喜欢告诉别人自己的想法。当听对方讲话时，总是在思考如何回答，而不太注意听对方后面所说的话。

2. 倾听的技巧

(1) 耐心地、专心致志地倾听。

积极而又有效的倾听的关键在于谈判双方在谈判过程中要有足够的耐心倾听对方的阐述，不随意打断对方的发言。在对方发言时，要精力集中，不能心不在焉，也不能思想“开小差”。一般来讲，人听话及思索的速度是说话速度的四倍，因此在倾听时，要把这些多余的时间放在围绕对方发言进行思考和使自己的注意力始终集中在对方发言的内容上。

微课：有效的倾听

(2) 主动地倾听。

在谈判中积极有效的倾听不等于只听不说。主动地倾听，就是在听的过程中，不仅应当对对方已作出的阐述作某些肯定性的评价，以鼓励对方充分发表其对有关问题的看法，而且还要恰当地利用自己的提问，加深强化对对方有关表达的理解，引导谈判的方向。主动地倾听必须建立在专心致志地倾听的基础上，否则的话无从鉴别对方发出的信息哪些为真、哪些为假、哪些有用、哪些没用。倾听的过程也是一个去粗取精、去伪存真的过程。

(3) 注意对方的说话方式。

一个合格的谈判者应该是观察人的行家，有敏锐的洞察力。在谈判中，对方的措辞、表达方式、语气、语调，都能为己方提供线索，去发现对方一言一行背后隐藏的含义。这时，要克服先入为主的印象，否则会扭曲对方本意，从而导致己方判断不当，接收信息不真，以至选择行为失误。务必抱着实事求是的态度，从客观实际出发，合理客观地分析对方的言行。

(4) 倾听过程中，谈判者还应学会使用一些倾听的技巧。

首先，在倾听时不要抢话和急于反驳，这样不仅会打乱别人的思路，还会耽误自己倾听。即使要反驳对方的某些观点，也应在听完对方阐述之后，对别人讲话的全貌和动机尚未全面了解就急于反驳，不仅会使自己显得浅薄，而且往往会使己方陷于被动。

其次，在倾听的过程中要学会忍耐。当对方说出你不愿意听，甚至冒犯你的话时，只要对方未表示已经说完，都应当倾听下去，切不可打断说话，甚至反击或离席，以免掉入对方为你设下的“陷阱”。

再次，在倾听过程中，要适当地作记录。尤其是在长时间的及比较复杂的谈判中，谈判者应当对所获得的重要信息作适当的记录，作为后续谈判的参考，不要过分相信自己的理解力和记忆力。

最后，在倾听的同时，还应结合其他渠道获得的信息，理解所听到的信息。把从不同途径、不同方法获得的信息综合起来进行全面理解，判断对方的真实意图。

(5) 给自己创造倾听的机会。

一般人往往以为在谈判中，讲话多的一方占上风，最后一定会取得谈判的成功。其实不然，如果谈判中有一方说话滔滔不绝，垄断了大部分时间，那也就没有谈判可言了，因而应适当地给自己创造倾听的机会，尽量多给对方说话的机会。通常在简明地表达自己的意见以后，加上一句“我很想听听贵方的高见”或“请问您的意见如何”，从而把发言的机会让给对方。

总之，倾听不仅可以了解对方真实的需要，感知对方的心理状态，而且可以改善谈判双方的关系，促进谈判的进程和双方的合作。倾听是谈判语言的一个重要形式，也是谈判者必须具备的一个素养。倾听的技巧如图 9-3 所示。

(二) 说话（叙述）的技巧

微课：谈判中叙述的技巧

在商务谈判中，双方的接触、沟通与合作都是通过语言的表达来实现的，说话的方式不同，对方听到后做出的反应也不同。这就是说，虽然人人都会说话，但说话的效果却取决于表达的方式。

说话是一门艺术，也是一种技巧，谈判人员必须掌握和灵活运用说话的技巧，只有这样才能在商务谈判中被对方接受，实现良好沟通并最终取得谈判的成功。

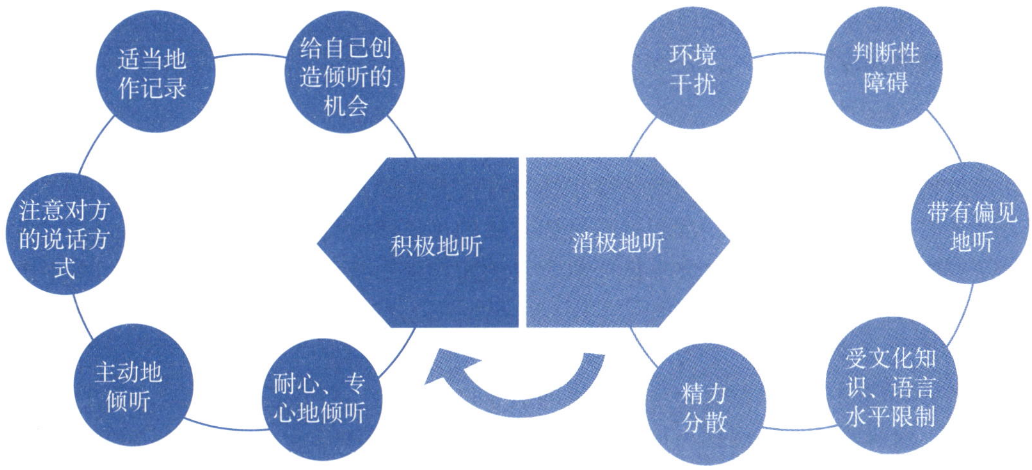

图 9-3　倾听的技巧

1. 说话要有节奏，快慢结合

谈判人员应明白，抑扬顿挫是获得听众的唯一秘诀。即说话时，应快则快，应慢则慢，应高则高，应低沉则低沉。流水般毫无抑扬顿挫地说话，是难以让人保持良好的精神状态听下去的。当然，说话时还要注意速度不宜太快，亦不能太慢。说话太快，不易让人听清楚；太慢则既浪费时间，又让人感觉不耐烦。

2. 说话时的姿势要正确

姿势是说话者内心状态的外部表现，取决于说话者的情绪、感觉与兴趣，最好的姿势是发自内心的。不管是站着说话还是坐着说话，不管说话时是否配以手势，说话的姿势一定要自然。说话姿势正确与否，直接影响到说话的效果及说话者的形象。试想一个人歪躺在沙发里与他人谈话会产生什么样的不良后果，你就能理解保持正确的说话姿势的重要性。

3. 说话声音不能过高或过低

正常情况下，说话的声音过高，会使人感到厌恶，同时还表现出不懂礼节。而说话声音过低，对方难以听清，甚至会产生误解。

4. 少说多听

说话还应该遵循一个原则，那就是少说多听。我们都知道言多必失的道理。在商务谈判中，要想从对方那里获得更多的、更有效的信息和资料，少说多听则是有效的方法之一。

5. 说话要尊重别人

相互尊重是人与人交往的基础。在商务谈判活动中，可以通过很多方面来体现对对方的尊重。从言语方面来讲，要尊重对方，最重要的是禁忌使用伤人的语言，如“跟你讲话，简直是对牛弹琴”，等等，这种话有百害而无一益。正确的做法是语气温和，态度谦恭。

6. 说话要有针对性，言简意赅，不能信口开河

说话要有针对性，并且越简洁越好。有的谈判人员在叙述某件事情时，生怕别人听不明白，拼命地运用各种字眼，说了很多话，结果却适得其反；有的谈判人员说起话来，像放连珠炮似的，一开口，其他的人就别想有发言的机会，要知道这是十分使人厌烦的。

7. 说话应用商量的口气，不要用命令的口吻

谈判人员总是带着一定的任务，而这个任务的完成往往是需要得到对方的合作。商量

的口气，能使对手遵照你的意思去做，容易达成共识。如“这只是我个人的意见，您看您还有什么好的建议”等。

8. 巧妙地运用常识

与人说话，特别是初次相见寒暄时，为了增进友谊，进行私下接触时以及在共同娱乐时，巧妙地运用常识是交谈成功的关键。作为一名商务谈判人员，除了要有丰富的专业知识外，还必须有一定的常识。常识是靠日积月累的，如经常阅读报纸、杂志，浏览网络信息，了解国内外最近发生的重大事件、科学界的新发现和新发明、最新的电影、戏剧作品以及当地的经济发展状况等。

9. 说话不能过于武断

有的商务谈判人员，总以为自己所说的话才是正确的，不许别人更改，不让别人有考虑的余地。这种观点是错误的，应尽量避免。在实际操作中，为了避免过于武断的语言，造成对手不高兴的局面，谈判人员最好能够避免使用“绝对是这样”“肯定是这样”“所有的都是这样”等类似的语言，应该用“在某种情况下是这样”“大多数都是这样”等非武断的语言。

实例分析

不能错过说的机会

苹果公司里有一位经理叫西恩，大家都知道他是一个非常有才华的人，尤其在开会的时候，他得体的言辞完美地展现出他过人的才学、情商与口才，让在场的所有人钦佩不已。

有一天，某人去向西恩讨教有效沟通的秘诀。西恩说：“我的秘诀其实很简单：我并不总是抢着发言；当我不懂或不确定时，我的嘴闭得紧紧的；但是，当我有好的意见时，我绝不错过良机——如果不让我发言，我就不让会议结束。”这个人问西恩：“如果别人都抢着讲话，你怎么发言呢?”西恩说：“我会用肢体语言告诉别人：下一个该轮到我发言啦！例如，我会举起手，发出特殊的声响（如清嗓子声），或者，用目光要求主持人让我发言。但是，如果其他人的确霸占了所有的发言机会，我就等发言人调整呼吸时，迅速接上话头。”这个人又问西恩：“如果你懂得不多，但是别人向你咨询呢?”西恩说：“我会先看看有没有比我懂得更多的人帮我回答。如果有，我会巧妙地把回答的机会‘让’给他；如果没有，我会说‘我不知道，但是我会去查’，等开完会，我一定去把问题查清楚。”他的一席话，让我们学到了：只要把握好说话的度，选择好说话的时机，就可以得到周围人的尊敬。

资料来源：徐文．商务谈判［M］.2版．北京：中国人民大学出版社，2012.

案例分析：西恩的谈判技巧是什么？

（三）提问的技巧

1. 一般性提问

这是一种随意性提问。这种提问常用在开场之初，寒暄问候，如“住下了吗?”“最近生产还可以吧?”；也可用在谈判结束时，如“与我们的合作还愉快吧?”“办公室的安排怎么样?”。这种提问具有很强的礼节性，并不要求对方认真回答，常常是句客套话。

2. 诱导性提问

这是一种暗示性提问，是谈判者将答案用问句的方式提出来，以提示对方，或提醒对方。比如：“这不是事实吗?”“这就是事实，对吗?”“这不是你们签字同意的吗?”谈判者用这种问句将答案说出，使对方在结论面前无力反驳，不便推翻事实。

微课：提问与回答的技巧

3. 直接性提问

这是一种针对性提问，是谈判者针对某一问题直接要求对方作出回答。比如：“请把这个问题解释一下好吗?”“你能否把要求降价的原因再说一遍?”

4. 间接性提问

这是一种从侧面影响谈判对手的提问。当谈判对手执意坚持某一立场态度时，谈判者将第三方抬出来以影响谈判对手。比如：“张经理不是已经答应过了吗?”“李处长不是说过这事了吗?”

5. 探索性提问

这是一种探询对方信息的提问。谈判者使用这种问句，要求对方回答相关问题，或对某一问题要求对方做出进一步说明。比如：“你们不同意的原因是什么?”“你们为什么这样做?”

6. 选择性提问

这种提问方式常常在促成购买时使用，以促使对方做出回答。比如：“你要一台还是两台?”“你要 A 型、B 型还是 C 型?”对方只要做出回答，就是同意购买了。

7. 模糊性提问

这种提问常常用来掩盖自己的看法，以诱使对方说出真实的想法。比如：“你们厂现在销售情况还行吧?”“你们的报价是怎么搞的?”

8. 反诘性提问

有时谈判者提出一项无理要求或提出的条件不便回答时，可以使用这种问句。比如：“你觉得这样行吗?”“你说这样行不行?”

9. 迂回性提问

谈判时，对方对某些问题比较敏感，如果直接询问，对方会警觉或者绕开话题不予回答，这时可采用这种方式。比如：“价格不算高……你们不是一直按这个价格进货吗?”

10. 多主题提问

这种方式常常是为了搞乱对方的思维，提出一大堆问题让对方回答，使对方忙于招架，无暇反攻。比如：“你能不能把质量、技术、设备、工艺等要求谈一谈?”如果是正常询问，则不适合此法。专家认为，正常的提问应一次一问，最多不超过两个问题。

（四）回答的技巧

1. 见机作答

在对方提问时灵活机智，随机应变，既可简单明了，又可以绕圈子，是一种虚实相间的回答技巧。

动画：问与答的逻辑

2. 丢卒保车

当对方抓住了谈判方一个把柄进行重点攻击时，谈判者抛出一个小问题借题发挥，小题大做，掩盖问题向深处发展。

3. 亡羊补牢

当自己谈话失误的时候，不要乱了阵脚，赶快采取措施堵住漏洞。

4. 缓兵之计

在对方逼迫自己回答问题，自己又一时搞不清对方的真实意图时，可以采用这种技巧，往后拖一拖。

5. 大智若愚

在回避对方的尖锐问题时，有意模糊概念一、答非所问的方法。

6. 沉默寡言

在对方提出过分的条件时，谈判者以不回答的方式给予拒绝。

7. 釜底抽薪

当谈判者出现了重大失误，在谈判桌上无法更改时，谈判方采用临阵换将的方法将失误人员撤出谈判。而新的谈判人员则将其前任的一切条件全盘否认，推托不知道。或者由上级领导否定谈判者造成的失误。比如："实在对不起，昨天咱们定的价，我们经理不同意。"

（五）说服的技巧

在商务谈判中，谈判双方存在各种各样的分歧很正常。要想消除分歧，谋求一致，主要办法之一就是设法说服对方改变初衷，心甘情愿地接纳己方的意见或建议。因此，说服技巧通常被认为是一种高明而艰难的技巧。

1. 说服的方法

谈判的目的是说服对方，要做到说服对方，必须掌握一定的方法：

（1）创造说服的条件。

谈判者不能开场就劝说对方购买自己的产品，如果真是那样，对方会被搞得莫名其妙。一般情况下，谈判人员在说服（劝说）对方购买之前，应先展示其产品，介绍其特点，说明其优点，见对方已开始心动，这时，便可以劝说了。基本的说服条件是先与对方建立起朋友关系，双方成为朋友之后，许多事情才好办，这时才具备说服的条件。

（2）选择说服的时机。

谈判者进行说服时还应选择一定的时机。谈判人员在创造了说服条件之后，并不是就可以马上说服对方。这种时机的选择有多方面的因素需要考虑。比如，有外人在场时不宜说服；当对方情绪状态不好时不宜说服；在对方思维方式仍停留在过去的固定模式时也不宜说服。说服的时机其实是很好选择的，就是对方快乐、高兴，没有其他闲杂人员在场的时候。

（3）分析客户的顾虑。

对客户有什么想法，有什么顾虑，谈判者必须先搞清楚，知道对方的心事，方能对症下药。比如，对方担心交货期，谈判者就可以向对方介绍本企业的生产情况，介绍本企业的设备、员工素质、资金实力等，以打消对方的顾虑。

2. 说服的具体技巧

谈判者在对对方进行说服的时候，既可以用严密的逻辑推理方式进行说服，又可以用形象的语言或事件进行说服。从这两个角度出发，可以变化产生出许多种技巧，此处列举一些常用的方法。

（1）用事实说服。

谈判者避开正面的说教，甚至避开说教的身份，好像是在无意中把一个事件展现在对方面前，使对方信服，接受你的建议。这种方式应用得较多的是在产品实物展示表演中。比如，将产品开动起来，用现场的表演事实说服对方。

（2）用经验说服。

当谈判人员无法用现场表演或不便于立即表演来证实自己的观点、说服对方的时候，可以用过去的事例说服对方。间接传递信息给对方，使对方信服。

（3）自我评判说服。

这是一种取矛制盾方式。即用对方自己的话来评判他自己的言行；使其造成前后矛盾，从而无话可说，推翻自己的观点，服从谈判人员的意见。使用这种方式时，需要谈判人员充满机智，能从纷乱的事物中找出其前后矛盾的地方。然后，不要直接用自己的语言直接评论对方的话，而是引用对方的话，去诱导对方自己评论自己的言行。

（4）激将法说服。

人常言，请将不如激将。《西游记》里有一个情节：猪八戒到花果山请孙悟空去解救师父。猪八戒用的就是激将法，说妖怪如何看不起孙大圣，还骂孙大圣算什么东西。把孙悟空气得大怒，跟着猪八戒下山去了。现实生活中谈判人员当然不能编瞎话去激怒对方，但是谈判者可以用正义感、勇气、良心、毅力、高尚道德观念等来激励对方，使对方产生强烈的自信心，从而被说服。

（5）指明利弊说服。

这种方法就是谈判人员替对方分析利弊得失，从利与弊的对比中发现得失，打消疑虑，服从劝说。谈判人员可以针对对方对几种购买产品的取舍疑问，指出几种产品有什么优点、缺点，自己的这种产品比那些设备强在哪儿、差在哪儿。最后促使对手在这些利弊对比中，听从谈判人员的建议。用这种方法，常常有一种客观公正的色彩，就事论事，实事求是，给人以可信之感，是一种比较容易使人接受的说服技巧。

（6）换位思考说服。

这种方法是谈判者在说服对方之前，把要说的内容先向自己说一遍。谈判者把自己设想成谈判对手，从对方的利益、需求、性格特征等方面进行感受，看看这些话能否说服自己。这样便可发觉哪些话是多余的、哪些话力度不够，据此，谈判者便可做出修正。

☞ 课堂讨论

班花

女生公开投票选班花，相貌平平的小梅发表演说：如果我当选，再过几年，在座姐妹可以向自己先生骄傲地说，我上大学的时候，比班花还漂亮！结果，她全票当选！

——说服别人支持你，不一定要证明比别人都优秀，而是让别人觉得，因为有你，他们变得更优秀、更有成就感。

问题：小梅的说话技巧你学会了吗？举一个说服的例子。

（六）电话洽谈的技巧

实操演示：当大连车主遇到南方客服

在现代生活中，电话是一种极其重要的语言联络工具。随着通信事业的发展，在电话中洽谈商务已十分普通。为此，谈判者非常有必要了解和掌握一些电话谈判技巧。

1. 争当打电话的主动者

打电话者占优势。电话谈判，往往都是先拨电话的一方处于优势的地位，打电话者可以在打电话之前做好充分的准备，电话中该说什么、不该说什么，都可以事先准备好。而接电话者常常是毫无预料地被呼叫，往往缺乏充分的准备，处于不利地位。因此，电话谈判，发话人往往取得“攻人不备”的好处，而受话人则容易蒙受“奇袭”的损失。如果对方来电话，而己方尚无准备时，应采取后回话的方式以对付对手突如其来的电话。等己方做好了准备再回电话，就由被动变为主动。

2. 应做好计划与周密准备

在准备打电话之前，应仔细地想清楚己方希望得到怎样的结果，想一想打电话是不是能达到目的的最好方式。对对方给予否定的答复还是肯定的答复做出预测，并做好相应的准备。

一般来说，具体准备工作有：尽量把一切有关的资料准备齐全；把电话谈判的要点列一份清单；将在电话里进行的谈判在脑子里预演几遍；在谈判双方关系比较紧张的情况下，要尽量预料到对方的各种可能，做到有备无患。

尽管有所准备，也可能遇到对方转变话题或未预料到的询问，为此应做好准备，多想想可能遇到的问题和困难等。

3. 电话谈判先寒暄

无论在多么紧急的情况下，不可一接通电话就进行实质性交谈，而应先寒暄问候，一般用几分钟即可。常用的寒暄方式有：关心型、赞美型和言他型等。

4. 谈话的内容应力求简明扼要、逻辑严谨、节奏适中

关键的地方应放慢速度，不得马虎，重要之处要请对方重复记录，然后再进行核对。

5. 要掌握听的技巧

听电话绝不仅仅听对方说些什么，而应听出对方话语中的含义，真正理解对方的意图。一般来说，应一边听，一边做笔记。

6. 要恰当地掌握“说”与“听”的比率

最好是少说多听，己方说得越少，对方就说得越多，得到的信息就越多。另外还可以考虑采取聪明的沉默。电话中沉默具有神奇的效用，一旦电话里出现了沉默，就会迫使对方开口，重新措辞阐述其观点，从而为自己提供一些有价值的信息，也可为己方赢得时间去思考问题。

7. 将谈话中达成的协议记录下来

将谈话中达成的口头协议记录下来，是电话谈判中的一项重要内容，它将使你受益无穷，有利于迅速达成谈判协议。

8. 巧妙地结束电话

在电话商谈中，一旦发现谈话还将继续进行，有发展到对己方不利的迹象，应赶快设

法巧妙地结束谈话。为此应事先准备好一两种结束电话的借口。在没办法的情况下，才能采用挂断电话的方法，但挂断电话最好是在己方说话的中途进行，使对方怀疑不是人为而是线路出了问题。注意：在社交中一般不宜采用这种不礼貌的行为。

9. 选择好电话谈判的时间

一般来说，电话谈判的时间最好选在以下时间段：星期一至星期五的 9:00—11:30 或 15:00—17:00。

实战训练

你们公司的经理召开会议讨论是否实施一项计划，你对该计划不认可，但需要你表态。如果你反对，可能得罪一些重要的人物，但实施后，若效果不好，你有不可推卸的责任。你该怎么表态？为什么？

(1) 含糊其词。

(2) 直接表示反对。

(3) 提议由专家论证。

(4) 表示支持，但提出存在一定问题。

要求：每组限时 5 分钟陈述，由其他小组代表进行质疑后答辩。

任务二　训练商务谈判中书面文字表达技巧

任务分析

本任务的学习目标是了解商务谈判文字处理的特征和原则，掌握商务谈判文字处理技巧，能够在商务谈判中运用书面语言的表达技巧。

知识准备

所谓商务谈判文字处理是指对谈判前的准备、谈判过程和谈判结果全部内容的文字表现。它包括谈判准备工作的文字处理，谈判过程的文字处理和谈判后的文字处理。具体内容有谈判方案、议程的拟订，谈判记录、备忘录及合同的文字处理。

一、商务谈判文字处理的特征和原则

（一）商务谈判文字处理的特征

1. 客观及时

这是指商务谈判中任何一个环节的文字处理都要及时、准确、精练、如实、完整地反映谈判过程中的全部内容。

2. 格式固定

商务谈判中文字处理的内容均属应用文范畴，一般都有固定的格式。

3. 语言质朴

除记录、备忘录外，商务谈判其他内容的文字处理要求质朴、准确、简明。文字语言表达必须实事求是、直截了当；不含糊其词、不模棱两可；精练、准确，双方理解或解释不存在歧义。

4. 时间性强

商务谈判的文字内容具有按法律的规定约束双方行为的作用，也是处理日后合同纠纷的依据。在商务谈判实践中，函电的时间、谈判的时间、出席人数等均成为处理合同纠纷的重要依据。

（二）商务谈判文字处理的原则

1. 实用性原则

这是指无论商务谈判哪一环节的文字表达都要简明、易懂，直接服务于谈判，有助于谈判过程的加速，直至合同契约形成，并以此作为双方执行的凭证，起到规范和约束谈判双方行为的作用。因此，客观上要求这样的文字处理必须语言大众化、术语专业化，真实地反映谈判全过程。

2. 可靠性原则

这是指谈判中达成的文字协议所依据的材料、情节真实可靠。具体包括谈判中的情况、资料所涉及的数字（购销量、价格等）等必须真实可靠、合法，做到情况全面、事实清楚、数据准确、根据充分，合同具有法律效力。

3. 准确性原则

这是指表达方式的选择要恰当，内容的反映要准确无误。商务谈判文字表达是否准确，将直接关系到谈判双方切身利益以及谈判能否成功。商务谈判中的文字表述是否准确，主要取决于其表达方式是否符合文章样式的需要。如记录要求实；签订合同要概念明确，判断恰当，推理合乎逻辑；使用简称要坚持约定俗成，避免牵强和武断；文字书写要符合一般的规定标准或习惯，正确使用标点符号等。

二、商务谈判文字处理技巧

商务谈判文字处理贯穿谈判的整个过程及各个环节。下面简单介绍商务谈判方案、记录、备忘录、合同等文字处理技巧。

（一）商务谈判方案

商务谈判方案是指为实现商务谈判目标，事前进行全面、总体的设想所写出的书面材料，即根据谈判目标将所指定的谈判内容、谈判方法、谈判组织、谈判策略、完成期限等内容写成文字材料。谈判议程和可行性方案是商务谈判方案的重要组成部分。在商务谈判中如果有个好的计划，就能避免盲目性，增强自觉性；工作起来就能按部就班、有条不紊、提高效率。可见，谈判方案在商务谈判中有着非常重要的作用。拟订商务谈判方案的要求见表 9-1。

表 9-1　拟订商务谈判方案的要求

谈判方案拟订要点	谈判方案拟订要求
1. 讲求写作效率	拟定谈判方案的时间性较强，必须认真准备，提高写作效率。为此，谈判文书需事前做好一些工作，如掌握领导意图，领会谈判目标，研究我方可能采取的策略以及所能提供的利益保障；研究谈判对手的基本情况等，以缩短谈判方案的写作时间
2. 从实际出发	从实际出发主要指拟订的谈判方案既要使谈判者有章可循，又要给其留有充分的余地，能应变自如；还要有针对性地为谈判文书提供更多的信息资料，以便对现实情况做出科学的分析，制定出切实可行的商务谈判方案
3. 行文通畅易记	商务谈判方案要语句通顺流畅、逻辑严谨、结构紧凑；要紧紧围绕已经确定的谈判目标展开，其布局、对策应与目标融为一体，上下连贯；文字必须简洁、醒目、流畅，语言力争言简意赅
4. 具有应变能力	谈判方案中的一些关键用语不要过于绝对，以免束缚谈判人员的随机应变能力；可使用一些弹性语言，如接近、尽可能、成功系数在 $x\%\sim y\%$ 等，以便于谈判人员有回旋的余地
5. 严格写作格式	谈判方案的写作格式一般包括：谈判方案的名称，如××商品购销谈判方案；正文，主要包括建立目标、预期分析和形式分析、相应的对策、议程、组织谈判队伍、对前述目标的评价和再完善等；结尾，包括谈判方案的附件、拟定时间等

（二）商务谈判记录

商务谈判记录是指用文字形式如实、及时、准确、完整地反映谈判全过程的书面材料。其作用在于：一是有利于推动并加速谈判过程，避免无休止的重复、反复谈判；二是可作为约束谈判双方行为的凭据，也为撰写备忘录和最终签订合同（协议）提供依据。

记录必须符合谈判的实际情况，不能随意添加或删改谈判的内容和基本精神。谈判进入达成协议的关键阶段，对重要人物的发言要做详细记录。此外，还要严格谈判记录的格式。谈判记录的格式一般包括如下部分：谈判概况，包括谈判名称、时间、地点、参加谈判人员、列席人员、主持人、记录人等项；谈判内容，即谈判记录的主要部分，主要记录双方发言人的发言；谈判中所做出的决议、结论等。

商务谈判记录与一般会议记录的方法大致相同。一般包括：摘要记录（重点记录），即把谈判中的全部内容，包括每个发言人的原话、动作表情、谈判气氛都记录下来；如果谈判时间较长，争论问题较多，中间需要注明休息时间；谈判结果，可另起一行空两格写“结束”二字，以保证内容的真实、完整；关键性的谈判阶段，要由主持人和记录人在记录末尾右下方签名，以示负责。具体采用何种方法，要视谈判的需要而定。

（三）商务谈判备忘录

商务谈判备忘录是指用文字形式如实记录每一次谈判双方达成的重要协议的书面材料。商务谈判备忘录与记录有一定的联系：首先，两者都作为签订大宗商品买卖合同的重要依据；其次，对期限较长的谈判，备忘录与记录都对下一轮谈判的重要议题和谈判内容的确定起着决定或参考作用；最后，备忘录的形成要以每次谈判的记录为依据。

当然，商务谈判备忘录与商务谈判记录也有区别：备忘录是就谈判中达成的协议，用文字形式表现出来；记录是对谈判中发言或重点发言内容的文字表现。备忘录要载明双方承担的权利和义务，不管双方谁起草，最终都要出示给对方，征得对方的同意并且签字方可生效；记录无须征得对方同意，即使重要任务的关键谈话以及承诺等内容的记录，也并非必须签字，但为避免事后麻烦，也可以要求当事者签字。签字后的记录，往往具备了备忘录的性质。备忘录虽不像合同那样具有法律效力，但经过双方签字后，就成为双方认可并约束双方行为的凭据；记录就不具有这种效力。对小宗买卖活动，备忘录可起到协议或合同的作用；而记录则没有这种作用。

商务谈判备忘录在写作上必须谨慎、用词准确无误，要达到的要求如图 9－4 所示。

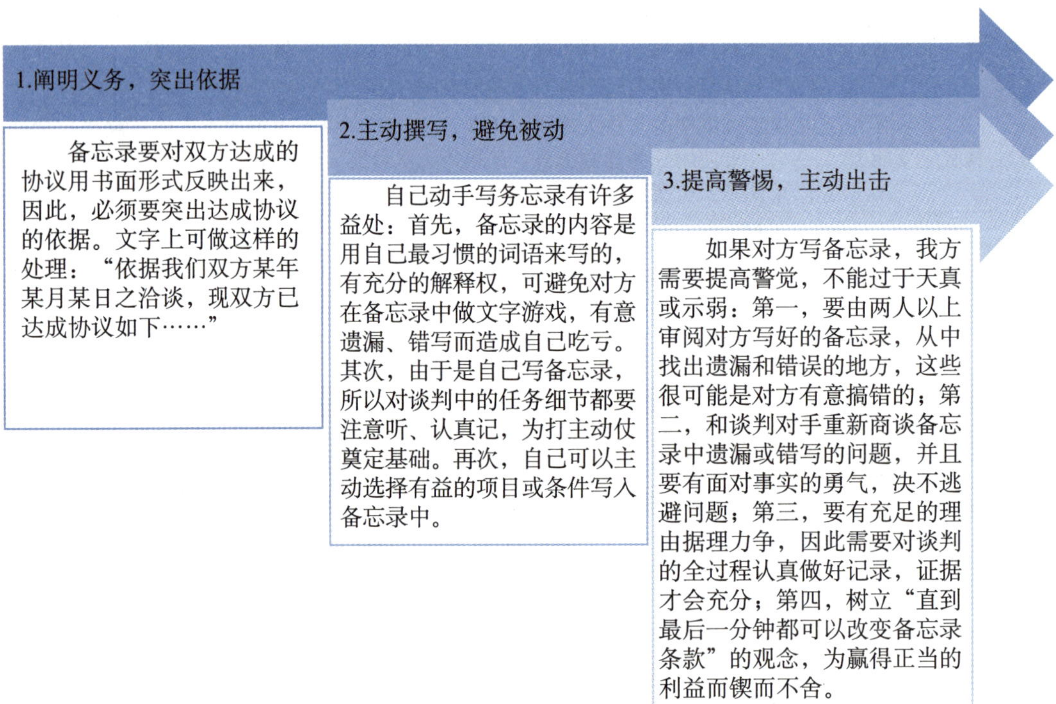

图 9－4　商务谈判备忘录的写作要求

（四）商务谈判合同

在商务谈判中一般的交易合同具有多种有效形式，各国也有不同的规定。在国际上口头达成的合同只要能证明就是有效的，书面合同可以是具有一定格式的正式书面合同，可以是协议书、备忘录等各种书面形式，还可以是由往来函电包括电传构成的合同。我国主张书面形式，如果不将分散的信件、电报、电传中双方协议一致的条件集中于一份书面合同上来，就会影响合同的履行与谈判效率。

书面合同主要有交易合同和交易确认书两种，并且大都有固定的格式。合同开始部分是合同的最重要部分，当争议发生时，这部分内容将起到重大法律作用，不可忽视。其中，合同的名称与编号、签约时间地点、双方当事人的身份信息、有关文件及事项都要特别注意，对于合同中所出现的某些比较复杂和容易引起歧义的概念词语，应该在合同开始的部分给出定义。合同正文部分应该注意商品名称、品质、数量、包装、检验、产权、价格、交货、运输等条款与术语，关于异议索赔、不可抗力、仲裁、合同终止、特约条款也应该清楚地规定说明。

❖ 实例分析

合同文本的最后一页漏审

中国C公司（以下称中方）与罗马尼亚L公司（以下称罗方）就大功率晶体管的生产技术转让和相关生产设备供应达成协议。双方谈判人员就合同文本进行了准备，双方约定合同以中文、罗文、法文三种文字书写，三种文字的合同文本均具有同等效力。

双方谈判人员工作了两天，完成了三个合同文本的编写。中方由Z先生、D先生和B女士对文本进行核对，三人从技术附件到合同文本逐一核对，由于使用三种文字，核对工作量很大，三人一起将中、法、罗三种文本同时核对，最后认为没问题才交中方领导，准备在签字仪式上用。

合同在仪式上签署了。在告别宴会上，罗方再三强调该种产品国内急需，希望中方能尽快交付。中方答应一定遵守合同约定按时交付。

合同签完后，中方开始落实履约事项。按中文合同上的约定，第一批资料交付在合同签字3个月后，第一批设备交付在合同签字6个月后。中方决定抓紧安排，争取在首批交付上有所提前，同时也显示中方的实力与诚意。1个月后中方准备将进度通告罗方，本想让对方高兴，不料引来的是强烈的责备，罗方认为中方推迟了第一批设备的交货期。合同执行小组人员一下子蒙了，立即翻阅三个文本的合同，这才发现：第一批设备系准备性设施，其交货期在合同文本的最后一页予以约定，中文文本与法文文本上写的交货期是合同签字后6个月，而罗文文本的合同上写的是3个月，三个文本约定不一致。当初，Z先生、D先生、B女士三人核对时遗漏了最后一页。

罗方很看重该时间，认为中方不守信，希望中方看在中罗友好的份上，遵守约定：3个月交第一批设备。

中方很被动。从法律角度讲，罗方有理，至少可以引起争议；从事实来讲，争议系中方对合同文本核对工作的疏漏造成的。

中方向罗方解释前因后果，罗方不理解。中方说："时间太短，工作做不完。"罗方说："中国人创造了许多奇迹，这区区3个月的时间不在话下。"不论怎么讲，罗方坚决不同意，要求按罗文文本约定时间履行。中方人员哭笑不得，最后提出：争取3个月不迟于4个月。罗方这才停止对中方的批评。

资料来源：辛诚．商务谈判理论与实务［M］．北京：中国传媒大学出版社，2010.

案例分析题：

1. 如果中方坚持"三个文本具有同等效力"的观点，谈判结果会如何呢？
2. 罗方是否真的认为自己全有理呢？他们为什么敢一味地批评中方？

项目小结

1. 商务谈判的过程是语言交流的过程，商务谈判成功与否很大程度取决于采用哪种语言的正确表达。了解谈判语言的类别、谈判语言的作用和谈判语言的运用是十分必要的。

2. 在商务谈判中，全面掌握倾听的技巧、说话（叙述）的技巧、提问的技巧、回答问题的技巧、说服的技巧、电话应答的技巧，是商务谈判中取得主动权与胜利的重要因素。

3. 文字处理贯穿商务谈判的始终。任何谈判都离不开谈判前准备工作的落实、对谈判进程及所达协议的反映以及谈判终了书面合同的签订。为了方便和促进谈判，这些过程和结果均须用文字表达成书面材料。

练习与实战演练

一、单选题

1. 一位优秀的商务谈判者，以下（　　）是最主要的。

A. 善于讲话　　B. 善于倾听

C. 善于理解别人　　D. 善于博得别人同情

2. 在回避别人提问时，更能反映沟通技巧的方式是（　　）。

A. 缄口不言　　B. 以雄辩震慑对方　　C. 转变话题　　D. 反问

3. 在交谈中，了解信息常采用的形式是（　　）。

A. 问话　　B. 回答　　C. 解释　　D. 辩论

4. 如果对方表达的意思你没理解，那么恰当的做法是（　　）。

A. 打断他，当场请教　　B. 等他讲完之后再提出

C. 装作理解了　　D. 询问己方其他人

5. 下列最能代表说服本意的方式是（　　）。

A. 从不同方面劝诱　　B. 让对方感到你诚实可信

C. 让对方敬佩你　　D. 让对方受到震慑

二、思考题

1. 商务谈判中倾听的技巧有哪些？

2. 谈判中说服对方的技巧是什么？

3. 电话沟通时应当注意哪些问题？

三、实战演练

【实战 1】好坏不分，如何付款？

任务：商务谈判沟通技巧能力训练。

组织方式：全班按每组 4～6 人组建项目团队，以团队为单位进行。

内容：某供应厂家所提供给你的货品当中有一部分不符合规定。你曾多次要求对方必须解决这一问题，但对方却对此敷衍不理。此时你应怎么办？

（1）对整批货的货款止付。

（2）对不合格部分的货款止付。

（3）向供应商提出妥协条件。

时间安排：每组限时5分钟陈述、质疑、答辩。

评价方式：各组互评打分，老师评析。

【实战2】如何回答？

任务：商务谈判沟通技巧能力训练。

组织方式：全班按每组4～6人组建项目团队，以团队为单位进行。

内容：你去应聘，如果对方问你以下问题，你将如何回答。

（1）请说一说你的主要缺点。

（2）你认为要花多长的时间才能适应本公司的工作？

（3）你以前工作单位的领导有什么缺点？

（4）你希望在本公司的薪酬是多少？

时间安排：每组限时5分钟陈述、质疑、答辩。

评价方式：各组互评打分，老师评析。

【实战3】最后再"咬"一口

任务：商务谈判沟通技巧能力训练。

组织方式：全班按每组4～6人组建项目团队，以团队为单位进行。

内容：你是轻型货车的制造商。你最近经历了一场马拉松式的谈判，最后终于拿下了一家买主的订单。但在签约之前，对方又提出了最后一个要求：车身要红、蓝两种色调。这两种颜色正是你计划要用的新色调。试问对这种额外的要求，你怎么办？

（1）告诉对方，如果他要这两种颜色，则须付额外的费用。

（2）告诉对方，完全可以。

（3）问对方，这种颜色到底对他们有什么作用。

时间安排：每组限时5分钟陈述、质疑、答辩。

评价方式：各组互评打分，老师评析。

【实战4】弦外之音

任务：商务谈判沟通技巧能力训练。

组织方式：全班按每组4～6人组建项目团队，以团队为单位进行。

内容：在谈判的初期阶段，对手常常会斩钉截铁或毫不妥协地表明他的立场与见解。诸如："你们的提议是我们根本无法接受的""我们从来就不接受分期付款的方式""货品出门概不负责"。但是当谈判越过这一阶段之后，对手的话语则或多或少要有些伸缩性了。这种带有伸缩性的语言旨在暗示你：事情有商量的余地。例如，当对手指出"到目前为止，我们仍没有改变付款条件的想法"。他极可能向你暗示"过些时候我们可以改变付款条件"或"付款条件是可以谈的"。只要你能够抓住这类话的真意，谈判的进展将指日可待。下面的这些话语到底暗示着什么意思？

（1）"你所给的期限太短，我们很难接受。"

（2）"我们的工厂并不是专为制造这种规格的产品而设计的。"

（3）"我无权议价。"

（4）"本公司从来没有以价格作为谈判的标准。"

（5）"根据公司的政策，我们是没有折扣的。就算有折扣，也不会超过10%。"

（6）"在这样的订货量下，我们的价格是300元。"

（7）“这是很合理的价格。”

（8）“这是我们标准的签约条件。”

时间安排：每组限时 5 分钟陈述、质疑、答辩。

评价方式：各组互评打分，老师评析。

【实战 5】他拖延，你违约

任务：商务谈判沟通技巧能力训练。

组织方式：全班按每组 4～6 人组建项目团队，以团队为单位进行。

内容：你向某政府机关承包了一项工程，并将工程中的一部分转包给了另一家建筑公司。你与政府机关所签订的承包契约中言明：每迟延一天完工，你将被罚款 100 000 元。当工程顺利地进行到五分之四的时候，另一家公司突然因故未能如期将承包下来的器材运到，致使工程的进程被拖延了下来。面对这种情况，你将怎么办？

（1）找出与另一家公司签订的转包合同并确定该公司所应承担的责任。

（2）就未能如期运到工程所用器材一事，向该公司提出抱怨。

（3）警告该公司，如果他们的失误连累到你们公司，并因此而受罚，你将采取法律手段要求赔偿。

（4）立即与该公司的领导见面，设法安排器材的运送事宜。

时间安排：每组限时 5 分钟陈述、质疑、答辩。

评价方式：各组互评打分，老师评析。

项目十

国际商务谈判

学习目标

知识目标：了解跨文化谈判与国内谈判的区别与联系，领会文化差异对谈判的影响，掌握跨文化谈判成功的基本要求，掌握其他国家的商人及中国人的谈判风格。

能力目标：能根据不同的商务谈判者辨别其谈判风格，能针对不同文化背景的谈判者进行谈判设计，能运用适当的谈判风格与谈判对手进行谈判。

案例导入

戴姆勒-克莱斯勒事件

德国戴姆勒-奔驰公司并购美国三大汽车公司之一的克莱斯勒公司，被全球舆论界誉为"天堂里的婚姻"。戴姆勒-奔驰公司是德国实力最强的企业，是扬名世界的"梅塞德斯"品牌的所有者；克莱斯勒则是美国三大汽车制造商中赢利能力最强、效率最高的公司。人们认为，这宗跨越大西洋的强强联合定会造就一个驰骋世界汽车市场、所向无敌的巨无霸。然而谁会想到，这桩"婚姻"似乎并不美满，并购后并没有实现公司预期的目标。到20世纪初，公司的亏损额达到20亿美元，股价也一路下滑，并且不断裁减员工。业内人士认为，大西洋两岸不同文化差异的冲突是这场"婚姻"危机的根本原因。戴姆勒-奔驰公司的CEO施伦普一开始没有意识到两家企业无论在组织结构、薪酬制度，还是企业文化上都相差非常大，他采取德国的完全控制方式把克莱斯勒公司当成一个部门来看待，在公司管理制度上，董事会成员都是以德国公司为主。但是，他却在媒体上说："这是一次平等的合并。"这使克莱斯勒公司的美国员工无所适从。再加上施伦普在企业合并后不久就解雇了作为并购整合经理的克莱斯勒总裁，导致克莱斯勒公司员工产生敌对情绪，许多优秀的美国设计师、高级管理人员纷纷离职投奔了福特、通用汽车等竞争对手。这样，也就不难理解为什么这次开始被称为"天造的合并"最后如此失败。

资料来源：辛诚．商务谈判理论与实务［M］．北京：中国传媒大学出版社，2010.

➡**案例分析：**导致两公司合并失败的主要原因是什么？

在这个案例中，我们认识到不同国家、不同民族间的文化存在着明显的差异。在当初合并的时候，戴姆勒-奔驰的 CEO 施伦普低估了文化的因素，在谈判时没有考虑两家企业之间的文化差异，更没有分析德国和美国之间的国家文化差异对谈判以及合并后整合的影响，使得公司在合并这么多年之后发展都比较艰难，并且无法实现其期望的目标。美国学者保罗·A. 赫比格说：“一个成功契约的障碍大多来自文化因素。由于谈判双方都从自己种族优越的情景和经验来观察对方，阻碍了同来自其他文化的人的有效谈判。”可见，文化差异会左右谈判者的思想和行为，使谈判深深地打上不同民族、国家、文化的烙印。在日益频繁的国际商务谈判活动中我们更不能忽视文化差异所产生的影响。

思维导读

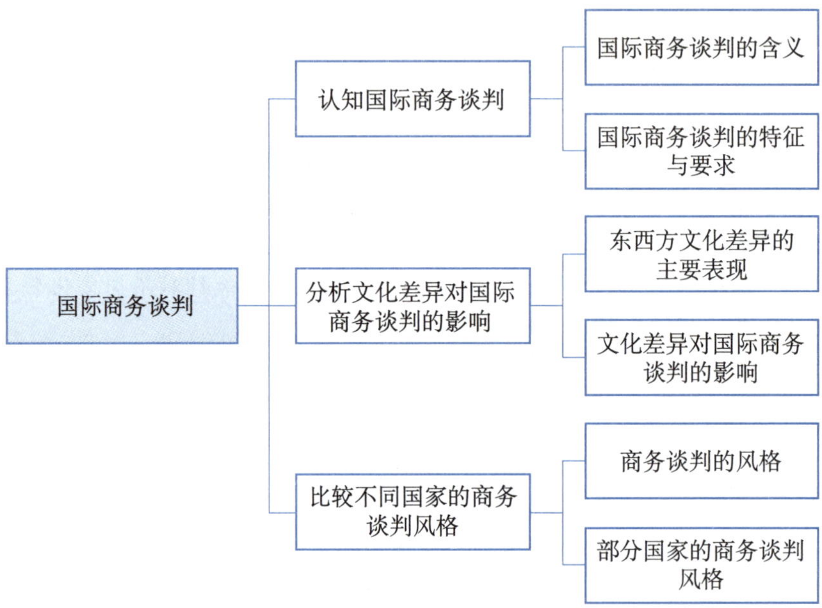

任务一　认知国际商务谈判

任务分析

本任务的学习目标是了解国际商务谈判的含义，掌握国际商务谈判的特征与要求，能根据不同的商务谈判者辨别其谈判风格。

知识准备

一、国际商务谈判的含义

谈判是对外经济贸易工作程序中不可缺少的一环，在整个对外经济贸易活动中，每一次进出口贸易活动能否通过谈判达到自己的目的、怎样谈判及如何提高谈判效率，作为一门学问已引起了买卖双方的普遍关注。国际商务谈判的结果对于履行合同的全过程至关重要，如有不慎，就会给国家和企业造成重大的政治和经济损失。

国际商务谈判是指在国际商务活动中，处于不同国家或不同地区的商务活动当事人为了达成某笔交易，彼此通过信息交流，就交易的各项要件进行协商的行为过程。国际商务谈判是国际商务活动的重要组成部分，是国际商务理论的主要内容，是国内商务谈判的延伸和发展。

二、国际商务谈判的特征与要求

（一）国际商务谈判的特征

国际商务谈判是国内商务谈判的延伸和发展。因此，国际商务谈判首先具备国内商务谈判的特征。国内商务谈判的特征在本书的项目一已经介绍，在此不再赘述。

与国内商务谈判相比，国际商务谈判的特征如图 10－1 所示。

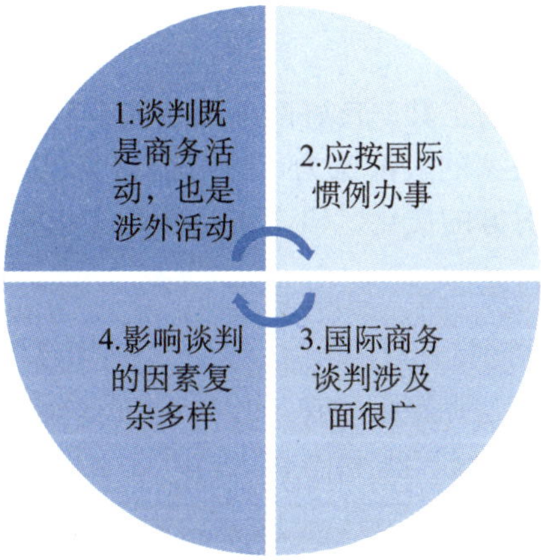

图 10－1　国际商务谈判的主要特征

（二）国际商务谈判工作的要求

国际商务谈判与国内商务谈判之间并不存在本质的区别，为了做好国际商务谈判工作，谈判者除了要掌握好商务谈判的基本原理和方法外，还必须注意以下几个基本要求：

1. 树立正确的国际商务谈判意识

国际商务谈判意识是促使谈判走向成功的精髓。谈判者谈判意识的正确与否，将直接影响到谈判方针的确定、谈判策略的选择，影响到谈判中的行为准则。正确的国际商务谈判意识主要包括：谈判是协商，不是“竞技比赛”；谈判中既存在利益关系又存在人际关系，良好的人际关系是实现利益的基础和保障；国际商务谈判既要着眼于当前的交易谈判又要放眼未来，考虑今后的交易往来。

2. 做好开展国际商务谈判的调查和准备

国际商务谈判的复杂性要求谈判者在开展正式谈判之前，进行科学的项目评估。首先，要充分地分析和了解潜在的谈判对手，明确对方企业和可能的谈判者的个人状况，分析政府介入的可能性，以及一方或双方政府介入可能带来的问题。其次，要调研商务活动的环境，包括国际政治、经济、法律、社会意识形态等，评估各种潜在的风险及其可能产生的影响，拟订各种防范风险的措施。再次，合理制订谈判计划，选择比较好的谈判地点，对对方的策略开展反策略的准备。最后，反复分析论证，准备多种谈判方案，应对情况突变。

3. 正确认识并对待文化差异

国际商务谈判的跨文化特征要求谈判者必须正确认识和对待文化差异。世界上不同国家、不同民族的文化没有高低贵贱的分别。文化习俗的差异，反映了不同文化中的民族与自然、地理环境等斗争的历史。尊重对方的文化是对国际商务谈判者最起码的要求。“出国问禁，入乡随俗。”从事国际商务谈判的谈判人员要善于从对方的角度看问题，善于理解对方看问题的思维方式和逻辑判断方式。切记：当跨出国门与他人进行谈判时，自己就成为别人眼中的外国人。

4. 熟悉国家政策、国际商法和国际惯例

国际商务谈判的政策性特点要求谈判者必须熟悉国家的政策，尤其是外交政策和对外经济贸易政策，把国家和民族的利益置于崇高的地位。除此之外，还要了解国际商法，遵循国际商务惯例。

5. 具备良好的外语技能

语言是交流磋商必不可少的工具。良好的外语技能有利于双方的交流效率，避免沟通过程中的障碍和误解。许多国家的人都认为，对方懂得自己的语言是对自己民族的尊重。学好语言，能够更好地了解对方的文化。语言本身就是文化的重要组成部分。

❖ 实例分析

漫长的跨国收购谈判

联想集团收购国际商业机器公司（IBM）的 PC 业务，经过长达 13 个月的谈判后才最终达成一致。最初的谈判时间是 2003 年 11 月，联想集团组成了由财务总监冯雪征领队的谈判队伍，飞往美国与 IBM 进行了第一次接触。按照联想集团副总裁乔松的说法，“那个时候主要是双方的摸底”。

2003 年 11 月到 2004 年 5 月，被看作联想和 IBM 谈判的第一个阶段，联想谈判小组的主要工作是了解对方情况和提出有关收购的商业方案。联想集团副总裁王晓春透露说，联想的谈判队伍是在不断扩大的。在联想内部，收购所涉及的部门，包括行政、供应链、研发、IT、专利、人力资源、财务等部门都派出了专门小组全程跟踪谈判过程。每个小组由 3 到 4 名员工组成，总人数达 100 人左右。在内部谈判团队之外，联想还聘请了诸多专业公司协助谈判。例如，麦肯锡公司担任战略顾问，高盛公司担任并购顾问，安永公司、普华永道公司作为财务顾问，奥美公司作为公关顾问。

2004 年 5 月，从联想方面提出包括收购范围、收购价格、支付方式、合作方式等内容的商业方案开始，谈判进入了艰苦的实质性磋商阶段。一直到 12 月 6 日，长达 13 个月的收购谈判才最终达成协议。

资料来源：郭芳芳．商务谈判教程——理论·技巧·实务［M］．上海：上海财经大学出版社，2006.

案例分析题：联想集团收购业务为什么进展缓慢？

任务二　分析文化差异对国际商务谈判的影响

任务分析

本任务的学习目标是掌握东西方文化差异的主要表现，掌握文化差异对国际商务谈判的影响，能针对不同文化背景的谈判者进行谈判设计。

知识准备

文化是一个特定的群体（可以是国家，也可以是民族、企业、家庭）在一定时期内形成的一系列习俗、规范和准则的总和。它对于不同民族、不同国家的社会发展起着规范、导向和推动作用。由于中西方传统习惯、价值观念、宗教信仰、思维方式等的不同，中西方文化表现出诸多差异。而这些差异则直接或间接地影响着国际商务谈判。

一、东西方文化差异的主要表现

国际商务谈判的参与者是不同区域、不同民族、不同国籍的人，其文化背景差异很大，人们的价值观、思维方式、语言及谈判风格各有不同。不同的社会文化、道德、伦理也将反映在商务谈判人员的行为之中，影响他们如何谈判、如何议定合同以及如何应对不同谈判风格的商务关系等。只有了解国际上其他商业合作伙伴或竞争对手的文化背景、思维方式、谈判风格，才有助于进行恰当、卓有成效的谈判。

微课：文化差异对谈判的影响

一般而言，东西方的文化差异主要表现在以下几个方面。

（一）语言

语言是文化的产品，也是文化的载体，它是最直接体现文化构成的因素，也最能反映文化差异。一方面，语言是文化的基石，没有语言，就没有文化；另一方面，语言又受文化的影响，反映文化。可以说，语言反映一个民族的特征，它不仅包含着该民族的历史和文化背景，而且蕴含着该民族对人生的看法、生活方式和思维模式。语言与文化互相影响，互相作用：理解语言必须了解文化，理解文化必须了解语言。

文化背景不同、语言不同的人在交谈时，常常发生下列情况：由于文化上的不同，即使语言准确无误，也会产生误会；对于不同的人，同一个词或同一种表达方式可以具有不同的意义。由于文化上的差异，谈一个严肃的问题时，由于一句话说得不得体，可以使听者捧腹大笑；一句毫无恶意的话可以使对方不快或气愤。由于文化上的差异，在国外演讲的人经常发现听众对他讲的某个笑话毫无反应；然而，在国内，同一个笑话则会使听众忍俊不禁。

☞ **课堂讨论**

国际商务谈判先过语言关

由于国际商务谈判双方都来自不同国家，因而所用的语言一般都不同。即使用的都是英语，有些表述在不同国家和地区的含义也是不一样的。最典型的例子就是“yes”和“no”的使用和理解。日本人说的“yes”是表示礼貌的“I hear you”的“yes”，不是“I agree with you”的“yes”。实际上，“yes”这个词的意思是非常丰富的，除了以上两种以外，还有“I understand the question”的“yes”和“I'll consider it”的“yes”。“no”的表达方式也很复杂。有些文化的价值观反对正面冲突，因此人们一般不直接说“no”，而用一些模糊的词句表示拒绝。例如，巴西人用“somewhat difficult”代替“impossible”，没有经验的谈判者若按字面意思去理解，就会浪费时间，延缓谈判进程。因此，我们必须尽量了解对方的文化、对方的价值观和风俗习惯，只有这样才能准确无误地传递和接收信息。

世界上的大多数语言都是不能逐字翻译的，不同语言交流时的身体语言和比喻手法就相差更大了。正如大家都知道，英文中的“rain cats and dogs”的正确的中文含义不是“下狗下猫”，而是“倾盆大雨”。

问题：语言表达的差异对谈判有何影响？

（二）宗教

宗教是人类社会发展到一定阶段的历史现象，它既不是从来就有的，也不是永恒的，而是有它产生、发展和消亡的过程。最初宗教观念的产生，反映了社会生产力水平极端低下的情况下，原始人对自然现象的神秘感。这种神秘感，是在人类社会生产力发展到一定阶段上，人的意识和思维能力有了相应的发展，达到足以形成宗教观念的时候产生的。宗教既是一种特定形态的思想信仰，同时又是人类一种普遍的文化现象，包含丰富的文化内涵。

不同的宗教有着不同的文化倾向和戒律，从而影响到人们认识事物的方式、行为准则和价值观念。

（三）价值取向

不同的文化对于价值的取向存在着很大的不同。在一些文化中被十分看重的东西在另一些文化中则可能无足轻重。价值取向，深刻地反映了一个民族的特性，是一个民族文化的精神成果。考察一个民族的价值取向，离不开对该民族文化的总体理解和把握。

例如，中国商人与美国商人在谈判过程中，在有关的价值观念和行为方式上确实有较大的差异。中国商人更重视国家利益，更关注政府及其主管部门的意见和政策，同时受到的制约因素也相对较多。

（四）习俗与礼仪

由于涉外商务谈判中各国的文化背景、风俗习惯和民族特色等与国内谈判存在着很大的差异，所以，熟知涉外礼仪的内容和要求，掌握与外国人交往的技巧显得尤为重要。

例如，美国人不拘礼节，在商务往来中，喜欢直呼对方的名字；而欧洲人则很重视称谓。

国际商务谈判人员要十分注意社交规范，尊重对方国家的文化背景和风俗习惯，这对于赢得对方尊重和信任，推动谈判顺利进行，特别是在关键场合、与关键人物的谈判中，往往能起到积极的作用。

二、文化差异对国际商务谈判的影响

在商务谈判中，很多谈判者常常没有领悟、重视或注意到文化对谈判方式的重要影响。对于国外谈判方的文化，有些谈判者也许已经注意到谈判对方的一些“不同的”或者“费解”的谈判方式的具体表现，但却认为并不重要。有的人盲目地认为，国际商务谈判是用事实和数据说话，而事实和数据是通用的。同样，有些谈判者去异国他乡谈判时，为与对方保持融洽的关系，他们只注意双方文化上的相似之处，而忽视其不同之处。

总的来说，文化差异对谈判的影响主要体现在以下几个方面，如表 10 - 1 所示。

表 10 - 1　文化差异对谈判的影响

文化差异表现	对谈判的影响
沟通过程	在国内谈判中，谈判双方不存在文化差异，从而也就不存在由于文化差异而导致的相互间信息沟通的障碍。而在国际谈判中，谈判者来自不同的国家和地区，拥有着不同的文化和背景，因而进行的是跨文化的沟通。由于不同国家和地区谈判者的思维方式、价值观念、语言、态度及行为都会打上文化的烙印，因而谈判双方要进行较为深入的沟通，往往会遇到许多障碍。
谈判风格	所谓谈判风格，是指在谈判过程中，谈判人员所表现出来的言谈举止、处事方式以及习惯爱好等特点。谈判者的谈判风格带有深深的文化烙印。文化不仅决定着谈判者的伦理道德规范，而且影响着谈判者的思维方式和个性行为，从而使不同文化背景的谈判者形成风格迥异的谈判风格。谈判风格对于谈判过程中谈判双方的交往方式、交往关系，甚至谈判结果有着直接的影响。
决策结构与决策权限	谈判的重要准则之一是要和拥有一定决策权的人谈判，至少也是与那些能够积极影响有关决策的人员谈判。这就需要谈判者了解对方企业的决策结构与决策权限，了解能够对对方决策产生影响的各种因素。企业的决策结构、决策权限与该国的政治经济制度、法律制度和企业制度有关。
伦理与法制	具有不同文化的国家对于伦理和法制的观点存在差异。
时间观念	时间的意义和重要性也是因文化而异的。例如，西方人把时间看作金钱，因此，在谈判中，不喜欢无故拖延谈判、中断谈判或迟到早退，他们倾向于准时展开会谈，按照日程安排一步步达成最后的协议。

☞ 课堂讨论

在有些地方，时间是弹性的，并且不被看作是有限的商品；人们可能约会迟到，或者根本不出现。例如在印度，一次世界银行的一个代表团要去参观某水厂，要求司机在下午 2 点开车送代表团去水厂。然而司机直到下午 3:30 才出现，当被问及迟到的原因时，司机振振有词地说，印度是一个民主国家，每个人都享有在午饭后好好休息的权利。再如，一个美国人应邀在一次商务会议上发言，会议在中美洲的一个小国举行，时间是上午9点钟。他在8点钟时做好了一切准备并在饭店中等待来接他的主办方的工作人员。到了8:15，没有人来。8:30仍然没有人来。8:45依然无一人出现。他和饭店的接待员校对了时间，他的表没有任何问题。到了9:15，一种噩梦般的感觉突然袭来，难道他把开会的国家和时间搞错了？直到9:20，主办方的工作人员终于出现了。当他问主办方的工作人员是否已经耽误了开会时间时，主办方的工作人员却轻松地说，在这里从来没有迟到这一说。他们非但没有迟到，反而早到了，因为会议在一小时后才开始。

问题：时间观念对谈判有何影响？

资料来源：白远．国际商务谈判［M］. 北京：中国人民大学出版社，2008.

任务三　比较不同国家的商务谈判风格

任务分析

本任务的学习目标是了解商务谈判的风格，掌握部分国家的商务谈判风格，能运用适当的谈判风格与谈判对手进行谈判。

知识准备

谈判风格是谈判人员在谈判中表现出的态度、行为及其内在的性格等。不同国家、不同民族、不同地域的人，其价值观、生活方式、消费习俗、文化背景和宗教信仰等差异极大，因而形成了各具特点的谈判风格，而这些是我们在进行国际贸易谈判时应当了解和掌握的。谈判人员只有了解世界各国和地区商人不同的谈判风格，才能在谈判中游刃有余，采用适当的谈判策略，取得谈判的成功。

一、商务谈判的风格

每一个谈判人员来到谈判桌前，都带着自己深深的文化烙印。谈判风格是一个经常被人们使用的词。我们认为，谈判风格是指谈判人员在谈判过程中通过言行表现建立在其文化积淀基础上的与对方谈判人员明显不同的关于谈判的思想、策略和行为方式等的特点。

动画：一个日本人和一个美国人的会面

二、部分国家的商务谈判风格

（一）欧美商人的谈判风格

1. 英国商人的谈判风格

英国是世界上资本主义发展最早的国家之一。它率先进入工业化，曾为世界头号经济大国，其经济、政治、军事实力显赫一时。英国人的“曾经称霸过”世界的大国民意识仍旧很强，总是有一副悠然自得的样子。同时，他们又依然保留着岛国民族的特性，比较保守、怕羞，并且显得傲慢、矜持，给人难以接近的印象。

（1）冷静持重，充满自信。

英国人在谈判初期，尤其是在初次接触时，常与谈判对手保持一定距离，决不轻易表露感情。他们常常在开场陈述时十分坦率，愿意让对方了解他们的有关立场和观点，同时也常常考虑对方的立场、行动，对于建设性意见反应积极。在商务谈判中，英国人往往表现得沉默、冷静、谨慎、自信，而不是激动、冒险、夸夸其谈。英国人生性内向而含蓄；尤其是受过高等教育的人，表现得很自谦。他们把夸夸其谈的人视为缺乏教养，把自吹自擂的人视为低级趣味。

英国商界赞同这样一句话：“不要说‘这种商品我们公司没有’，应该说‘只要您需要，我们尽量替您想办法’。”这一点，不仅反映了英国人的灵活态度，也表现了他们十足的自信心。他们的自信心强，还特别表现在讨价还价阶段，如果出现分歧，他们往往固执己见，不肯轻易让步，以显其大国风范，让人觉得他们持有一种非此即彼、不允许讨价的谈判态度。

（2）注意礼仪，崇尚绅士风度。

英国人谈吐文明，举止高雅，珍惜社会公德，很有礼让精神。无论在谈判场内还是场外，英国谈判人员都很注重体现个人修养，尊重谈判业务。同时，他们也很关注对方的修养和风度，如果你能在谈判中显示出良好的教养和风度，就会很快赢得他们的尊重，为谈判成功打下良好的基础。

英国人的绅士风度常使英国谈判者受到一种形象的约束，甚至成为他们的心理压力，对此应充分利用。在谈判中大力宣扬、高抬其形象，然后以确凿的论据、有理有力的论证施加压力，英国谈判者就不会为坚持其不合理的立场而丢面子，从而刺激其自尊心，取得良好的谈判效果。

（3）行动按部就班、慢条斯理。

在商务活动中，英国人招待客人时间往往较长。当受到英国人款待后，一定要写信表示谢意，否则会被视为不懂礼貌。在与英国人约会时，若是过去不曾谋面，一定要先写信告知面谈目的，然后再去约时间。一旦确定约会，就必须按时赴约，因为英国人做生意颇讲信用，凡事要规规矩矩，不懂礼貌或不重诺守约，以后办事就难以顺利进行。

英国人在商务活动中有些明显的缺点。比如：他们经常不遵守交货时间而造成延迟，据说这一点举世闻名。这使得他们在谈判中比较被动，外国谈判者会利用这点迫使他们接受一些苛刻的交易条件，如索赔条款等。

（4）忌谈政治，宜谈天气。

在和英国人交谈时，话题尽量不要涉及爱尔兰的前途、共和制和君主制的优劣等政治色彩较浓的问题，比较安全的话题是天气、旅游等。

与英国人初识，最安全的话题是天气。英国人无论熟悉程度如何，见面后都有一个共同的话题，即谈论天气。这与英国天气的特殊性有关系。据说，只有在英国（尤其在伦敦）才能在一天中体验到四季的变化。常常会看到英国人在阳光明媚的早上出门时穿雨衣、带雨伞。

英国人生活条件优越，每年冬、夏两季有3～4周的假期，他们常利用这段时间出国旅游，因此较少在夏季以及圣诞节到元旦期间做生意，在这些节假日应尽量避免与英国人洽谈生意。

2. 德国商人的谈判风格

德国是世界著名的工业大国。由于历史的原因，德国的商业惯例存在着南北差异和东西差异。

（1）很自信，甚至自负。

德国在世界上是经济实力最强的国家之一，他们的工业极其发达，生产效率高，产品质量堪称世界一流。这主要是由于企业的技术标准十分精确具体，德国人对这一点一直引以为豪。与德国人谈生意，务必要使他们相信自己的产品可以满足德国人要求的标准。

（2）办事效率高。

德国人在办事效率上享有名副其实的声誉，他们信奉的座右铭是“马上解决”，他们不喜欢对方支支吾吾、拖拖拉拉的谈判语言。他们具有极为认真负责的工作态度，高效率的工作程式。所以，在德国人的办公桌上，看不到搁置很久、悬而未决的文件。德国人认为，一个谈判人员是否有能力，只要看其经手的事情是否能快速有效地处理清楚。

（3）计划性强。

像日本人一样，德国谈判代表因他们的准备充分而闻名。德国人在谈判之前不仅要研究购买产品的问题，而且还研究包括销售产品的公司、公司所处的大环境、公司的信誉、资金状况、管理状况、生产能力等问题。他们不喜欢与声誉不好的公司打交道。所以，有的人认为德国人比较保守，这可能是一个影响因素。他们另外一个特点就是，面对说服和压力战术始终坚定不移地坚持自己的谈判立场。

（4）重合同、守信用。

德国人很善于商业谈判，他们的讨价还价与其说是为了争取更多的利益，不如说是工作认真、一丝不苟，他们严守合同信誉，认真研究和推敲合同中的每一句话和各项具体条款。一旦达成协定，很少出现毁约行为，所以合同履约率很高，在世界贸易中有着良好的信誉。大多数德国人更喜欢符合实际的初始报价，而不喜欢典型的“先高后低”策略。他们对杂货店议价的方式很反感。因此与德国人谈判时可以考虑为开始的出价留一点余地来防止意外事件的发生，但是要注意避免出价过高。

（5）谈判态度严谨。

德国人相对来说是比较保守的，他们不会当众表露他们的感情，虽然有些南部的德国人稍微比较善于表现一点。与拉丁裔的欧洲人和拉美人不同，德国人很少使用手势，也不鼓励使用面部表情。德国人不管是见面还是分手，都要握手。注意不要让笑话出现在销售陈述中，在德国销售陈述是一件严肃的事情。不过，也许是高度理性化的结果，德国人的谈判风格有时会使人感到有些机械。

总之，德国人的谈判风格是审慎、稳重。他们追求严密的组织、充分的准备、清晰的论述、鲜明的主题。为此，谈判前他们会花费大量的时间和精力，详细研究与谈判有关的一切情况。他们提出的意见，给人的印象是有理有据、深思熟虑。谈判过程中，德国人善于明确表达思想，论述富有系统性和逻辑性，总是强调自己方案的可行性，不会轻易做出让步，使人产生一种缺乏通融性的感觉。此外，德国人在个人之间的交往上也是十分严肃正统的。

3. 法国商人的谈判风格

法国是一个老牌的资本主义国家。法国人具有浓厚的国家意识和强烈的民族文化自豪感。他们性格开朗、热情，工作态度认真，十分勤劳，善于享受。法国是一个讲究等级制度和社会地位的国家。在法国，受教育程度、家庭背景以及财产数量共同决定了人们社会地位的高低。

（1）珍惜人际关系，奉行个人主义。

法国人是重视人际关系的，但同时他们又是奉行个人主义的国家。此外，尽管他们不喜欢过于直接地提出自己的观点，但又很容易发生争执，并且在谈判过程中，如果他们有不同意见，会坦率地提出。再有，法国是欧洲国家中社会等级制度最为明显的国家。

法国人的个人友谊，甚至会影响生意。一些谈判专家认为，如果与法国公司的负责人或谈判人员建立了十分友好、相互信任的关系，那么也就建立了牢固的生意关系。同时，也会发现他们是十分容易共事的伙伴。在实际业务中，许多人发现，与法国人不要只谈生意上的事，适当的情况下，与法国人聊聊社会新闻、文化、娱乐等方面的话题，更能融洽双方的关系，创造良好的会谈气氛。

（2）坚持使用法语。

法国人具有一个人所共知的特点，就是坚持在谈判中使用法语，即使他们英语讲得很好，也是如此。而且在这一点上很少让步。因此，专家指出，如果一个法国人在谈判中使用英语，那么这可能是争取到的最大让步。

（3）偏爱横向谈判。

法国人喜欢先为谈判协定勾画出一个大致的轮廓，然后再达成原则协议，最后再确定协议中的各项内容。所以，法国人不像德国人那样签订协议之前认真、仔细地审核所有具体细节。法国人的做法是：签署交易的大概内容，如果协议执行起来对他们有利，他们会若无其事；如果协议对他们不利，他们就会毁约，并要求修改或重新签署。

（4）重视个人力量。

法国的管理者在管理公司的时候具有独裁主义的风格。管理者们需要有很强的能力，甚至需要知道每一个问题的具体解决办法。他们不愿意采取委托管理的方式。重视个人的力量，很少有集体决策的情况。这是由于他们组织机构明确、简单，实行个人负责制，个人权力很大。在商务谈判中，多是由个人决策负责，所以谈判的效率较高。

（5）特别的时间观念。

法国人在商业往来或社会交际中经常迟到或单方面改变时间，而且总会找一大堆冠冕堂皇的理由，比如说交通阻塞了。在法国还有一种非正式的习俗，即在正式场合，主客身份越高，来得越迟。如果你的客人是公司总裁，他至少迟到半小时。所以，与他们做生意，要学会忍耐。但是，法国人对于别人的迟到往往不予原谅。对于迟到者，他们会很冷淡地接待。因此，你有求于他们时，千万别迟到。

法国人严格区分工作时间与休息时间。在法国，八月是度假的季节，全国各行各业的职员都休假，这时候想做生意是徒劳的。在七月谈的生意，八月份也不会有结果。

4. 俄罗斯商人的谈判风格

俄罗斯联邦是世界上面积最大的国家，在经历了从苏联分解出来的重大社会变革后，社会生活发生了极大的变化，人们的社会地位和价值观念也发生了显著的变化。

（1）固守传统，缺乏灵活性。

由于受苏联经济体制的影响，俄罗斯人带有明显的计划经济体制的烙印，习惯照章办事、上传下达。在正式谈判时，喜欢按计划办事，缺乏灵活性。如果对方的让步与他们原定的具体目标相吻合，则容易达成协议；如果有差距，他们很难让步，即使明知自己的要求不符合客观标准，也拒不妥协。因为谈判人员往往要对所经办的商品质量以及所做出的决策承担全部责任，所以他们非常谨慎。

（2）节奏慢，效率低。

俄罗斯人办事节奏慢，他们一般不会让自己的工作节奏适应外商的时间安排，除非外商提供的商品正是他们急切想要的。不仅如此，俄罗斯人谈判往往喜欢带上各种专家，这样不可避免地扩大了谈判队伍，各专家意见不一也延长了谈判时间和减慢了谈判节奏。因此，与俄罗斯人谈判做生意，切勿急躁，要耐心等待。

（3）善于讨价还价。

俄罗斯人十分善于与外国人做生意，在谈判桌前显得非常精明。他们不仅擅长寻找合作伙伴，而且很看重价格，会千方百计地迫使对方降价。不论对方的报价多么低，他们都不会接受对方的首轮报价，而要想方设法挤出其中的“水分”。他们的压价手法多种多样、软硬兼施。比如：他们会“诱以远利”，说“我们第一次向你们订货，希望你们给个最优惠价，以后我们会长期向你们订货”，以日后源源不断的新订单引诱对方降价。一旦对方降低了价格，他们就会永远将价钱压在低水平上。另外，他们会“欲擒故纵”，告诉对方：“你的开价实在太高，你的竞争者们报价都相当低。如果跟他们做生意，现在都快达成协议了。”再不然，他们就使出“虚张声势”的强硬招数，比如大声喊叫“太不公平了”，或是吹胡子、敲桌子以示不满，甚至拂袖而去。这时，你最好报个虚价，坚守阵地，不为所动，坚持到底。更为灵活的做法是：事先为他们准备好一份标准报价表，所有价格都有适当溢价，为后面的洽谈减价留下后路，迎合俄罗斯人的心理。

（4）注重礼节。

俄罗斯人文明程度较高，不仅家中搞得比较整洁，而且注意公共卫生。俄罗斯人很重视仪表，喜欢打扮；在公共场合注意言行举止，如从不将手插在口袋里或袖子里，即使在热天也不轻易脱下外套。在商务谈判中，他们也注意对方的举止。俄罗斯人对于研究过俄罗斯文化艺术的外商特别尊重，这会给商务谈判带来友善的气氛。

每年的 4 至 6 月份是俄罗斯的度假季节，不宜进行商务往来。圣诞节前后两周及复活节前后一周也不宜访问。俄罗斯大多数机关是 9 点上班，18 点下班，所以商务会谈的时间应在 10 点到 17 点之间，最好是在 13 点到 15 点进行午餐面谈。

5. 美国商人的谈判风格

美国是我国的主要贸易伙伴，在合资、合作的项目中，美国的资金与技术的引进占较大比重。因此，研究掌握美国人的谈判风格也是十分必要的。

（1）自信心强，自我感觉良好。

美国现在是世界上经济、技术最发达的国家，国民经济实力也最为雄厚。英语几乎是国际谈判的通用语言，世界贸易有 50%以上用美元结算。所有这些，都使美国人对自己的国家深感自豪，对自己的民族充满强烈的自尊感与荣誉感，这种心理在他们的贸易活动中也充分地表现出来。他们在谈判中，自信心和自尊感都比较强，加之他们所信奉的自我奋斗的信条，常使与他们打交道的外国谈判者感到美国人有自我优越感。

美国人的自信，也表现在对本国产品的品质优越、技术先进毫不掩饰地称赞上。他们认为，如果你有十分能力，就要表现出十分来，千万不要遮掩、谦虚，否则很可能被看作是无能。如果你的产品质量过硬、性能优越，就要让购买你产品的人认识到，那种到实践中才检验的想法，美国人认为是不妥的。

此外，美国人的谈判方式也往往让人觉得美国人傲慢、自信。他们说话声音大、频率快，办事讲究效率。他们喜欢别人按他们的意愿行事，喜欢以自我为中心。要想让美国人显得谦卑、暴露自己的不足，承认自己的无知实在太困难了。总之，美国人的自信让他们赢得了许多生意，但是也让东方人感到他们咄咄逼人、傲慢、自大。

（2）讲究实际，注重利益。

美国人做生意时，更多考虑的是做生意所能带来的实际利益，而不是生意人之间的私人交情。尽管他们注重实际利益，但他们一般不漫天要价，也不喜欢别人漫天要价。他们认为，做买卖要双方都获利，不管哪一方提出的方案都要公平合理。亚洲国家和拉美国家的人都有这种感觉：美国人谈生意就是直接谈生意，不注意在洽商中培养双方的友谊、感情，而且还力图把生意和友谊清楚地分开，这种观念使他们在谈判中的行为显得比较生硬，也与亚洲人的文化观念相去甚远。正如一位美国专家所指出的：美国人感到，在中国，像是到朋友家做客，而不是做生意。同中国人谈判，是“客人”与“主人”的谈判。中国人的地主之谊、客气和热情，常使美国的“客人”为顾全情面做出慷慨大方的决策。

美国人注重实际利益，还表现在他们一旦签订了合同，就非常重视合同的法律性，合同履约率较高。在他们看来，如果签订合同不能履约，那么就要严格按照合同的违约条款支付赔偿金和违约金，没有再协商的余地，所以，他们也十分注重违约条款的商洽与执行。

（3）热情坦率，性格外向。

美国人大多性格外向，他们的喜怒哀乐常常通过他们的言行举止表现出来。在谈判中，他们精力充沛，不论陈述己方观点，还是表明对对方立场的态度，都比较直接坦率。如果对方提出的建议他们不能接受，会毫不隐讳地直言相告，唯恐对方误会了。

谈判中的直率也好，暗示也好，看起来是谈判风格的不同，实际上是文化差异的问题。东方人认为直接地拒绝对方，表明自己的要求，会损害对方的面子，僵化关系。

（4）重合同，法律观念强。

美国人认为，交易最重要的是经济利益，为了保证自己的利益，最公正、最妥善的解决办法就是依靠法律、依靠合同，而其他的都是靠不住的。因此，他们特别看重合同，十分认真地讨论合同条款，而且特别重视合同违约的赔偿条款。

美国人重合同、重法律，还表现在他们认为商业合同就是商业合同，朋友归朋友，两者之间不能混淆起来。私交再好，甚至是父子关系，在经济利益上也是绝对分明的。因此，美国人对中国人的传统观念——既然是老朋友，就可以理所当然地要对方提供比别人优惠的待遇，出让更大的利益——表示难以理解。这一点也值得我们认真考虑，并在谈判中加以注意。

（5）注重时间效率。

美国是一个经济高度发达的国家，生活节奏比较快，这使得美国人特别重视、珍惜时间，注重活动的效率。所以在商务谈判中，美国人常抱怨其他国家的谈判对手拖延时间，缺乏工作效率，而这些国家的人也埋怨美国人缺少耐心。常常出现这样的情况，美国人认为三天就能解决的问题，而其他国家的人一个星期也未必能作出决策。所以在国际谈判中，美国人常显得不合拍。

在美国国内的企业，各级部门职责分明，分工具体。因此，谈判的信息收集、决策都比较高效率。加之他们个性外向、坦率，所以，他们一般谈判的特点是开门见山，报价及提出的具体条件也比较客观。他们也喜欢对方这样做，几经磋商后，双方意见很快趋于一致。但如果对手的谈判特点与他们不一致或正相反，他们就会感到十分不适应，而且常常把他们的不满直接表示出来，就更显得他们缺乏“涵养”。人们常常利用美国人夸夸其谈、缺乏必要的耐心的弱点，牟取最大利益。当然，干脆利落的美国人，如果遇到谈判对手也是这种风格，工作效率会很高。

在美国人的时间概念中，“时间即是金钱，时间也是商品”。他们常以分、秒计算时间，因此，在工作中他们时间观念特别强，即使是非常重要的交易谈判，他们也不喜欢进行“毫无意义”的谈话。如果你占用了他的时间，在他的观念中，就认为你偷了他的金钱。所以，美国人也希望对方如此，从而保证谈判的高效率。

美国商人重视时间，还表现在做事要一切井然有序，有一定的计划性，不喜欢事先没安排妥当的不速之客来访。与美国人约会，早到或迟到都是不礼貌的。

6. 拉美商人的谈判风格

拉丁美洲和北美同处一个大陆，但人们的观念和行为方式却差别极大。谈判专家曾这样描述他们：一个北美人已急着落实计划时，拉美人却刚刚开始认识你；当北美人想大展宏图时，拉美人却刚想着怎样开张；当北美人想让他们的产品占领整个拉美市场时，拉美人却只关心在国内自己掌握的那一小部分市场上如何打开产品销路。由此，你可以清楚地看出他们之间的差别是什么。一般来讲，拉美人的生活节奏比较慢，这也在谈判中明显地表现出来。

与拉美人做生意，要表现出对他们风俗习惯、信仰的尊重与理解，努力争取他们对你的信任，同时，一定要坚持平等、友好互利的原则。

由于拉丁美洲由众多国家构成，国际间的矛盾冲突较多，要避免在谈判中涉及政治问题。

在中南美国家中，各国政府对进出口和外汇管制都有不同程度的限制，而且差别较大。一些国家对进口许可证审查很严，一些国家对外汇进出入国境有繁杂的规定和手续。所以，一定要进行认真调查研究，有关合同条款也要写清楚，以免发生事后纠纷。

中南美人时间概念也较淡薄，他们的悠闲表现在有众多的假期上。常常在洽商的关键时刻，他们要去休假，生意就只好等休假完了再商谈。拉美人也很看重朋友，商业交往常带有感情成分。

拉美人不重视合同，常常是签约之后又要求修改，合同履约率也不高，特别是不能如期付款。另外，这些国家经济发展速度不平衡，国内时常出现高通货膨胀，所以，在对其出口交易中，力争用美元支付。

拉美地区国家较多，不同国家谈判人员特点也不相同。如阿根廷人喜欢握手，巴西人以好娱乐、重感情而闻名，智利、巴拉圭和哥伦比亚人做生意比较保守等。

（二）亚洲商人的谈判风格

1. 日本商人的谈判风格

日本人是世界各国谈判者中最具有个性和魅力的佼佼者。各国的谈判专家也都默认：日本人是最成功的谈判者。

动画：日本商人沉默的背后

（1）具有强烈的群体意识，集体决策。

日本文化所塑造的日本人的价值观念与精神取向都是集体主义的，以集体为核心。在一个企业中，如果某个职工工作出色，他并不希望得到上司的单独表扬或特殊奖励。这是因为，他们认为这是集体智慧的结果，如果要奖励或表扬，对象往往是整个班组。

日本人在提出建议之前，必须与公司的其他部门和成员商量，这个过程十分烦琐，日本人的决策如果涉及制造产品的车间，那么决策的酝酿就从车间做起，一层层向上反馈，直到公司决策层反复讨论协商。如果谈判过程协商的内容与他们原定的目标有出入，那么很可能这一程序又要重复一番。对于我们来讲，重要的是要了解日本人的谈判风格不是个人拍板决策，即使是参与谈判代表有签署协议的权力，合同书的条款也是集体商议的结果。谈判过程具体内容的商洽要随时反馈到日本公司的总部，所以，当成文的协议在公司里被传阅了一遍之后，它就已经是各部门都同意的集体决定了。需要指出的是，日本人做决策费时较长，但一旦决定下来，行动起来却十分迅速。

（2）信任是合作成功的重要媒介。

与欧美商人相比，日本人做生意更注重建立个人之间的人际关系，以至许多谈判专家都认为，要与日本人进行良好的合作，朋友之间的友情、相互之间的信任是十分重要的。许多在日本工作的外国企业家也认为，要想在日本社会取得成功，关键是看你能否成功地与日本人结交。

合同在日本一向就被认为是人际关系的一种外在形式，如果周围环境发生变化，使得情况有害于公司利益，那么合同的效力就会丧失。如果外商坚持合同中的惩罚条款，或是不愿意放宽业已签订了的合同的条款，日本人就会感到极为不满。但如果根据情况的变化，体谅他们的处境，日本人也会忠诚地与你合作。

在与日本人的合作中，中间人是十分重要的。在谈判的初始阶段，或是在面对面的讨论细则之前，对谈判内容的确定往往都有中间人出面。中间人告诉你是否有可能将洽谈推向下一步。总之，中间人在沟通双方信息、加强联系、建立信任与友谊上都有着不可估量的作用。

所以，在与日方洽商时，我们要千方百计地寻找中间人牵线搭桥，中间人既可以是企业、社团组织、知名人士，也可以是银行、为企业提供服务的咨询组织等。中间人的身份、地位要同与之打交道的日方代表地位相等。如果地位相差较大，不论高或低，都可能造成紧张或尴尬的局面。一般来讲，中间人同中层管理人员接洽最为理想，这主要是因为在日本公司，决策的形成从中下层开始，逐级向上反馈，而进行商贸谈判的决策也始于中层。另外，中间人与日方的首次接触，最好是面谈的形式，通信和电话联系都不理想，会面也最好在中立场所。

（3）讲究礼仪，要面子。

日本是个礼仪之邦，日本人所做的一切，都要受严格的礼仪的约束。比如，见面鞠躬，日本人习以为常。不仅家里人之间如此，商店开门营业，走亲访友，见面都要鞠躬。

再如，“对不起”是日本人的口头禅，在我们看起来是正常的要求与行动，也要附之“对不起”。日本人的礼仪，我们从插花、茶道、婚礼、高度礼节性的谈话，以及名目繁多的送礼等方面就可以领略。许多礼节在西方人看起来有些可笑或做作，但日本人做起来却一丝不苟、认认真真。正因为如此，专家们认为，如果外国人不适应日本人的礼仪或表示出不理解、轻视，那么，他就不大可能在推销和采购业务中引起日本人的重视，不可能获得他们的信任与好感。

尊重并理解日本人的礼仪，并能很好地适应，并不是要求你学会像日本人那样鞠躬，喜欢喝日本人的大酱汤，而是在了解日本文化背景的基础上，理解并尊重他们的行为。

首先，日本人最重视人的身份地位。在日本社会中，人人都对身份地位有明确的概念。而且在公司中，即使在同一管理层次中地位也是不同的，这些极其微妙的地位、身份的差异常令西方人摸不着头脑。但是，每个日本人却非常清楚自己所处的地位、该行使的职权，知道如何谈话、办事才是正确与恰当的言行举止，在商业场合更是如此。

☞ 课堂讨论

美国驻日本商务总代表齐默尔曼先生曾讲过这样一个事例：美国一家医药公司准备与日本人谈一笔买卖，他们派出一组被认为是“最精明强干的人”来谈判。这个小组由一些头脑敏捷的青年人组成，年龄大都在20～30岁。结果他们访日三次，均遭挫折，甚至未能让与他们合作的日方部门首脑听一听他们的意见，更不用说讨论他们原打算与日方洽谈的具体内容了。在走投无路的情况下，他们找到了齐默尔曼先生，并听取了他的建议，在谈判小组中增补了一名在公司任职25年以上的有经验的人员，职位是公司的副总经理，结果日方立刻转变了态度，双方开始了积极的会谈。原因是，在日本公司中的负责人，都是年龄较大、经验丰富的资深企业家，他们不相信美国公司派来的年轻人有什么实权，更主要的是，他们感到和“毛孩子”谈判有损于他们的尊严，是对他们地位的贬低。

问题：日方的转变说明了什么问题？

其次，充分发挥名片的作用。与日本人谈判，交换名片是一项绝不可少的环节。所以，谈判之前，把名片准备充足是十分必要的。这是因为在一次谈判中，你要向对方的每一个人递送名片，绝不能遗漏任何人。齐默尔曼先生就曾有过一次会面中交换112张名片的纪录。他花了整整15分钟才完成这个环节，他知道，除了走遍房间的每一个角落、向每一个人鞠躬、同其交换名片外，没有其他方法可以表示相互之间的尊敬和友好。

要面子是日本人最普遍的心理。在日本，最畅销的香皂是“颜”牌，“颜”即指人的脸面，当然，无人敢指责这种产品。无论在什么情况下，日本人都非常注意留面子，或者说不让对方失掉面子。这在商务谈判中表现得最为突出的一点就是，日本人从不直截了当地拒绝对方。日本人认为直接的表露是粗鲁的、无礼的。有关调查资料也证明了这一点，美国人喜欢坦率、直接的交谈方式的占大约61%，而日本人采用婉转、含混的交谈方式的也占61%，可见美国人与日本人截然相反的谈判风格。

对此，我们在专家意见的基础上，把保全面子作为与日本商人谈判需要注意的问题。

有四点需要注意，见图 10－2。

第一，千万不要直接指责日本人。	第二，避免直截了当地拒绝日本人。	第三，不要当众提出令日本人难堪或他们不愿回答的问题。	第四，要十分注意送礼方面的问题。
•较好的方法是把你的建议间接地表示出来，或采取某种方法让日本人自己谈起棘手的话题，或通过中间人去交涉令人不快的问题。	•如果你不得不否认某个建议，要尽量婉转地表达，或做出某种暗示，也可以陈述你不能接受的客观原因，绝对避免使用羞辱、威胁性的语言。	•有的谈判者喜欢运用令对方难堪的战术来打击对方，但这种策略对日本人最好不要用。如果让他感到丢了面子，那么，圆满的合作是不存在的。	•赠送各种礼品是日本社会最常见的现象。日本人的送礼和收礼十分注重职位等级，要精心考虑礼品的价值。可以根据日方职位的高低，确定礼品价值的大小。

图 10－2　与日本商人谈判需要注意的问题

（4）耐心是谈判成功的保证。

日本人在谈判中的耐心是举世闻名的。我们前面提到日本人的决策过程十分长，这只是对欧美人而言的。欧美人注重时间效率，他们认为如果一个星期能够解决的问题，用上两个星期，就是拖延。所以他们常把耐心与缓慢相提并论。对我们而言，日本人的耐心不仅仅是缓慢，还是准备充分，考虑周全，洽商有条不紊，决策谨慎小心。为了一笔理想交易，他们可以毫无怨言地等上两三个月，只要能达到他们预想的目标，或取得更好的结果，时间对于他们来讲不是第一位的。另外，日本人具有耐心还与他们交易中注重个人友谊、相互信任有直接的联系。建立友谊、信任需要时间。像欧美人那样纯粹的业务往来，谈判只限于交易上的联系，日本人是不习惯的。耐心使日本人在谈判中具有充分的准备；耐心使他们手中握有利剑，多次成功地击败那些急于求成的欧美人；耐心使他们成功地运用最后期限策略；耐心使他们赢得了每一笔利润。所以，与日本人谈判，缺乏耐心，或急于求成，恐怕会输得一败涂地。

2. 东南亚商人的谈判风格

新加坡位于连接太平洋和印度洋的咽喉要道，具有十分重要的战略地位。新加坡的经济很发达，被誉为亚洲“四小龙”之一。新加坡总人口中，华人约占 70%以上，其次是马来人、印度人、巴基斯坦人等。

新加坡华裔有着浓重的乡土观念，同甘共苦的合作精神非常强烈，他们的勤劳能干举世公认。他们注重信义、友谊，讲面子，在商业交往中十分看重对方的身份、地位及彼此的关系。对老一辈华人来说，“面子”在商业洽谈中具有决定性意义，交易要尽可能以体面的方式进行。交易中，遇到重要决定，新加坡华人往往不喜欢签订书面字据，但是一旦签约，他们绝不违约，并对对方的背信行为十分痛恨。

泰国是亚太地区的新兴发展中国家，20 世纪 70 年代以来，泰国经济发展十分迅速，目前的发展重点是农业、机械制造业、交通运输业、水利、电力、建筑业、服务业和对外贸易。泰国的国内市场以曼谷和曼谷周围地区为中心，比较集中，市场条件较好，而且泰国政府为外商提供了优惠的投资环境。对中国商务人员而言，中泰关系良好，贸易前景光明。

泰国商人崇尚艰苦奋斗和勤奋节俭，不愿过分依附别人，他们的生意也大都由家族控制，不信赖外人。在泰国，同业之间会互相帮助，但却不会形成一个稳定的组织来共担风险。与泰国商人进行商务谈判时，要尽可能多地向他们介绍个人及公司的创业历程和业务开展情况，以获得他们的好感。与泰国商人结成推心置腹的朋友要用相当的多时间和努力，而一旦建立友情，他们就会信任你，遇到困难也会给你以帮助。他们喜欢的是诚实、善良和富有人情味的人，而不仅仅是精明强干的人。

菲律宾是个岛国，资源丰富，教育普及，居民中有42个种族。菲律宾人天性和蔼可亲，善于交际，做事落落大方。他们在商务活动中常常举行聚会，并且大多在家中举行，稍微正式一点的聚会，请帖上会注明"必须穿无尾礼服等正式服装"，若没有无尾礼服，可以穿当地的正装，即香蕉纤维织成的开襟衬衫式衣服。同菲律宾人做生意，最容易取得沟通的途径是入乡随俗，在社交场合尽可能做到言行得体、举止文明，表现出良好的修养和十足的信心。

3. 阿拉伯商人的谈判风格

在阿拉伯国家中，人们十分看重对家庭和朋友所承担的义务，相互提供帮助、支持和救济，家族关系在社会经济生活中占有重要地位。此外，阿拉伯人信奉伊斯兰教，酒是绝对不能饮的，自然，酒也不能作为礼品馈赠。遇到斋月，阿拉伯人在太阳落山之前既不吃也不喝。你也要做到入乡随俗，尽量避免接触食物和菜，如果主人没把这些放在待客的房间里，你也要表示理解并尊重他们的习俗。

阿拉伯人具有沙漠地区的传统：

首先，他们十分好客，任何人来访，他们都会十分热情地接待。因此，谈判过程也常常被一些突然来访的客人打断，主人可能会抛下你，与新来的人谈天说地。所以，与他们谈判，你必须适应这种习惯，学会忍耐和见机行事，这样，你就会获得阿拉伯人的信赖。这是达成交易的关键。

其次，阿拉伯人有时使人感觉不太讲究时间观念，谈判中会出现随意中断或拖延谈判的现象，决策过程也较长。但阿拉伯人决策时间长，不能归结于他们拖拉和无效率。这种拖延也可能表明他们对你的建议有不满之处，而且尽管他们暗示了哪些地方令他们不满，你却没有捕捉到这些信号，也没有做出积极的反应。这时，他们并不当着你的面说"不"，而是根本不做任何决定，他们希望时间能帮助他们达到目的，否则就让谈判的事在置之不理中自然地告吹。

再次，阿拉伯人不喜欢同人面对面地争吵，但他们却有自己的一套委婉拒绝别人的办法或撒手锏。

阿拉伯人也不喜欢刚同你见面就匆忙谈生意。他们认为，一见面就谈生意是不礼貌的事。他们希望能花点儿时间同你谈谈社会问题和其他问题，一般要占去15分钟或更多的时间，有时要聊几个小时。因此，你最好把何时开始谈生意的主动权交给阿拉伯人。

最后，与阿拉伯人做生意，寻找当地代理商也是十分必要的。专家建议：不论是同私营企业谈判，还是同政府部门谈判，代理商是必不可少的。这些代理商要操着纯正的阿拉伯语，有着广泛的社会关系网，熟悉民风国情，特别是同你所要洽商的企业有着直接或间接的联系，这些都是你做生意所必需的。阿拉伯人做生意特别重视朋友关系，许多外国商人都认为，初次与阿拉伯人交往，很难在一两次交谈中涉及业务问题，只有经过长时间的交往，特别是与他们建立了友谊后，才可能开始真正的交易谈判。而有中间商从中斡旋，则可大大加快这种进程。如果是中间商替你推销商品，交易也会比较顺利。

需指出的是，中东是一个敏感的政治冲突地区，在谈生意时，要尽量避免涉及政治问题，更要远离女性话题，在任何场合都要得体地表示你对当地人宗教的尊重与理解。

※ 实例分析

浙商、晋商、徽商、广东商人

中国的浙江商人简称浙商，其特点是：他们谈判时不过激也不过火。他们心细，善于观察别人的言行，精于计算，敢于冒险，善于推销，做事稳健，慎重选择合作伙伴，做事给自己留够底牌。他们讲信用，一诺千金，但对不守信的人例外。浙江商人认为面子是第一重要的。

山西商人崇信尚义，名闻四海。山西人做生意的一个重要特点是薄利多销，公平竞争，重视信息，设法了解环境，掌握市场和竞争对手的情况。他们做生意时很注重商业道德，注重关系，讲究细节，善于利用环境，有儒商之称，信用好。

安徽商人头脑机敏，知识广博，喜欢谈论文化事，在做生意的过程中，喜欢加点文化义举，或文化投资。因此有人说，安徽商人走到哪里，哪里的文化就繁荣。安徽人做生意重诚信、讲仁义。

广东人经商的传统是利益交往，很少空谈情义，言必言商，言必言利。广东商人讲面子，重派头，他们总是以最能显示其实力的一面与你接触，通常只是以一种商人的眼光和方式热情接待每一个南来北往的客人。广东商人最讲意头，数字要“6”和“8”，因为6的意思是“顺”，8的谐音是“发”。他们的电话号码、手机号码、车牌号码，多是有几个“6”与“8”。而逢6、逢8的日子也显得金贵。针对广东商人的这个特点，与他们做生意时很有讲究：送礼要防“忌”，说话要注意，多用“6”与“8”，处处图吉利，摸准他们的心态，去迎合他们避凶就吉的心理；谈生意，进行合作，多选择在“良辰吉日”“风水宝地”。这样，精明之至的广东人才会乐意与你合作交往。

（三）非洲商人的谈判风格

非洲是面积仅次于亚洲的世界第二大洲，东临印度洋，西濒大西洋，北隔地中海与欧洲相望，东北角的苏伊士海峡与亚洲相连，地理位置十分重要。非洲大陆有50多个国家，绝大多数国家属于发展中国家。

按地理习惯，非洲可分为北非、东非、西非、中非和南非5个部分。不同地区、不同国家的人们在民族、历史、文化等方面的差异极大，因而他们在生活、风俗、思想等方面也各具特色。

非洲人有许多禁忌需要注意，比如，他们崇尚丰盈，鄙视柳腰，因此在非洲妇女面前，不能提“针”这个字。又如，非洲人认为左手是不洁的，因此尽管非洲商人也习惯见面握手，但千万注意别伸出左手来握，即使对方人很多也一样，否则会被视为对对方的大不敬。

在非洲诸国中，南非的经济实力最强，黄金和钻石的生产流通是其经济的最大支柱。南非商人的商业意识较强，他们讲究信誉、付款守时。他们一般派出有决定权的人负责谈判，通常不会拖延谈判时间。尼日利亚的经济实力也较强，虽以农业为主，但石油储量丰富，工业发展很快，商务管理人员都受过高等教育，能巧妙运用关税政策，低价进口物美价廉的外国产品。扎伊尔以农业为主，是重要的矿产国，其国民缺乏商业知识和技巧。坦桑尼亚、肯尼亚和乌干达三国位于非洲东部，形成共同市场，期望经济合作。三国的地方资本已有所发展，但商人缺乏经验，因此谈判者与这三国的商人洽谈时，不能草率行事。

项目小结

1. 国际商务谈判是商务谈判的重要组成部分，是国内商务谈判的延伸和发展，是国际商务理论的主要内容和核心。国际商务谈判具有国际性、跨文化性、复杂性、政策性和困难性等特征。

2. 正确认识并对待文化差异，熟悉国家政策和国际贸易惯例，具备正确的国际商务谈判意识是谈判人员持续努力的方向。

3. 不同国家的商人有不同的谈判风格。了解谈判风格对从事国际商务谈判具有十分重要的指导意义。

练习与实战演练

一、单选题

1. 在异国文化背景的谈判中，双方关系融洽主要取决于（　　）。

A. 对不同文化习俗的理解与尊重　　B. 学会并仿效对方的习俗

C. 持有相同的信仰或宗教　　D. 私人关系的建立

2. 进行国际商务谈判项目评估时首先要了解（　　）。

A. 对手　　B. 政府　　C. 地点　　D. 环境

3. 以下哪个国家的人较为爱面子？（　　）

A. 俄罗斯　　B. 美国　　C. 日本　　D. 法国

4. 自信甚至自负是以下哪个国家人的风格（　　）。

A. 美国　　B. 日本　　C. 中国　　D. 德国

5. 同英国商人交谈时，较安全的话题是（　　）。

A. 爱尔兰的前途　　B. 旅游

C. 大英帝国崩溃的原因　　D. 英国的继承制度

二、思考题

1. 国际商务谈判的特征是什么？

2. 文化差异对国际商务谈判的影响是什么？

3. 美国商人的谈判风格是怎样的？

三、实战演练

【实战 1】德国问路

任务：跨国商务谈判风格识别能力训练。

组织方式：全班按每组 4～6 人组建项目团队，以团队为单位进行。

内容：一个中国人在法兰克福问路：“先生，去××怎么走，大概什么时候能到？”德国人根本不理他，他就觉得这个人很傲慢。走了二三十米后，德国人追上来说你到那儿大概要 12 分钟。中国人说那你刚才为什么不告诉我。他说，因为你问我多长时间到，所以我要看看你走路的速度才能决定。你怎样看这个故事？

时间安排：每组限时 5 分钟陈述、质疑、答辩。

评价方式：各组互评打分，老师评析。

【实战 2】应该怎么做？

任务：跨国商务谈判风格应对能力训练。

组织方式：全班按每组 4～6 人组建项目团队，以团队为单位进行。

内容：你要向德国一家公司出售劳保手套，该公司也同意签订合同，但是你在签订合同之前，他们告诉你价格必须削减 10%，否则不能签约。你应该怎样做？

1. 不同意。
2. 同意。
3. 在三年批量订货的条件下，同意减价，否则不同意减价。

时间安排：每组限时 5 分钟陈述、质疑、答辩。

评价方式：各组互评打分，老师评析。

【实战 3】与阿拉伯代理商会面

任务：跨国商务谈判风格应对能力训练。

组织方式：全班按每组 4～6 人组建项目团队，以团队为单位进行。

内容：你和当地一位重要的阿拉伯代理商会面，在花了几个小时进行社交活动和喝咖啡以后，还没有论及任何生意问题，你急着要讨论你的建议，那么，你应该怎样做？

1. 在谈话中插空提起这件事。
2. 等着东道主提起这件事。

你决定等着让东道主提起这件事，但你离开的时间又到了，那么你该怎样做？

A. 问他什么时候可以再来看他。

B. 留下一套关于你的产品的材料。

C. 请他定下一个确切的会面日期，再讨论生意问题。

时间安排：每组限时 5 分钟陈述、质疑、答辩。

评价方式：各组互评打分，老师评析。

【实战 4】日本商人的计谋

任务：跨国商务谈判风格识别能力训练。

组织方式：全班按每组 4～6 人组建项目团队，以团队为单位进行。

内容：某日本商社邀请你们到东京商谈订购农产品事宜。当你抵达羽田机场时，该社社长率公关部科长已在迎候你们。在送你们前往饭店的途中，该社长交代其科长为你们安排回程机票的订位事宜，并热情要求你们将订机票交给该科长，一切由他代为办理。在这种情况下你该怎么办？

1. 多谢社长的一番盛情，并将回程的各项细节交代给公关科长，请他代为办理。
2. 多谢社长的一番盛情，告诉对方机票没有划定回程座位，而且你才刚刚抵达东京，还有很多的时间可以利用，因此不急于考虑回程机票的订位事宜。

时间安排：每组限时 5 分钟陈述、质疑、答辩。

评价方式：各组互评打分，老师评析。

项目十一

商务谈判综合实训

学习目标

知识目标：掌握商务谈判应遵循的基本原则。掌握商务谈判基本的理论知识。掌握商务谈判的常规操作步骤。掌握商务谈判常见的技巧策略。

能力目标：通过以商业职业活动为导向、以谈判能力为目标、以学生为主体、以沟通素质为基础、以实训模块为载体，实现商务谈判理论和实践为一体的职业教育课程要求，完成提高商务谈判综合技能的目标。

思维导读

- 商务谈判综合实训
  - 认知商务谈判实训
    - 商务谈判实训的意义
    - 商务谈判实训的目的
    - 商务谈判实训的训练内容
    - 实训学时安排表
    - 实训成绩考核办法
    - 实训方法简介
  - 实施商务谈判实训
    - 谈判者性格与能力测试
    - 商务谈判过程案例分析
    - 商务谈判方案的制订
    - 商务谈判的开局
    - 价格谈判策略和技巧的运用
    - 商务谈判僵局、让步策略的运用
    - 商务谈判的结束

任务一　认知商务谈判实训

一、商务谈判实训的意义

人的本质在于社会性。社会，则是人们相互作用的产物。实际上，没有社会交往，任何人类社会都不可能形成。自从有了人类及其社会交往活动，也就有了谈判。几乎每个人都在某一特定条件下，成为一个谈判者：与小商贩讨价还价，和单位领导讨论个人的工作待遇，也可能作为企业代表与其他谈判者磋商某一交易合同，甚至作为外交人员与其他国家的官员商讨国际事务。这些都是谈判，谈判是我们生活中不可缺少的一部分。有关资料研究表明，发达国家约有 10%的人每天直接或间接从事谈判活动，其中商务谈判占到 50%以上。21 世纪的学生需要掌握谈判技能。

一方面，商务谈判是一门实践性、操作性极强的课程。商务谈判技能是需要通过不断的实践来掌握和提高的，而商务谈判实训让学生在较短的时间里，在专业教师的指导下，通过商务谈判仿真模拟训练，达到提高商务谈判技能的目的。

另一方面，商务谈判实训课程的开发适应了职业教育的基本要求。当前，职业教育对课程评价有了新的标准，即强调能力目标、任务训练和学生主体，摒弃了以往学科教育对课程评价的标准，即知识目标、问答习题、教师主体。所以，商务谈判课程需要教师通过引导学生参加各种基本谈判任务的训练，以及系统的应用操作训练，实现提高谈判能力的目标。

二、商务谈判实训的目的

商务谈判实训的目的是通过以商业职业活动为导向、以谈判能力为目标、以学生为主体、以沟通素质为基础、以实训模块为载体，实现商务谈判理论和实践为一体的职业教育课程要求，完成提高商务谈判综合技能的目标。

第一，语言表达能力的训练。商务谈判实训首先是对学生正确语言表达能力的训练，通过叙述、提问、答复、说服等能力的训练，实现语言和行为语言的有效运用。

第二，有效沟通能力的训练。商务谈判也是一种有效沟通的过程，通过商务谈判实训，培养学生有效沟通、达成共识的能力。

第三，商务谈判准备工作的训练。商务谈判作为一种商务活动过程，需要大量的前期准备工作，前期准备是谈判顺利进行的必要保证。前期准备包括资料的收集与分析、计划的制订、场所的安排等。这些都是对谈判组织工作能力的训练。

第四，商务谈判基本策略的训练。商务谈判中会有大量的谈判技巧与策略的运用，这些对于实现谈判目标起到非常大的作用。

第五，双赢谈判观念的形成训练。现代谈判要贯穿一个重要的原则——“双赢”，商务谈判实训自始至终都贯穿着“双赢”理念，同时这也是正确处理问题的有效思路。

总之，商务谈判实训对锻炼和提高学生解决实际问题的能力，加强综合素质的培养都将具有明显的效果。

三、商务谈判实训的训练内容

（一）训练目标

1. 素质目标

（1）分析能力。

能以动态的观点和联系的观点辩证地分析从多种渠道取得的信息资料；通过倾听，观察行为语言，及时、准确地做出分析判断。

（2）预测能力。

系统了解和掌握谈判项目的市场背景，充分做好谈判的一切准备工作，对谈判的发展趋向具有一定的预测能力。

（3）协调组织能力。

善于协调各方面关系，组织各类人员，恰当运用手中的权力，有效领导谈判小组完成谈判目标。

（4）语言表达能力。

无论是语言表达的内容，还是语调以及体态语言，都能够准确、恰当地表达自己的意思。

（5）文字表达能力。

书面文字的表达能力通过谈判计划书的起草、商务合同的撰写得以展现。

（6）控制能力。

对谈判全局的控制能力，包括对谈判气氛的控制能力、人际关系的控制能力、谈判进程的控制能力、谈判结果的控制能力等。

（7）职业道德。

正直诚实，讲求诚信；不用威胁、欺诈等违反法律和道德规范的不正当手段；不会为个人利益放弃职业道德。

2. 知识目标

（1）掌握商务谈判应遵循的基本原则。

（2）掌握商务谈判基本的理论知识。

（3）掌握商务谈判的常规操作步骤。

（4）掌握商务谈判常见的技巧策略。

3. 技能目标

（1）能够迅速、有效地收集有关谈判项目的信息，并进行谈判的可行性分析，为制订谈判计划提供可靠依据。

（2）能够恰当地确定谈判目标，制订并撰写谈判计划。

（3）熟练掌握谈判场所的布置、日程的安排。

（4）能够灵活运用各种谈判策略，推动谈判进程。

（5）恰当进行语言表达，实现谈判双方的有效沟通。

（6）正确制定商务谈判合同，熟练完成商务谈判合同的签署。

（7）正确运用商务谈判礼仪，营造融洽的商务谈判气氛。

（二）训练内容

（1）商务谈判者性格与能力测试。
（2）商务谈判过程案例分析。
（3）商务谈判计划制订。
（4）商务谈判开局。
（5）价格谈判策略和技巧的运用。
（6）商务谈判僵局、让步策略的运用。
（7）商务谈判的结束。

四、实训学时安排表

具体学时安排，见表11-1。

表11-1　学时安排表

序号	实训项目及要求	实训学时
1	商务谈判者性格与能力测试	3
2	商务谈判过程案例分析	2
3	商务谈判计划制订	3
4	商务谈判开局	6
5	价格谈判策略和技巧的运用	6
6	商务谈判僵局、让步策略的运用	6
7	商务谈判的结束	4
合计		30

五、实训成绩考核办法

（一）成绩分布

在每个实训任务中，每个学生在小组中的个人表现占总成绩的20%，小组成绩占总成绩的80%。

个人表现主要包括出勤情况、个人实训操作情况、与同组成员分工配合情况。

小组成绩主要包括全组成员分工配合情况、实训操作过程和实训内容掌握情况、实训报告的内容与文字表达情况。

（二）级别设置

实训考核分为优秀、良好、中等、及格、不及格五个等级。考评60分以下为不及格；60～69分为及格；70～79分为中等；80～89分为良好；90分以上为优秀。

（三）考核规则

详见各实训任务中的效果评价。

六、实训方法简介

商务谈判实训主要是通过设立具体的实训任务场景，在教师的引导下，学生模拟谈判角色，参与到商务谈判实训活动中去，以实现提高谈判能力的目的。在实训中应注意以下几个方面：

首先，商务谈判实训应以学生自己训练为主，以教师引导为辅。在每项实训任务中，教师对实训背景、相关知识介绍完后，可以把学生分为若干个小组，由学生自己独立完成实训任务的全部过程。训练结束之后，教师应作出点评。

其次，每位实训小组成员人数不宜过多，以 5 人为宜。每位实训小组的组长由组员轮流担任，以锻炼每位学生的组织能力，提高学生的参与度。每项实训任务的分组不需要固定，可根据情况重新组合，形成新的团队，以锻炼学生与不同人合作的能力。

再次，商务谈判实训的重点应放在学生的语言表达能力、文字表达能力、组织协调能力，以及行为语言能力的训练上。

最后，在校内实训的基础上，教师应鼓励学生在社会实践活动中有意识地参加各种商务谈判活动，并给予必要的指导和帮助。同时，教师应指导学生阅读有关的谈判资料，以扩大学生的谈判视野。

任务二　实施商务谈判实训

【实训任务一】　谈判者性格与能力测试

实训任务：谈判者性格与能力测试。

实训目的：要求学生了解谈判者的性格类型、谈判能力对谈判的影响与作用，使学生对商务谈判的基本技能和素质要求有较深入的理解，为培养合格的谈判人才奠定基础。掌握性格类型测试的方法和必要性。

实训步骤：

1. 场地准备，准备好商务谈判模拟实训室的相关设备，学生经过简单培训之后分组，准备开始。
2. 把班级同学按要求分组。
3. 准备好记录的工具。
4. 根据屏幕 PPT 的显示答题目，做出自己的判断。
5. 根据公布的答案计算自己的成绩，并根据得分判断自己的谈判能力。
6. 分析讲解测试题的答案，帮助学生掌握谈判中的基本技能。

实训内容：

模块一　谈判者的性格类型测试

知识点：

1. 性格是指人对客观现实的态度和行为方式中经常表现出来的稳定倾向。它是个性特征的核心，决定人的活动的内容和方向。
2. 人与人之间的性格差异极大，有的甚至截然相反，这就使得谈判者的性格多样化，并且在谈判活动中表现为行为方式的多样化。
3. 归纳起来，谈判者主要有权力型、说服型、执行型、疑虑型四种类型。对待不同性格类型的谈判人员，我们应采取不同的策略。

实训 1.1.1　性格类型测试

1. 你何时感觉最好？

A. 早晨　B. 下午及傍晚　C. 夜里

2. 你走路时是？

A. 大步快走　B. 小步快走
C. 不快、仰着头面对着世界　D. 不快、低着头　E. 很慢

3. 和人说话时，你？

A. 手臂交叠地站着　B. 双手紧握着
C. 一只手或两手放在臀部　D. 碰着或推着与你说话的人
E. 玩着你的耳朵、摸着你的下巴，或用手整理头发

4. 坐着休息时，你的？

A. 两膝盖并拢　B. 两腿交叉
C. 两腿伸直　D. 一腿卷在身下

5. 碰到你感到好笑的事时，你的反应是？

A. 欣赏地大笑　B. 笑着，但不大声
C. 轻声地咯咯笑　D. 羞怯地微笑

6. 当你去一个派对或社交场合时，你？

A. 很大声地入场以引起注意　B. 安静地入场，找你认识的人
C. 非常安静地入场　D. 尽量不被人注意

7. 当你专心工作时，有人打断你，你会？

A. 欢迎他　B. 感到非常恼怒　C. 在上述两极端之间

8. 下列颜色中，你最喜欢哪一颜色？

A. 红或橘色　B. 黑色　C. 黄或浅蓝色　D. 绿色
E. 深蓝或紫色　F. 白色　G. 棕或灰色

9. 入睡的前几分钟，你在床上的姿势是？

A. 仰躺，伸直　B. 俯躺，伸直　C. 侧躺，微卷
D. 头睡在一手臂上　E. 被盖过头

10. 你经常梦到你在？

A. 落下　B. 打架或挣扎　C. 找东西或人　D. 飞或漂浮
E. 你经常不做梦　F. 你的梦都是愉快的

参考得分：

1. A 2　B 4　C 6
2. A 6　B 4　C 7　D 2　E 1
3. A 4　B 2　C 5　D 7　E 6
4. A 4　B 6　C 2　D 1
5. A 6　B 4　C 3　D 5
6. A 6　B 4　C 2　D 1
7. A 6　B 2　C 4

8. A 6　　B 7　　C 5　　D 4　　E 3　　F 2　　G 1

9. A 7　　B 6　　C 4　　D 2　　E 1

10. A 4　　B 2　　C 3　　D 5　　E 6　　F 1

请将所有分数相加，然后再对照分析。

【低于 21 分：内向的悲观者】人们认为你是一个害羞、神经质、优柔寡断的人，需要人照顾、永远要别人为你作决定、不想与任何事或任何人有关，他们认为你是一个杞人忧天者。有些人认为你令人乏味，只有那些深知你的人知道你不是这样的人。

【21～30 分：缺乏信心的挑剔者】人们认为你勤勉刻苦、很挑剔。他们认为你是一个谨慎的人，一个缓慢而稳定辛勤工作的人。如果你做任何冲动的事或无准备的事，会令他们大吃一惊。他们认为你会从各个角度仔细地检查一切之后仍经常决定不做。他们认为你的这种反应一部分是由你的小心的天性所引起的。

【31～40 分：以牙还牙的自我保护者】人们认为你是一个明智、谨慎、注重实效的人，也认为你是一个伶俐、有天赋、有才干且谦虚的人。你不会很快、很容易和人成为朋友，但是你是一个对朋友非常忠诚的人，同时要求朋友对你也有忠诚的回报。那些真正有机会了解你的人会知道要动摇你对朋友的信任是很难的，但一旦这种信任被破坏，会使你很难熬过。

【41～50 分：平衡的中道】人们认为你是一个有活力的、有魅力的、好玩的、讲究实际而有趣的人；你经常是人们注意的焦点，但你又是一个足够平衡的人，不至于因此而昏了头。人们也认为你亲切、和蔼、体贴、能谅解人，是一个永远会使人高兴起来并会帮助别人的人。

【51～60 分：吸引人的冒险家】人们认为你是一个令人兴奋的、活泼的人，你的个性相当易冲动；你是一个天生的领袖、一个做决定很快的人，虽然你的决定不总是对的。人们认为你是大胆的和冒险的人，是一个愿意尝试的人，人们喜欢跟你在一起。

【60 分以上：傲慢的孤独者】人们认为对你必须“小心处理”。在别人的眼中，你是自负的、自我中心的，是个极端有支配欲、统治欲的人。别人可能钦佩你，希望能多像你一点，但不会永远相信你，会对与你更深入的来往有所踌躇及犹豫。

实训 1.1.2　你是哪一种谈判者?

1. 你在和上司谈判加薪问题，你会?

方片：你先陈述自己的业绩，然后把自己真实期望的薪水数目说出来。

黑桃：你强硬地说出一个数目，如果他不答应你就准备辞职。

梅花：你提出一个很高的数目，然后准备被他砍下一半。

红桃：你等他说出数目，因为你实在不愿张口。

2. 你在餐厅用餐，邻座的客人在吸烟，烟都飘到了你这边。

黑桃：你大声提出抗议：现在的人怎么都这么不自觉!

方片：你微笑着对他解释说烟味呛到你了。

梅花：你请求侍者给你换张桌子。

红桃：你默默忍受着，可一晚上都不开心。

3. 凌晨三点，你的邻居还在家里开派对。

红桃：你用棉球把耳朵塞住。

黑桃：你打 110 报警。

方片：你马上去他家敲门，说你需要睡觉。

梅花：你也去加入他们的派对。

4. 你约一个朋友一起看服装秀，演出已经开始了，她还没有到。

梅花：你自己进去看。

黑桃：你把她的票卖掉了，这能给她一个教训。

方片：你不停给她打电话询问她到哪里了。

红桃：你一直等着她。

5. 你的同事在会议上吸烟。

红桃：你什么也没说，因为担心他会记恨你。

黑桃：你对他说他至少应该学会尊重别人。

梅花：你对他说应该尽量少吸一些烟，这对他的健康有好处。

方片：你建议休息一会儿，让想吸烟的人吸一支。

参考得分：

红桃最多：你是个好说话的谈判者。你实在太好说话了，在所有的谈判中你都会让步。为此你不惜牺牲自己的利益，忽视自己的意愿，在心中默默咀嚼失望和苦涩。

黑桃最多：你是个执拗的谈判者。你喜欢飞舞的盘子和摔得啪啪响的门，或者说，你喜欢赢！对你来说，一切谈判都是力量的较量，只有坚持到底才能获胜。

方片最多：你是个具有合作态度的谈判者。你知道如何控制自己的情绪，面对对方的提议表示尊重，尽量避免争吵、个人攻击和威胁。你的倾听和善解人意是实现你自己目的的最有力手段。

梅花最多：你是个妥协派的谈判者。你认为只要事情能够得到解决，双方都应该做出让步，就像在市场上讨价还价的时候，只能谋取一个中间数值。根据谈判对方的性格特点，你轮番使用“胡萝卜”和“大棒”。

实训 1.1.3　根据背景材料，请进行模拟训练

实训任务背景

你想到一家公司担任某一职务，你希望年薪 15 万元，而老板最多只能给你 13.5 万元。老板如果说“要不要随便你”这句话，就有攻击的意味，你可能扭头就走。老板不那样说，而是这样跟你说：“给你的薪水，那是非常合理的。不管怎么说，在这个等级里，我只能付给你 13 万元到 13.5 万元，你想要多少?”很明显，你会说“13.5 万元”，而老板又好像不同意，说：“13.3 万元如何?”

你继续坚持 13.5 万元，其结果是老板妥协。表面上，你好像占了上风，沾沾自喜，实际上，老板运用了选择式提问技巧，你自己却放弃了争取 15 万元年薪的机会。

（1）你们小组会采取什么策略?

（2）分析哪一方更胜一筹。

实训组织：以小组为单位进行实训，每组 5 人，由组长负责考勤和发言记录。

实训考核：每人根据相应的题目做出回答。

模块二　谈判者的能力测试

知识点：

1. 能力是指完成一项目标或者任务所体现出来的综合素质。由于人们的各种心理机能系统及其结构上的组合不同，以及人们的工作经历与社会环境不同，人与人之间的能力差异极大。这些差异表现在谈判活动中就使谈判行为方式呈现多样化。

2. 归纳起来谈判者需要具备语言表达能力、观察注意力、记忆力、判断能力、决策能力、应变能力及综合运用能力，具体表现在以下几个方面：

（1）敏捷清晰的思维推理能力和较强的自控能力。谈判双方利益的抗衡和相互依存，使谈判人员心理上承受的压力很大，需要随时就某个谈判事项的具体典型特征和实质进行分析与判断，即使在谈判局势发生激烈变化，甚至在激烈的争辩中也能克服自身的心理障碍，控制自身的行为，以恰当的语言和举止来说服和影响对方。

（2）信息表达与传递的能力。谈判者的信息表达与传递能力的大小直接决定了其谈判能力的大小与水平的高低。表达与传递的语言包括有声语言和无声语言。

（3）坚强的毅力、百折不挠的精神及不达目的决不罢休的自信心和决心。在谈判桌上，谈判双方的利益是你进我退，一方若有半点委曲求全的意思，对方就会得寸进尺。因此，在谈判中，不管有什么样的困难和压力，都要有奋战到底的决心和勇气。即使是妥协求和，也要经过力争以后以强者的大度予以提出。

（4）敏锐的洞察力，高度的预见、应变能力。谈判什么人都会碰到，而且环境多变，意想不到的事情很多。因此，要求谈判人员善于察言观色，及时掌握对方动向，随机应变。

3. 首席谈判代表必须是能统帅全局的人，要有长远的眼光，能够运筹帷幄，善于针对谈判内容的轻重、对象的层次，事先决定部署和方案的设计，并随时做出必要的改变，以适应谈判形势的变化。

4. 成功的谈判需要正确的商业判断以及对人类本性的敏锐触觉，优秀的谈判人员应该有以下特质：

（1）有能力与自己部门同事谈判，并取得信赖。

（2）有意愿并承诺去认真计划，了解产品及替代方案，有勇气去挖掘及证实情报。

（3）具备良好的商务判断能力，能找出真正的底线及症结。

（4）能承受矛盾及晦暗不明的压力。

（5）有勇气去承诺更高的目标，并承担相应的风险。

（6）有耐心等待真相。

（7）愿意与对手及其同事们接触交流，以便谈判能照顾到公、私两个层面。

（8）坚定支持双方互惠、双赢的理念。

（9）有接受不同意见的能力。

（10）有从个人角度透视谈判的洞察力，亦即能体察出个人影响谈判的潜伏因素。

（11）有基于知识、规划和良好的内部谈判能力而产生的自信。

（12）愿意运用团队的专才。

（13）稳重的个性，从谈判中学得到如何和自己谈判，并能带些幽默，喜欢自己，但又不强烈地期望别人也喜欢自己。

实训 1. 2. 1　能力类型测试

1. 你认为商务谈判（　　）

A. 是一种意志的较量，谈判对方一定有输有赢。

B. 是一种立场的坚持，谁坚持到底，谁就获利多。

C. 是一种得妥协的过程，双方各让一步一定会海阔天空。

D. 双方的关系重于利益，只要双方关系友好必然带来理想的谈判结果。

E. 是双方妥协和利益得到实现的过程，以客观标准达成协议可得到双赢结果。

2. 在签订合同前，谈判代表说合作条件很苛刻，按此条件自己无权做主，还要通过上司批准。此时你应该（　　）

A. 说对方谈判代表无权做主就应该早声明，以免浪费这么多时间。

B. 询问对方上司批准合同的可能性，在最后决策者拍板前要留有让步余地。

C. 提出要见决策者，重新安排谈判。

D. 与对方谈判代表先签订合作意向书，取得初步的谈判成果。

E. 进一步给出让步，以达到对方谈判代表有权做主的条件。

3. 为得到更多的让步，或是为了掌握更多的信息，对方提出一些假设性的需求或问题，目的在于摸清底牌。此时你应该（　　）

A. 按照对方假设性的需求和问题诚实回答。

B. 对于各种假设性的需求和问题不予理会。

C. 指出对方的需求和问题不真实。

D. 了解对方的真实需求和问题，有针对性地给予同样假设性答复。

E. 窥视对方真正的需求和兴趣，不要给予清晰的答案，并可将计就计促成交易。

4. 谈判对方提出几家竞争对手的情况，向你施压，说你的价格太高，要求你给出更多的让步，你应该（　　）

A. 坚持原有的合作条件，不要轻易做出让步。

B. 强调自己的价格是最合理的。

C. 为了争取合作，以对方提出竞争对手最优惠的价格条件成交。

D. 问：既然竞争对手的价格如此优惠，你为什么不与他们合作？

E. 提出竞争事实，说对方提出的竞争对手情况不真实。

5. 当对方提出如果这次谈判你能给予优惠条件，保证下次给你更大的生意，此时你应该（　　）

A. 按对方的合作要求给予适当的优惠条件。

B. 为双方的长期合作，得到未来更大的生意，按对方要求的优惠条件成交。

C. 了解买主的人格，不要以“未来的承诺”来牺牲“现在的利益”，可以其人之道还治其人之身。

D. 要求对方将下次生意的具体情况进行说明，以确定是否给予优惠条件。

E. 坚持原有的合作条件，对对方所提出的下次合作不予理会。

6. 谈判对方有诚意购买你整体方案的产品（服务）但苦于财力不足，不能完整成交。此时你应该（　　）

A. 要求对方购买部分产品（服务），成交多少算多少。

B. 指出如果不能购买整体方案，就以后再谈。

C. 要求对方借钱购买整体方案。

D. 如果有可能，协助贷款，或改变整体方案。改变方案时要注意相应条件的调整。

E. 先把整体方案的产品（服务）卖给对方，对方有多少钱先给多少钱，所欠之钱以后再说

7. 对方在打成协议前，将许多附加条件依次提出，要求得到你更大的让步，你应该（　　）

A. 强调你已经做出的让步，强调“双赢”，尽快促成交易。

B. 对对方提出的附加条件不予考虑，坚持原有的合作条件。

C. 针锋相对，对对方提出的附加条件提出相应的附加条件。

D. 不与这种“得寸进尺”的谈判对手合作。

E. 运用推销证明的方法，将已有的合作伙伴情况介绍给对方。

8. 在谈判过程中，对方总是改变自己的方案、观点、条件，使谈判无休无止的拖下去。你应该（　　）

A. 以其人之道还治其人之身，用同样的方法与对方周旋。

B. 设法弄清楚对方的期限要求，提出己方的最后期限。

C. 节省自己的时间和精力，不与这种对象合作。

D. 采用休会策略，等对方真正有需求时再和对方谈判。

E. 采用“价格陷阱”策略，说明如果现在不成交，以后将会涨价。

9. 在谈判中双方因某一个问题陷入僵局，有可能是过分坚持立场之故。此时你应该（　　）

A. 跳出僵局，用让步的方法满足对方的条件。

B. 放弃立场，强调双方的共同利益。

C. 坚持立场，要想获得更多的利益就得坚持原有谈判条件不变。

D. 用先体会的方法，后转换思考角度，并提出多种选择等策略以消除僵局。

E. 采用更换谈判人员的方法，重新开始谈判。

10. 除非满足对方的条件，否则对方将转向其他的合作伙伴，并与你断绝一切生意往来，此时你应该（　　）

A. 从立场中脱离出来，强调共同的利益，要求平等机会，不要被威胁吓倒而做出不情愿的让步。

B. 以牙还牙，不合作拉到，去寻找新的合作伙伴。

C. 给出供选择的多种方案以达到合作的目的。

D. 摆事实，讲道理，同时也给出合作的目的。

E. 通过有影响力的第三者进行调停，赢得合理的条件。

参考得分：

1. A. 2分　B. 3分　C. 7分　D. 6分　E. 10分

2. A. 2分　B. 10分　C. 7分　D. 6分　E. 5分

3. A. 4分　B. 3分　C. 6分　D. 7分　E. 10分

4. A. 10分　B. 6分　C. 5分　D. 2分　E. 8分

5. A. 4 分　B. 2 分　C. 10 分　D. 6 分　E. 5 分
6. A. 6 分　B. 2 分　C. 6 分　D. 10 分　E. 3 分
7. A. 10 分　B. 4 分　C. 8 分　D. 2 分　E. 7 分
8. A. 4 分　B. 10 分　C. 3 分　D. 6 分　E. 7 分
9. A. 4 分　B. 6 分　C. 2 分　D. 10 分　E. 7 分
10. A. 10 分　B. 2 分　C. 6 分　D. 6 分　E. 7 分

如果您得了：

95 分以上：谈判专家。

91～94 分：谈判高手。

81～90 分：有一定的谈判能力。

71～80 分：具有一定的潜质。

70 分以下：谈判能力不合格，需要继续努力。

实训组织：以小组为单位进行实训，每组 5 人，由组长负责考勤和发言记录。

实训考核：每人根据相应的题目做出回答。

实训任务书一

______________实训室　　　　　　　　　　　　　　　　编制日期：__________

<table>
<tr><td>项目名称</td><td colspan="2">商务谈判者性格与能力测试</td><td>学习领域</td><td colspan="2">商务谈判实训</td></tr>
<tr><td>系（部）</td><td></td><td>专业</td><td>市场营销</td><td>学时</td><td>3</td></tr>
<tr><td>工作任务</td><td colspan="5">进行商务谈判者性格与能力测试</td></tr>
<tr><td>任务描述</td><td colspan="5">主要使学生了解谈判者的性格类型、谈判能力对谈判的影响与作用，使学生对商务谈判的基本技能和素质要求有较深入的理解，为培养合格的谈判人才奠定基础。</td></tr>
<tr><td>工作要求</td><td colspan="5">要求学生掌握和认识谈判者的能力，以及不同的能力对谈判活动的影响。
要求学生掌握能力测试的方法和必要性。
要求学生综合运用谈判能力。
要求学生准备名片、座位台签、领带等个人物品。</td></tr>
<tr><td>提交成果</td><td colspan="5">上交现场测试记录</td></tr>
<tr><td>工作流程</td><td colspan="2">工作内容</td><td colspan="2">工作组织</td><td>地点</td></tr>
<tr><td>准备</td><td colspan="2">了解商务谈判的基本理论和方法，掌握性格、能力与谈判之间的关系。</td><td colspan="2">分配小组成员，每组 5 人，最多不超过 7 人，成员选取时考虑角色分工、性格、能力特征，并进行小组抽签，选择谈判对手。</td><td></td></tr>
<tr><td>实施</td><td colspan="2">根据相应的测试题进行回答，记录每个人的答案，并计算得分。</td><td colspan="2">以小组为单位进行实训，每组 5 人，由组长负责考勤和发言记录。</td><td></td></tr>
<tr><td>检查</td><td colspan="2">项目成果经小组互评后再由教师进行审查。</td><td colspan="2">以小组为单位进行实训，每组 5 人，由组长负责考勤和发言记录。</td><td></td></tr>
<tr><td>评价</td><td colspan="2">根据试题答案进行分析评价，以测试得分作为考核依据。</td><td colspan="2"></td><td></td></tr>
<tr><td>安全事项</td><td colspan="5">服从实训室管理规定。</td></tr>
</table>

【实训任务二】 商务谈判过程案例分析

实训任务：商务谈判过程案例分析。

实训目的：了解谈判的特征，掌握谈判的一般过程，认识到谈判在日常工作和生活中的普遍性。

实训内容：

与北京拓展训练学校的谈判

纪晓文是合资企业的人事部门经理。他在参加了为期3天的商务谈判培训以后，感受最深的是在理论的高度上对谈判有了全面的把握，能够将过去发生在身边的谈判，重新用理论的眼光进行审视，总结过去的经验，并从中获取新的认识，指导未来的再实践。下面是纪晓文经理和北京拓展训练学校的谈判过程和分析应用情况。

1. 准备阶段

在公司新员工培训项目计划中，纪晓文经理安排了一天的拓展训练。为此，他比较早地开始了解关于拓展训练学校的情况，对学校的培训实力、教学条件、价格都获得了必要的信息。过去公司的员工曾经和该校有过接触，并且该校的负责人还在公开场合以及私下和公司的高层经理有过接触。

2. 求同阶段

经过了准备阶段后，纪经理以咨询的方式同北京拓展训练学校开始接触。首先，纪经理介绍了本公司的新员工培训项目计划，并指出学校的一些活动和公司的项目内容很像，使对方对纪经理所在的公司产生了浓厚的兴趣。然后，纪经理提到公司高层经理，使双方在感情上拉近了距离。最后，谈话转到双方是否可以在此次培训项目上进行合作，并以此为长期合作的基础。

3. 报价阶段

拓展训练学校的第一次报价是每人每天400元。根据事前对市场行情的了解，该校的基本价格区间在300～400元。该报价是他们的最高要价，存在较大的砍价空间。另外纪经理掌握了一个重要的信息，该校曾经因为朋友的缘故以250元的最低价为某高校的一个班做过培训。在没有透露该信息的前提下，纪经理要求对方给予一定的折扣。拓展训练学校的第二次报价是打九折，每人每天360元。纪经理虽认为此价格仍然偏高，但因为还要考虑其他的要求，在对策上不宜在此时继续要求对方在价格上让步，因此他控制谈判内容，由对价格的讨论转向对训练的内容和其他诸如交通和食宿条件的讨论，并提出要去培训基地参观。8月初，纪经理及其助手一同前往拓展训练学校。参观学校后，双方的谈判在友好的气氛中开始，纪经理和他们一起讨论了每一个训练内容所蕴含的管理理论。纪经理渊博的管理知识给对方留下了深刻的印象，使对方认为和其公司的合作会是一次极有价值的合作，并可以成为拓展训练学校开辟合资企业市场的契机，为以后的市场开拓提供很好的范例。这时候，纪经理认为可以提出还价了，纪经理还价250元。对方首先表现为不可接受，当得知纪经理了解了详细的内部情况后，声称该价格只是一种特殊情况，不是市场的价格，甚至从成本的角度和保护中国拓展事业的高度否定了这种低价格。此时纪经理继续强调双方的合作，表示双方的合作不应被简单地认为是一次性的商业行为，而应该是拓展训练学校开辟合资企业市场的机会。拓展训练学校再一次在价格上让步，给出了他们所认为的最低价 320 元。纪经理认为在该价格基础上的合作，从拓展训练学校可以积累案例并打开市场的角度看，公司无法接受，并推脱需要公司领导请示而终止了谈判。

谈判到此时，公司总体处于主动的位置。但值得总结的是，纪经理无意中让对方了解到了公司入学培训的计划和时间上的劣势，尽管对方没有马上发现这点，但也使对方今后可能利用公司的时间表把公司拖到不利的位置。

4. 僵持阶段

回到公司后纪经理和手下员工总结经验，分析对策，决定采用不理不睬的策略。因为对方在得知公司的培训计划后，认为公司会先坐不住，会在培训来临之前首先和他们联系，使他们处于有利位置。采用冷战策略，第一是反向思维定式，即你希望我先开口，我偏不开口；第二是可以给对方造成公司正在和其他学校联系的假象。长达一个月的沉默，时间的临近有点让纪经理坐立不安，因为新员工的培训计划是不能有大的变更的。在这期间纪经理到美国和欧洲共出差两次。9 月 14 日，纪经理返回公司的当天接到了拓展训练学校的电话，并且得知他们在纪经理回来之前曾联系了多次。看来策略是成功的，对方先坐不住了。

5. 让步阶段

尽管是他们先打破僵局，但时间仍然是他们可利用的工具。为了变被动为主动，纪经理抓住了他们急于想知道这一个月以来的变化，向他们讲述了公司的进展。首先，公司进一步了解了更多关于北京拓展培训市场的情况。其次，海外出差的过程中，纪经理了解了国外的员工培训，并且接触了很多关于拓展训练的内容，指出在美国有很多活动是新员工自己完成的，虽然不如专业培训机构做得好，但一样可以使员工领会管理精髓，暗示公司有依靠自身力量的可能。此举基本上打破对手想利用时间来要挟的想法。另外，纪经理向他们进一步表达了希望合作的愿望，提出可以共享他在美国学到的新培训方法。

9 月 16 日，拓展学校第三次让步，报价 300 元。在此期间纪经理和对方通过多次电话，并且从和对方的谈话中又发现了一条有价值的信息：对方以前和别人合作时，曾采用了通过赠送名额的方式达成妥协，以避免双方不愿在价格上让步导致谈判破裂。纪经理趁机提出了邀请新闻机构跟踪报道、将拓展训练学校列为合作单位、邀请部分公司的商业客户代表参观拓展训练等一系列条件，要求对方赠送名额，同时表示愿意在此基础上接受 300 元的价格。拓展训练学校在经过协商后，提出在公司方所报 30 人的培训规模上，可以赠送不超过 5 人的名额。5 个名额显然还没有达到纪经理的最高目标，但已经基本可以接受。最后一个星期，纪经理决定再接再厉，向对方提出 5 人的名额太少，理由是公司已经向新闻单位、商业客户代表发出了邀请，如果名额无法保证，只好通知他们不能参加当天的活动。该理由合情合理，提出进一步增加名额是为了记者和嘉宾，显然对拓展学校有利，对方很难回绝。果然，拓展训练学校反应很快，双方经过又一轮协商，决定赠送的名额增加至 10 个。

6. 签约阶段

谈判到此时距培训时间只有 6 天了。双方达成口头协议后，拓展训练学校迅速拟出合同书。谈判尽管在价格上没有了争议，但是在其他条款上拓展训练学校显然经过精心设计。首先，合同书具体注明公司“必须邀请 3 家以上的新闻单位参加全天的活动，并且保证报道”。其次，要求公司“必须邀请 3 家以上的商业客户代表参加”。最后，要求公司新员工“当天穿的上衣必须印有拓展训练学校的标志”。对于上述三项纪经理的意见分别是：

第一，基于双方的信任，公司会尽力邀请赞助商和商业客户参加，也许多于3家也许少于3家，但公司无力承诺数字。第二，新闻媒体有报道的自由，公司可以邀请他们参加活动，但干涉对方报道的行为违反有关法律，并且超出公司行为范围。第三，公司员工可以佩戴有关拓展训练学校的标志，但考虑成本和本公司的形象，可以考虑其他方式解决该问题，如帽子上印有拓展训练学校的标志。

经过若干次修改后，合同书的相关条款分别变更为：一是公司“必须尽力邀请3家以上的新闻单位参加全天的活动，保证拓展训练学校在报道后可以以优惠的价格获得复制品（例如录像），但是该产品所有用于商业用途的行为必须经过公司、拓展训练学校和该新闻单位三方同意”；二是公司“力争邀请3家以上的商业客户代表参加”。三是公司“员工当天佩戴拓展训练学校提供的帽子，并付加工费用”。最后，双方正式签署了合同书。

资料来源：石永恒．商务谈判实务与案例［M］．北京：机械工业出版社，2007.

实训步骤：

1. 准备好商务谈判模拟实训室相关设备，学生经过简单培训之后分组，准备开始。
2. 观看商务谈判案例，按要求进行详细的分析，先在小组内进行讨论。
3. 各小组推荐代表发言，阐述分析结论。

实训组织：以小组为单位进行实训，每组5人，由组长负责考勤和发言记录。

实训考核：举出你在工作或生活中遇到的一个谈判的例子，并分析其谈判过程。如果你找不出这样的谈判例子，尝试在生活或工作中进行一次谈判（哪怕对手没意识到你和他在进行谈判），然后分析谈判过程。

实训任务书二

________实训室　　　　　　　　　　　　编制日期：________

<table>
<tr><td>项目名称</td><td colspan="3">商务谈判案例分析</td><td>学习领域</td><td colspan="2">商务谈判</td></tr>
<tr><td>系（部）</td><td colspan="2"></td><td>专业</td><td>市场营销</td><td>学时</td><td>2</td></tr>
<tr><td>工作任务</td><td colspan="6">商务谈判过程案例分析</td></tr>
<tr><td>任务描述</td><td colspan="6">通过本实训，使学生能够结合案例进行商务谈判过程分析，熟悉下一步的模拟谈判流程。</td></tr>
<tr><td>工作要求</td><td colspan="6">了解谈判的特征，掌握谈判的一般过程，认识到谈判在日常工作和生活中的普遍性。</td></tr>
<tr><td>提交成果</td><td colspan="6">举出你在工作或生活中遇到的一个谈判的例子，并分析其谈判过程。</td></tr>
<tr><td>工作流程</td><td colspan="2">工作内容</td><td colspan="3">工作组织</td><td>地点</td></tr>
<tr><td>准备</td><td colspan="2">根据实训指导书，阅读相关案例。</td><td colspan="3"></td><td></td></tr>
<tr><td>实施</td><td colspan="2">分组讨论案例中所涉及的谈判过程和相关知识点。</td><td colspan="3">以小组为单位进行实训，每组5人，由组长负责考勤和发言记录。</td><td></td></tr>
<tr><td>检查</td><td colspan="2">以小组代表发言的形式分阶段让学生介绍谈判的过程。</td><td colspan="3">以小组为单位进行实训，每组5人，由组长负责考勤和发言记录。</td><td></td></tr>
<tr><td>评价</td><td colspan="2">对每组发言的内容进行点评，然后以发言质量作为考核依据。</td><td colspan="3"></td><td></td></tr>
<tr><td>安全事项</td><td colspan="6">服从实训室管理规定。</td></tr>
</table>

【实训任务三】　商务谈判方案的制定

实训任务： 商务谈判方案的制定。

实训目的： 认识到谈判前的准备在整个谈判过程中的重要性；学会了解和分析对手的方法；掌握谈判中常用的基本谈判战略形式；学会设计、制定商务谈判方案。

实训内容： 学生可根据小组意见，自行选定谈判选题，并展开相关的市场调查。内容可以是商品销售采购谈判、技术服务谈判、货物进入超市谈判、商场卖场租赁谈判等。

实训步骤：

1. 准备好商务谈判模拟实训室相关设备，学生经过简单培训之后分组，准备开始。
2. 把班级的同学分为两组，一组扮演 A 公司，一组扮演 B 公司，确定主谈并进行小组成员分工。
3. 上机前准备好存储设备和打印设备。
4. 上机检索与交易相关的信息：对方资料、市场资料、交易条件资料、竞争对手资料、相关的环境资料、有关货单样品资料。
5. 对信息进行筛选、审查、分类、评价。
6. 制定商务谈判方案，拟定谈判目标、议程和策略。
7. 打印整理商务谈判方案并提交。

实训组织： 以小组为单位进行实训，每组 5 人，选出谈判小组组长，由小组长带领组员收集市场信息、制定谈判方案、明确小组成员各自职能和任务。考勤由组长负责。

实训考核： 将参加实训的学生分成两方，分别代表 A 公司和 B 公司，各写出一份商务谈判计划，并组成谈判队伍。

实训任务书三

__________实训室　　　　　　　　编制日期：________

<table>
<tr><td>项目名称</td><td colspan="3">商务谈判准备</td><td>学习领域</td><td colspan="3">商务谈判</td></tr>
<tr><td>系（部）</td><td colspan="2"></td><td colspan="2">专业</td><td>市场营销</td><td>学时</td><td>3</td></tr>
<tr><td>工作任务</td><td colspan="7">商务谈判方案的制定</td></tr>
<tr><td>任务描述</td><td colspan="7">从拟定的情景中，自选一个商务谈判模拟案例，安排学生进行实地走访和调查，并制订出所代表方面的谈判计划。</td></tr>
<tr><td>工作要求</td><td colspan="7">认识到谈判前的准备在整个谈判过程中的重要性；学会了解和分析对手的方法；掌握谈判中常用的基本谈判战略形式；学会设计、制定商务谈判方案。</td></tr>
<tr><td>提交成果</td><td colspan="7">商务谈判方案</td></tr>
<tr><td>工作流程</td><td colspan="3">工作内容</td><td colspan="3">工作组织</td><td>地点</td></tr>
<tr><td>准备</td><td colspan="3">收集与谈判相关的市场信息和谈判对手的情报。</td><td colspan="3">以小组为单位进行实训，每组 5 人，选出谈判小组组长，由小组长带领组员收集市场信息、制定谈判方案、明确小组成员各自职能和任务。考勤由组长负责。</td><td></td></tr>
</table>

工作流程	工作内容	工作组织	地点
实施	利用信息资源，检索相关资料。制作谈判方案。		
检查	要求每个成员都提交一份个人所担任角色的商务谈判方案，并由小组再提交一份所代表单位的完整谈判方案。		
评价	以谈判方案为依据，对本次实训内容进行评价。		
安全事项	服从实训室管理规定。		

【实训任务四】 商务谈判的开局

实训任务：商务谈判的开局。

实训目的：掌握商务谈判开局阶段及开局目标的设计、表达与实现；认识营造谈判开局气氛的重要性；掌握营造不同谈判气氛的具体条件。

实训内容：在收集了相关的信息之后，与海明公司要进行谈判的开局，向对方提出书面要求，营造良好商务谈判的气氛，策划好开局的策略。

实训步骤：

1. 准备好商务谈判模拟实训室相关设备，学生进行分组。
2. 把班级的同学分为两组，一组扮演 A 公司，一组扮演 B 公司，确定主谈并进行小组成员分工。
3. 模拟谈判前准备好相关的资料文件。
4. 开始模拟谈判开局，双方互致问候、进行人员介绍，选择中性话题进行开场。
5. 资料交换，提交有关货单资料。
6. 主方确定谈判议程的安排，客方提出自己的观点。
7. 简述各自的谈判目的。
8. 结束开局。

实训组织：以小组为单位进行实训，每组 5 人，由组长负责考勤和发言记录。由小组主谈人员负责谈判的开局。

实训考核：要求参加实训的学生分成两方，一方作为 A 公司，一方作为 B 公司，A 方要提出公司的书面要求，并营造相应的谈判气氛，双方进行谈判的模拟。

实训任务书四

____________实训室　　　　　　　　　　　　　　　　编制日期：__________

项目名称	商务谈判的开局		学习领域	商务谈判	
系（部）		专业	市场营销	学时	4
工作任务	代表各自的公司、单位模拟谈判的开局				
任务描述	在收集了相关的信息之后，与 A 方（或 B 方）要进行谈判的开局，向对方提出书面要求，营造良好商务谈判的气氛，策划好开局的策略。				

工作要求	掌握商务谈判开局阶段及开局目标的设计、表达与实现；认识营造谈判开局气氛的重要性；掌握营造不同谈判气氛的具体条件。		
提交成果	现场模拟		
工作流程	工作内容	工作组织	地点
准备	每一小组做好人员分工和任务安排。	以小组为单位进行实训，每组5人，由组长负责考勤和发言记录。由小组主谈人员负责谈判的开局。	
实施	按照前期制订好的谈判方案进行开局，在开局过程中要运用相应的开局策略。	要求参加实训的学生分成两方，一方作为我院，一方作为海明公司，我院谈判代表要提出学院的书面要求，并营造相应的谈判气氛，双方作谈判模拟（也可由学生自行选题代表不同的公司和单位进行模拟谈判）。	
检查	学生在开局过程中是否掌握了开局气氛的营造和相关技巧。		
评价	以模拟谈判中各组发言的情况和现场气氛效果作为本次实训的考核依据。		
安全事项	服从实训室管理规定。		

【实训任务五】　价格谈判策略和技巧的运用

实训任务：价格谈判策略和技巧的运用。

实训目的：掌握商务谈判磋商的程序；报价的原则与方法；讨价还价的策略。

实训内容：在与对方公司谈判的过程中，双方由于在产品价格和付款方式上发生争执，A公司方想让B公司价格降低5%，并采用分期付款方式付款；而对方只愿意降低1%，且必须一次付清款项。

实训步骤：

1. 准备好商务谈判模拟实训室相关设备，学生进行分组。
2. 把班级的同学分为两组，一组扮演A公司，一组扮演B公司，确定主谈并进行小组成员分工。
3. 确定报价策略，选取其中之一进行报价。
4. 根据对方的报价进行讨价和还价。
5. 要求对方进行价格解评。
6. 针对对方的价格策略进行反击，明确己方的立场。
7. 适度调整己方的谈判方案。
8. 确定最佳成交条件。

实训组织：以小组为单位进行实训，每组5人，由组长负责考勤和发言记录。谈判小组成员展开谈判。

实训考核： 将参加实训的学生分成若干谈判小组，分别代表我校和海明公司进行模拟谈判，直到双方达成一个满意的协议。

实训任务书五

________实训室　　　　　　　　　　编制日期：________

<table>
<tr><td>项目名称</td><td colspan="3">价格谈判策略和技巧的运用</td><td>学习领域</td><td colspan="3">商务谈判</td></tr>
<tr><td>系（部）</td><td colspan="2"></td><td>专业</td><td colspan="2">市场营销</td><td>学时</td><td>6</td></tr>
<tr><td>工作任务</td><td colspan="7">代表各自的单位模拟价格谈判</td></tr>
<tr><td>任务描述</td><td colspan="7">在双方的谈判过程中，双方由于在产品价格和付款方式上发生争执，B 方想让对方价格降低 5%，并采用分期付款方式付款；而 A 方只愿意降低 1%，且必须一次付清款项。</td></tr>
<tr><td>工作要求</td><td colspan="7">掌握商务谈判磋商的程序；报价的原则与方法；讨价还价的策略。</td></tr>
<tr><td>提交成果</td><td colspan="7">现场模拟</td></tr>
<tr><td>工作流程</td><td colspan="3">工作内容</td><td colspan="3">工作组织</td><td>地点</td></tr>
<tr><td>准备</td><td colspan="3">每一小组做好人员分工和任务安排。</td><td colspan="3">以小组为单位进行实训，每组 5 人，由组长负责考勤和发言记录。谈判小组成员展开谈判。</td><td></td></tr>
<tr><td>实施</td><td colspan="3">在 A 公司与 B 公司的价格谈判中确定由哪方先进行报价，谁后报价，然后进行价格解评及讨价还价。</td><td colspan="3">将参加实训的学生分成若干谈判小组，分别代表不同公司和单位进行模拟谈判，直到双方达成一个满意的协议。</td><td></td></tr>
<tr><td>检查</td><td colspan="3">学生在商谈过程中是否掌握了实质性磋商中价格谈判的技巧和策略。</td><td colspan="3"></td><td></td></tr>
<tr><td>评价</td><td colspan="3">以模拟谈判中各组发言的情况和现场气氛效果作为本次实训的考核依据。</td><td colspan="3"></td><td></td></tr>
<tr><td>安全事项</td><td colspan="7">服从实训室管理规定。</td></tr>
</table>

【实训任务六】　商务谈判僵局、让步策略的运用

实训任务： 谈判策略和技巧的运用。

实训目的： 掌握商务谈判磋商过程中僵局产生的原因与处理商务谈判僵局的技巧，学习谈判中常用的让步技巧、威胁技巧、进攻技巧和语言技巧。

实训内容： 在谈判过程中，B 公司对 A 公司的支付能力和资信有所怀疑；A 公司也对其技术、服务能力以及资本实力不满意，双方存在隔膜。

实训步骤：

1. 准备好商务谈判模拟实训室相关设备，学生进行分组。
2. 把班级的同学分为两组，一组扮演 A 公司，一组扮演 B 公司，确定主谈并进行小组成员分工。
3. 面对僵局和威胁所带来的压力，采用商务谈判技巧进行化解。
4. 按照谈判方案中所制订的计划，分步骤进行谈判，明确各自的谈判目标和立场。

实训组织：以小组为单位进行实训，每组 5 人，由组长负责考勤和发言记录。谈判小组成员展开谈判。

实训考核：将参加实训的学生分成若干谈判小组，分别代表我校和海明公司进行模拟谈判，直到双方消除隔膜为止。

实训任务书六

________实训室　　　　　　　　　　　　编制日期：________

<table>
<tr><td>项目名称</td><td colspan="2">商务谈判僵局、让步策略的运用</td><td>学习领域</td><td colspan="3">商务谈判</td></tr>
<tr><td>系（部）</td><td></td><td>专业</td><td colspan="2">市场营销</td><td>学时</td><td>6</td></tr>
<tr><td>工作任务</td><td colspan="7">应对模拟谈判中的僵局和让步</td></tr>
<tr><td>任务描述</td><td colspan="7">在谈判过程中，A 方对 B 方的支付能力和资信有所怀疑；B 方也对 A 方技术、服务能力及资本实力不满意，双方存在隔膜。</td></tr>
<tr><td>工作要求</td><td colspan="7">掌握商务谈判僵局产生的原因与处理商务谈判僵局的技巧，学习谈判中常用的让步技巧、威胁技巧、进攻技巧和语言技巧。</td></tr>
<tr><td>提交成果</td><td colspan="7">现场模拟</td></tr>
<tr><td>工作流程</td><td colspan="2">工作内容</td><td colspan="4">工作组织</td><td>地点</td></tr>
<tr><td>准备</td><td colspan="2">每一小组做好人员分工和任务安排。</td><td colspan="4">以小组为单位进行实训，每组 5 人，由组长负责考勤和发言记录。谈判小组成员展开谈判。</td><td></td></tr>
<tr><td>实施</td><td colspan="2">引导学生进入谈判中的实质性磋商阶段，在谈判过程中出现的差异和分歧既要尽量消除，做到随机应变，又不能过分脱离原来谈判方案中的预期目标。</td><td colspan="4">将参加实训的学生分成若干谈判小组，分别代表不同公司和单位进行模拟谈判，直到双方消除隔膜为止。</td><td></td></tr>
<tr><td>检查</td><td colspan="2">学生在谈判中是否掌握了处理商务谈判僵局的策略和相关技巧。</td><td colspan="4"></td><td></td></tr>
<tr><td>评价</td><td colspan="2">以模拟谈判中各组发言的情况和现场气氛效果作为本次实训的考核依据。</td><td colspan="4"></td><td></td></tr>
<tr><td>安全事项</td><td colspan="7">服从实训室管理规定。</td></tr>
</table>

【实训任务七】　商务谈判的结束

实训任务：商务谈判的结束。

实训目的：掌握商务谈判终结的判断方法；商谈谈判合同的主要条款；合同的签订过程及履行程序。

实训内容：A 公司与 B 公司 90%的谈判条件都已经达成一致协议，但对交货时间与安装服务，对方公司却表示难以实现。协议的签署又受到了严重的阻碍。

实训步骤：

1. 准备好商务谈判模拟实训室相关设备，学生开始分组。

2. 把班级的同学分为两组，一组扮演 A 公司，一组扮演 B 公司，确定主谈并进行小组成员分工。

3. 选择恰当的时机结束谈判，落实最终成交条件。

4. 如有突发情况，应随机应变，考虑目的、利益与关系的权衡。

5. 制定和整理合同文本。

6. 双方签约成交。

实训组织：以小组为单位进行实训，每组 5 人，由组长负责考勤和发言记录。谈判小组成员展开谈判。

实训考核：将参加实训的学生分成若干谈判小组，分别代表我校和海明公司进行模拟谈判，直到双方在时间问题上达成一致意见，并可以尽快签署协议。

实训任务书七

__________实训室　　　　　　　　编制日期：__________

<table>
<tr><td>项目名称</td><td colspan="2">商务谈判的结束</td><td>学习领域</td><td colspan="2">商务谈判</td></tr>
<tr><td>系（部）</td><td></td><td>专业</td><td>市场营销</td><td>学时</td><td>4</td></tr>
<tr><td>工作任务</td><td colspan="5">商务谈判的结束与合同签订</td></tr>
<tr><td>任务描述</td><td colspan="5">A 方与 B 方 90%的谈判条件都已经达成一致协议，但对交货时间与安装服务，对方却表示难以实现。协议的签署又受到了严重的阻碍。</td></tr>
<tr><td>工作要求</td><td colspan="5">掌握商务谈判终结的判断方法；商谈谈判合同的主要条款；合同的签订过程及履行程序。</td></tr>
<tr><td>提交成果</td><td colspan="5">现场模拟</td></tr>
<tr><td>工作流程</td><td colspan="2">工作内容</td><td colspan="2">工作组织</td><td>地点</td></tr>
<tr><td>准备</td><td colspan="2">每一小组做好人员分工和任务安排。</td><td colspan="2">以小组为单位进行实训，每组 5 人，由组长负责考勤和发言记录。谈判小组成员展开谈判。</td><td></td></tr>
<tr><td>实施</td><td colspan="2">在谈判进行到终结阶段时往往出现意外，把握恰当的商务谈判结束时间，以及结束方式，进行模拟谈判。</td><td colspan="2">将参加实训的学生分成若干谈判小组，分别代表不同的公司和单位进行模拟谈判，直到双方在时间问题上达成一致意见，并可以尽快签署协议。</td><td></td></tr>
<tr><td>检查</td><td colspan="2">学生在谈判的结束和签约阶段是否掌握了谈判的技巧和策略。</td><td colspan="2"></td><td></td></tr>
<tr><td>评价</td><td colspan="2">模拟谈判中现场发言的情况以及合同书的质量，是本实训的考核依据。</td><td colspan="2"></td><td></td></tr>
<tr><td>安全事项</td><td colspan="5">服从实训室管理规定。</td></tr>
</table>

参考文献

［1］杨群祥．商务谈判［M］．北京：高等教育出版社，2015.

［2］黄捷．商务谈判［M］．北京：教育科学出版社，2014.

［3］鲁晓慧．商务谈判［M］．郑州：河南科技出版社，2012.

［4］辛诚．商务谈判理论与实务［M］．北京：中国传媒大学出版社，2010.

［5］徐文．商务谈判［M］．2 版．北京：中国人民大学出版社，2012.

［6］张玉涛．商务谈判理论与实务［M］．上海：上海交通大学出版社，2018.

［7］李静．商务谈判（理论、实务、案例、实训）［M］．北京：中国传媒大学出版社，2016.

［8］孙立秋，徐美荣．商务谈判［M］．北京：对外经济贸易大学出版社，2007.

［9］樊建廷．商务谈判［M］．大连：东北财经大学出版社，2001.

［10］方明亮，刘华．商务谈判与礼仪［M］．北京：科学出版社，2006.

［11］林毅．冠军业务员丛书［M］．北京：北京工业大学出版社，2004.

［12］安东尼·吉尔伯特．成效：谈判大师的独家营销秘方［M］．黄哲，译．北京：九州出版社，2004.

［13］马克态．商务谈判［M］．北京：中国国际广播出版社，2004.

［14］李品媛．现代商务谈判［M］．2 版．大连：东北财经大学出版社，2013.

［15］冯华亚．商务谈判．2 版．北京：清华大学出版社，2009.

［16］周延波．商务谈判［M］．北京：科学出版社，2006.

［17］丁建忠．商务谈判［M］．北京：中国人民大学出版社，2002.

［18］石永恒．商务谈判精华［M］．北京：团结出版社，2003.

［19］杨晶．商务谈判［M］．北京：清华大学出版社，2005.

［20］李伟．商务谈判［M］．北京：科学出版社，2006.

［21］孙庆和，张福春．实用商务谈判大全［M］．北京：企业管理出版社，2000.

［22］王颖，王慧．商务礼仪［M］．大连：大连理工大学出版社，2007.

［23］刘文广．商务谈判［M］．北京：高等教育出版社，2005.

［24］田玉来．国际商务谈判．北京：电子工业出版社，2008.

［25］法兰克，贝特格．贝特格无敌推销术［M］．王龙，译．北京：世界知识出版社，2004.

［26］陈爱国．商务谈判［M］．郑州：郑州大学出版社，2008.

［27］张华容．商务谈判理论与实务［M］．长沙：湖南人民出版社，2000.

［28］周琼，吴再芳．商务谈判与推销［M］．北京：机械工业出版社，2005.

[29] 曾振华．谈判心理战 [M]. 广州：暨南大学出版社，2002.
[30] 宋贤卓．商务谈判 [M]. 北京：科学出版社，2004.
[31] 陈文汉．商务谈判与实务 [M]. 北京：中国电力出版社，2009.
[32] 毛国涛．商务谈判 [M]. 北京：北京理工大学出版社，2006.
[33] 潘肖珏，谢承志．商务谈判与沟通技巧 [M]. 上海：复旦大学出版社，2006.
[34] 万友根．商务谈判导论 [M]. 合肥：合肥工业大学出版社，2006.
[35] 胡海．商务谈判实务 [M]. 北京：北京邮电大学出版社，2012.
[36] 吕晨钟．学谈判必读的95个中外案例 [M]. 北京：北京工业大学出版社，2005.
[37] 杨雪青．商务谈判与推销 [M]. 北京：北京交通大学出版社，2009.